"十二五"职业教育国家规划教材
经全国职业教育教材审定委员会审定

学前儿童语言教育

梁旭东　主　编

中央广播电视大学出版社·北京

图书在版编目（CIP）数据

学前儿童语言教育／梁旭东主编．—北京：中央广播电视大学出版社，2015.7

ISBN 978-7-304-07177-6

Ⅰ.①学… Ⅱ.①梁… Ⅲ.①学前儿童—语言教学—高等职业教育—教材 Ⅳ.①G613.2

中国版本图书馆 CIP 数据核字（2015）第 116341 号

版权所有，翻印必究。

学前儿童语言教育
XUEQIAN ERTONG YUYAN JIAOYU
梁旭东 主编

出版·发行 中央广播电视大学出版社	
电话 营销中心 010-66490011	总编室 010-68182524
网址 http://www.crtvup.com.cn	
地址 北京市海淀区西四环中路 45 号	**邮编** 100039
经销 新华书店北京发行所	

策划编辑：程业刚	**版式设计**：赵 洋
责任编辑：程业刚	**责任校对**：张 娜
责任印制：赵连生	

印刷：北京博图彩色印刷有限公司
版本：2015 年 7 月第 1 版　　2015 年 7 月第 1 次印刷
开本：787×1092　1/16　　**印张** 11.5　**字数** 281 千字

书号：ISBN 978-7-304-07177-6
定价：22.00 元

（如有缺页或倒装，本社负责退换）

学前儿童语言教育课程组

课程组长 梁旭东
主　　编 梁旭东
编 写 者 梁旭东　唐敬芬　王秀华　王艳平
　　　　　　郭　玮　缪凤雅　胡剑红

目 录

绪 论 ·· 1

第一章 学前儿童的语言学习 ·· 9
第一节 学前儿童语言的本质 ·· 10
第二节 学前儿童语言学习的特点 ·· 17
第三节 学前儿童语言学习的影响因素 ·· 18

第二章 不同阶段儿童语言的发展与教育 ·· 23
第一节 0~3岁儿童语言的发展与教育 ·· 24
第二节 3~6岁儿童语言的发展与教育 ·· 37

第三章 幼儿园语言教育的目标、内容、方法和途径 ························ 51
第一节 幼儿园语言教育的目标 ·· 51
第二节 幼儿园语言教育的内容 ·· 62
第三节 幼儿园语言教育的方法 ·· 69
第四节 幼儿园语言教育的途径 ·· 76

第四章 学前语言教育组织设计实施 ·· 84
第一节 文学作品学习 ·· 85
第二节 谈 话 ·· 99
第三节 讲 述 ·· 108
第四节 听说游戏 ··· 122
第五节 早期阅读 ··· 130

第五章 学前儿童语言教育评价 ··· 143
第一节 学前儿童语言教育评价的作用和原则 ······························· 144
第二节 学前儿童语言教育评价的内容与方法 ······························· 145

第六章 学前儿童语言教育研究现状与展望 ··································· 166
第一节 学术研究多元化 ··· 167
第二节 学前双语教育 ·· 169

第三节　全语言教育 …………………………………………………… 170
　　第四节　前沿理论 ……………………………………………………… 172
后　　记 ……………………………………………………………………… 175

绪 论

一、学前儿童语言教育的性质

学前儿童语言教育是一门专门研究 0~6 岁儿童语言发生、发展及其教育的学科，是师范类及其他高等院校培训学前教育工作者，尤其是幼儿园一线教师的一门应用性科目。它通过探索和发现学前儿童语言学习中的现象，揭示其中所蕴含的规律，并运用这些规律对学前儿童实施有效的教育，来促进学前儿童语言能力的提高。

语言能力有两个方面的含义。一方面是指个人使用语言的能力（基本的语言能力），具体表现在听、说、读、写四项。听、说是读、写的基础，它先于读、写而发展；读、写能力得到发展之后，反过来又能促进听、说能力的提高。它们是互相作用、互相促进的。

个人的语言运用能力是一种多侧面的能力，大致包括以下两点：一是运用社会交往规则的能力，即语言使用能力或者语言体现各种交际功能的能力，关系到语言交往中社会化倾向和习惯的形成。二是运用语言进行认识和思考的能力，表现在语义的丰富性、智慧性和逻辑性。

语言能力的另一方面是指分析语言的能力，它不是单纯地把语言当作使用工具，而是以语言和语言形式本身作为分析观察的对象进行知觉的能力，它是一种特殊的语言能力，具体表现在对各语言层次（语音、语感、语义、语法、修饰等）和各语言单位（词、词组、句子、篇章等）所具有的特征的知觉上，带有较强的直觉性。

上述两方面能力互相联系、互相促进，在语言使用的动态过程中得到统一。

语言教育是促进语言能力全面发展的教育，既要在应用中发展基本的语言能力，又要经常有意无意地将语言现象抽取出来作为主要感知对象，引发儿童对语言现象的兴趣，培养儿童对语言对象的敏感性，促进儿童语言能力的发展。①

对于成长中的儿童来说，尤其是处于口语发展关键期（一般为 2~3 周岁）和人的主要阅读能力形成期（一般为 3~8 周岁）的学龄前儿童而言，语言的发展显得尤为重要：因为语言不仅是表达思想、交流感情的工具和手段，也是他们需要学习的重要内容（在一定的语言环境中，一个人大概到 5 岁，日常生活所必需的话一般都学会了）。而且语言将对人的终身发展产生重大而深远的影响：善于运用语言的人，叙事能让人仿佛目睹，说理能让人心悦诚服，片言只语可以让人久而不忘，长篇大论也可以让人听之不倦，对工作、生活都将带来积极的影响。2001 年 7 月颁布的《幼儿园教育指导纲要（试行）》因此也专门设置了一个语言领域，并确定了相应的幼儿园语言教育目标。

以往的学前儿童语言教育比较注重 3~6 岁，即幼儿时期这一年龄段的教育，并伴有大量的相关教材、活动案例和经验文章，而对 0~3 岁这一年龄段的语言教育相对而言重视不

---

① 赵寄石、楼必生主编：《学前儿童语言教育》，2 页，北京，人民教育出版社，1993。

够。但随着脑科学的不断发展以及人们对早期教育的关注、托幼一体化的进程，0～3岁这一年龄段的早期开发也将越来越受到重视，语言教育领域也必将同样受到关注。

二、学前儿童语言教育的研究对象和任务

（一）学前儿童语言教育的研究对象

学前儿童语言教育把0～6岁学前儿童语言的发生（婴幼儿的语言是怎样产生的？又是如何获得的？）发展（按照什么规律发展的？）及其教育（怎样为学前儿童提供有效的语言教育环境、教学策略？）作为学前儿童语言教育的研究对象，主要研究此年龄段的儿童在语言习得过程中所产生的一系列现象和问题，从中发现规律，并运用规律来进行有效的教育，促进他们语言能力的整体发展。

（二）学前儿童语言教育的研究任务

学前儿童语言教育的基本任务在《幼儿园教育指导纲要（试行）》中已有所阐述，主要包括：创造一个自由、宽松的语言交往环境，培养学前儿童语言交往的兴趣和习惯；提高学前儿童使用普通话以及本地语言交往的能力；发展学前儿童倾听、表达的能力；引导和提高学前儿童欣赏优秀儿童文学作品的兴趣和能力；培养学前儿童前阅读和前书写的兴趣、习惯和能力，为儿童顺利进入小学学习做好准备。

学前儿童语言教育的研究任务，主要包括以下两大方面。

1. 进一步探索学前儿童语言教育的功能和作用

人们对语言学习的重要性已初具认识，但作为学前教育工作者还需进一步明确学前儿童语言发展的功能和作用，这样才能知其然更知其所以然，才能在日常教育工作中更好地学以致用，更自觉地进行学前儿童语言教育的研究和实践，为促进学前儿童的语言发展而努力。

第一，促进学前儿童语言和行为的社会化进程。在一切动物中，唯独人类具有高度发展的语言系统。语言是人类交际和扩展生活的重要工具。儿童获得语言是儿童社会化发展的一个里程碑，对儿童身心的健康发展具有积极的意义。因为儿童获得语言后，就能用语言与周围人交流信息，如表达个人的想法，接受他人的要求等。在语言交流中获得的体验和感受，有助于儿童克服自我中心的言行，使他们能主动适应他人的行为要求，在此基础上逐渐形成语言自我调节能力，如"高高兴兴上幼儿园""自己能做的事情要自己做""不推不挤有礼貌"等。这些都是社会对儿童的行为要求，先是成人用语言对儿童进行他律，以后儿童就能用语言自我约束形成自律，从而养成习惯。儿童的语言和社会化行为的发展，也使儿童社会交往的精神需得到了满足。儿童口语能力强了，就容易取得交际成功，成功感又鼓舞着儿童去进入更多的交际，语言能力和社会行为的发展便形成了良性的循环。

第二，提高学前儿童的学习能力，促进其智力发展。语言具有高度的概括性，语义内容非常丰富。儿童在吸收、加工语言时，与其他认知加工有很多相似之处，如对语音、语义的感知、理解，对词汇的记忆、积累，对语法的抽象与概括。儿童在加工语言的同时，他们的认知能力（感知理解能力、记忆能力、思维能力等）也得到了相应的锻炼和提高；另外语言通过词、概念向儿童传递间接经验，也有助于儿童扩大眼界、提高思维和想象能力，这又有助于儿童学习能力的发展。心理学家普遍认为，儿童早期语言能力的发展，是他们智力发展的重要标志。

第三，提高学前儿童语言学习的兴趣。随着学前儿童语言的不断丰富和发展，语言交往

能力的不断提高，他们学习和运用语言的兴趣也不断地增强，当然听和说的兴趣、自信和主动精神又有赖于语言听说能力的提高。而兴趣是最好的老师，儿童一旦产生学习语言的兴趣，就会主动寻找机会演习和尝试，学习更多、更新的语言技巧，儿童语言的潜能就能得到最大限度的发挥。这种兴趣不仅对当前的语言学习以及今后的阅读、写作与口头表达能力产生影响，而且极有可能影响他们将来选择从事一些与语言密切相关的职业，如外交官、教师、律师、文学艺术创作者等。

第四，学好口语，提高早期阅读能力，为学业成就和未来成功打好基础。听和说，是读和写的基础，是入小学后实现顺利过渡的必备条件。不少儿童初入小学会发生学习上的困难，主要是对小学教师所传递的语言信息缺乏兴趣、不很理解造成的。所以，幼儿园要培养儿童对于语言指令力求记住并付之行动的习惯和责任意识，这样可以缩短儿童入学的适应期。在社会和经济发展迅速的今天，人的阅读能力被视为重要的、具有很高价值的能力。因为阅读是学习的基础，人的阅读能力往往决定了他的学业成就，同时也是个人未来成功从事各项工作的基本条件。当然"早期阅读"并不等同于"早期识字"，"早期阅读"绝不是幼儿识一些字可以自己阅读的意思。因为那样的"早期阅读"只会对幼儿的发展产生比较严重的不利影响，所以社会上的这种误解一定要引起我们幼教工作者的高度重视，并予以正确的引导。

2. 解释学前儿童语言发展过程及现象，揭示学前儿童语言发展的特点与教育规律，并运用规律来促进学前儿童的语言发展

语言包括口头语言和书面语言，所以语言既是人类的话语，也是一种书面的符号，是用来沟通的重要方式。语言发展遵循着一个可以预见的顺序。婴儿从坠地时的呱呱啼哭到后来的咿呀学语，一般是1岁前后能偶尔发出个别单词音；2岁左右能用200～300个单词与成人交谈；3岁前后基本上掌握本民族语言，开始以语言作为主要的交际工具。① 儿童语言发展的过程，尤其是学前儿童母语习得的过程有着惊人的相似：无论何时、何地，无论接触到的是何种语言，到12个月左右的时候，大脑的语音控制中心将达到平衡，从而开始说话，并进入单词句阶段，像"妈妈""水""抱"……儿童说出的单词句往往随着语境的不同表示不同的意义。如"妈妈"也许是表示"我要妈妈"，也许是表示"妈妈，我要小便"，也可能表示"妈妈来了"等含义。接着将进入双词句（电报句）阶段，再进入多词句乃至最后进入成人句阶段。作为学前教育工作者必须明确学前儿童语言发展的过程以及在此过程中表现出来的各种现象。当然，学前儿童的语言发展具有个体差异性，儿童开始说话的时间也有早有迟，早的可能是10个月，晚的可能是18个月，有的甚至是2周岁前后。而对一些由于生理原因造成的语言障碍就需要及早诊断并予以积极的治疗和干预。

语言的发展还有一个非常重要的规律：语言是在一定的社会环境中后天获得的，而不是先天遗传的。生理上正常的孩子，在什么样的语言环境中长大就会使用什么样的语言，和血统没有任何联系。狼孩儿脱离了人类社会，和不会说话的狼生活在一起，结果一句人话也不会说，只会像狼一样嗷嗷叫。因此我们要明确：语言是在使用的过程中学习的，语言能力也是在运用过程中发展起来的。所以我们必须为学前儿童提供一个宽松、自由、适宜语言交往的环境，并关注学前儿童语言学习的渗透性和个别化的特点。除了专门的语言学习活动以

---

① 王振昆编：《语言学资料选编》，下册，704页，北京，中央广播电视大学出版社，1983。

外，儿童可以在其他活动中获得感性的语言经验，因为活动中的词语都与孩子的需要、形象、动作等相联系，这样更加便于儿童的记忆和理解。尤其是年龄越小的孩子，语言发展和参与丰富活动的关联程度就越大，如表0-1所示。

表0-1 在认知活动中幼儿5分钟语言交往统计表

班级	活动内容	词语	句子	交流频率
托班	小手找家（数数、数点分类）	哪里、地方、不对、这里、错	"这是几？""这是4。" "错了。""我对的。" "放在哪里？" "放在4的地方。"	66次
小班	给小兔喂食（一一对应）	慢、多、一样多、刚刚好、整齐、苹果、萝卜、错	"请你一起玩好吗？" "你还没放整齐。" "你太慢了，我好了。" "苹果多了一个、萝卜少了一个。" "我跟你不一样，你放错了。"	67次
中班	扑克牌比大小	赢、多、多少、开始、感觉、裁判、扑克牌、快、大	"你来当裁判。" "你的牌有多少？" "我感觉你的牌少了。" "让我数一下你有几张牌。" "我比你大。"	45次
大班	给小动物测量	量、数、一共、长颈鹿、记录、熊猫、小鸡、快	"长颈鹿有几个点点？" "量一下就知道了。" "一共有6片。" "你快记录呀！"	35次

(此材料由宁波市江东中心幼儿园林佩芬老师提供，并采用观察记录法进行分析)

幼儿语言能力的发展与他们在环境中主动经历的事情有关。首先，在认知活动中，孩子们对各种材料物体的视知觉中所看到的信号物产生了言语活动。其次，幼儿在活动中有应用一个信号物来代表某些事物的能力，能引起一种表象，形成了对有关客体的表象而产生语言的欲望。最后，在活动中由于获得大量的信息，使孩子们进行思想交流，这时语言就丰富起来了，在重复语言、独自言语或集体独白中发展了他们的语言能力。

比如，在表示活动意义时使用空间方位词：里、外、上、下、前、后、中、左、右等，和时序词：先、后、以前、以后、同时等，还有形容词：大、小、长短、高矮、高低、粗细、厚薄、宽窄、深浅等，另外还有量词、名词等，句子产生了，语言能力在活动中继续发展。同时，语用能力也大大发展了，在活动中孩子们的语言受到了老师的重视和关注，得到了同伴的理解，使他们更喜欢说，更乐于用语言来表达所知、所想和思想感情。语言发展需要环境，幼儿在活动时很乐意使用语言，特别是胆小的孩子、不爱说话的孩子，他们的语言发展在活动中得到了促进。表0-1数据分析表明：活动中幼儿的语言交流频率大大高于一般幼儿园的孩子，但随着年龄的增长，语言交流频率降低了，语言交流内容的有意性增强了。

所以，幼儿园应开展丰富多样的活动，使儿童能在不知不觉中随着活动的展开而获得大量的词语和理解表达的经验；还应获取家庭的支持，形成托幼机构、家庭、社区的教育合力，全方位地促进学前儿童语言和行为的社会化进程，从而为学前儿童的终身发展打好坚实的基础。

三、学前儿童语言教育的作用和意义

斯大林说："语言是工具、武器，人们利用它来互相交际，交流思想，达到互相了解。"① 语言是人类最重要的交际工具。生活在社会中的人必须学习并掌握一种甚至几种语言。因为语言是人们用来进行思维、交流思想以达到互相了解的工具。没有语言，人类不但没法交流思想，并且也无法进行思维，因为人类是借语言的帮助来进行思维的。我们在进行思维的时候，要运用概念，然而没有任何一个概念可以脱离词而独立存在。人们进行思维的时候往往没有把话说出来，有人就以为我们可以脱离语言而进行思维了，这种看法是错误的。这种没有说出来的言语，叫做内部言语。思维的时候，语言仍然是这思维活动的刺激物，我们的神经系统仍然有发音的兴奋，只是比较微弱，没有让人听出声音或看出动作罢了。所以，语言是抽象思维的承担者，它代表了抽象思维，我们可以通过人的语言去认识人的抽象思维；语言还是客观事物的标志，它代表了客观事物，我们可以通过人的语言去认识客观世界的情况；语言中每一个成分都是语音和语义的结合物，其中语音代表语义，我们可以通过别人口中说出的语音去认识他所要说明的意义。

"语言是教育的工具，既是教师的工具，也是儿童学习的工具。""离开语言，教育作为人类独有的文化传递活动，便无从发生。对于学前教育活动自身而言，它是依赖于语言的。"而语言又是在后天语言刺激的不断作用下逐渐发展起来的。有份科学报告里曾经指出：有个小孩，从1岁半起就被关在一间小屋里，很少跟人接触，直到14岁，他还不会说话，也听不懂别人的话。可见语言环境对于学会说话是非常重要的。大量研究表明，学前时期是儿童语言发展尤其是口语发展的关键期。在此期间，学前儿童的听觉系统、发音器官和语言中枢日趋成熟，发音逐渐准确，词语不断丰富，开始掌握语法规则，语言运用能力迅速发展，因此必须重视学前儿童语言教育和语言学习。语言是学前儿童学习概念、发展智力、扩大交往范围、促进社会化发展的基本元素，所以语言和学前儿童的生活与发展息息相关，对儿童的身心健康有着积极的影响。语言的发展和思维发展的关系十分密切，人们需要运用语言进行认知和思考，学前儿童有了语言，便拥有了良好发展的条件。随着社会和科技的发展，语言的社会功能和口头语言的作用变得越来越大。随着改革开放的深入，人机对话、与外国人交流已日益普遍，学前儿童学好母语也有助于今后外语的学习。总之，促进学前儿童语言的发展，才能更好地促进学前儿童整体素质的发展，为他们的一生发展奠定基础，从而促进人类的文明进程。

四、学前儿童语言教育的研究方法

学前儿童语言教育主要是研究学前儿童语言获得、语言学习和语言教育的过程。只有经过系统的自然观察、对现实的调查研究和对实践的行动研究，才能判明其方法是否有效。因

---

① 斯大林：《马克思主义与语言学问题》，20页，北京，人民出版社，1953。

此，学前儿童语言教育的研究方法为：以学前儿童生理学、心理学基本原理和人类语言学的发展规律为依据，运用自然观察法、调查研究法和行动研究法等理论与实践相结合的综合方法。

（一）自然观察法

自然观察法是指通过感官或辅助仪器，有目的、有计划地对自然状态下发生的现象或者行为进行系统、连续的考察、记录、分析，从而获取事实材料的研究方法。自然观察法是最古老也是最基本的观察方法，适用于对儿童发展和教育的研究。自然观察法的具体方法有很多，有日记描述法、轶事记录法、实况详录法、时间取样法等，其中日记描述法中的主题日记法和实况详录法对学前儿童语言教育而言是比较适宜的。

日记描述法又称儿童传记法，一般以自己的孩子或者亲属的孩子作为被试人，是对观察对象进行长期的跟踪观察。如"中国幼教之父"陈鹤琴先生，曾采用日记描述法，对他的长子陈一鸣进行了808天的追踪记录。在此基础上，1925年《儿童心理之研究》《家庭教育》两部力作相继问世。其中《家庭教育》一书堪称中国现代家庭教育的百科全书，被陶行知誉为"近今中国出版教育专著中最有价值之著作"。主题日记法是以专题日记的形式对儿童发展情况进行边观察边记录，如观察、记录儿童的语言发展。它能系统地获取儿童语言发展的连续变化，能提供比较长期、详细的第一手材料。由于观察是在自然情景中持续进行的，资料较为真实可靠，具有生态效应。实况详录法是详细、完整地记录被试在自然状态下所发生的行为，然后对所收集的原始资料进行分类并加以分析的方法。例如，可用实况详录的方法研究1~3岁儿童语言的发展。可采用录音机进行现场录音：每周一次，每次统一时长为10分钟，记录被试者——儿童的语言，然后对每次收集的儿童语句、词汇进行分类整理，最后概括出3岁前儿童语言发展的阶段。

自然观察法也有其局限性：这种观察常常需要花费较多的时间和精力，观察所得的材料往往是观察对象的外部行为表现，难以确定因果关系；另外，观察难免带有主观偏向性而产生误差，可能会影响研究结果的真实性和可推广性。

（二）调查研究法

调查研究法是通过考察事实、了解现状、收集材料来认识教育问题或探讨教育现象之间联系的研究方法。调查是指用一定的方法和手段去收集事实、资料，研究是指对所收集来的资料进行统计分析或理论分析（定性与定量相结合的分析），目的是认识教育问题，探讨教育现象之间的联系。调查研究通常不受时间、空间的限制，不须控制条件，涉及范围广，手段多样化，便于实施。调查研究有多种类型，一般可分为现状调查、相关调查、原因调查、跟踪调查等。

现状调查旨在了解儿童语言发展过程中的某些特征或现象、语言教育中存在的某些问题。通过现状调查，把握研究对象的现实状态，可有针对性地施加教育影响；发现教育中存在的实际问题，为今后改进语言教育教学工作，促进学前儿童的语言发展提供依据。如"大班幼儿阅读能力的调查"，发现并分析在幼儿园大班儿童早期阅读中存在的态度、习惯或认知技能及环境创设等方面存在的问题，运用缺失优先的原则，着重解决某方面的具体问题，从而为提高大班幼儿的阅读能力提供有效的教育策略。

相关调查是旨在通过两个变量的情况，分析考察其相互联系的性质和程度的调查研究。如"××地区幼儿学说普通话与方言关系的调查"，通过发现幼儿学说普通话过程中明显而又较为普遍存在的某些字的发音问题，分析相关的方言对其所产生的影响，以便在今后的语言教育教学中运用多种手段加以重点突破。

原因调查旨在探讨儿童的某种特征或现象形成的可能原因，如"儿童口吃成因的调查"等。原因调查可将与研究内容有关的可能因素罗列出来，然后进行核实、筛选，也可调查两组不同对象，对调查资料分组整理、比较，找出显著不同的原因。严格地说，仅用调查法是不足以说明因果关系的。经过这种调查方法找出可能的原因后，有利于我们有针对性、有方向地从事假设验证的实践研究，以确定因果关系。

跟踪调查也称发展变化调查，主要调查儿童的某种特征随时间推移而发展变化的情况，这类调查有助于我们了解不同年龄阶段的儿童在某些方面的发展特点和规律，如"幼儿口头语言和书面语言发展关键时间的调查"。跟踪调查是对同一组被试的同一特征用同一种标准进行反复的观测，然后分析其发展水平和趋势，研究周期比较长。

（三）行动研究法

行动研究法，也称为实践研究法，是指研究人员和一线教师针对实际的教育活动或教育实践中的问题，不断提出改进教育的方案或计划，用以指导工作实践。同时又依据教学改革研究计划实施进程中不断出现的新问题，进一步充实和修正、完善计划，不断提出新的目标。一方面以研究指导行动，以改革方案作为指南，另一方面教学改革行动又反过来成为研究的向导，促进研究的进展，二者相互反馈，反复无穷。

行动研究法的特点是具有直接针对性。行动研究一般是针对即时问题加以研究，通过研究使问题切实得到解决。行动研究属于非正规性研究，其方案不一定很严密完善，而是随着研究与实践的进程逐步加以调整，注意在日常真实的教育活动中边行动边研究。研究目的是为了改进教育工作，提高教育质量和效益，所以有益于将教育研究与实践紧密结合。行动研究以教师作为研究主体，所以也有益于教师自身素质的提高。当然，行动研究法也存在局限：因为是非正规性的，不可能严密控制条件，因此其结果的准确性、可靠性不够。

行动研究法过程如下：计划—行动—观察—评价—再计划……呈现为一种螺旋循环的研究动态序列。

【案例借鉴】

某幼儿园新接手大班的李老师，自带班以来，发现其班上孩子对阅读的兴趣不足。因此她试图用行动研究法来解决问题，其步骤如下：

计划：以所发现的具体事实和调查研究为前提。基于对学前儿童早期阅读重要性问题的认识，和所掌握的有助于解决问题的知识、理论、方法、技术和各种条件的综合，制订行动计划。计划包括总体计划和每一个具体行动步骤的设计方案，如家长问卷调查（了解家庭阅读兴趣）、调整班级阅览区域、组织语言主题活动、丰富日常班级活动（故事大王比赛、木偶表演、童话剧表演等）。

行动：实施行动计划。行动计划的执行和实施具有灵活性。随着研究者对问题认识的逐渐明确，以及行动过程中各种信息及时的反馈，不断吸取参与者（指导人员、配班老师或教研组长以及家长等）的评价和建议，对已制订的计划可在实施中修改和调整，如增加"参观书店或图书馆"活动等，行动是可以不断调整的。

观察：包括观察，实验，问卷（书面调查），对话，访谈，研究日记，收集成品、录音、录像、照片等。考察内容有：一是行动背景因素以及影响行动的因素；二是行动过程，使用了什么材料，安排了什么活动，有无意外的变化，如何排除干扰；三是行动的结果，包括预期的与非预期的。如：观察班上孩子进阅览区的时间长短、次数多少、对新图书的敏感度等，考察要灵活运用各种观察技术以及数据、资料的采集和分析技术，充分利用录像、录音等现代化手段。

评价：包括整理描述（对研究资料进行整理、统计分析、理论分析）、评价解释、作出推论，并对研究进行反思评价（行动的有效性），写出初步报告，修改方案，为新一轮的深入研究做准备。

行动研究法比较适合我国的国情，有益于理论向实践的转化，加强研究与实践的联系，将我国多年来实践中丰富的教育教学经验加以分析概括提炼上升，经研究和实验验证，形成规律性的认识，改进教育，大面积提高教育质量和效益，促进教育事业的发展。行动研究法特别对于改革教育、教学方法是有益的，适于进行教育技术性、开发性课题研究，解决"怎么做"等有关具体教育措施、操作方法方面的问题。研究虽然着眼于改进教育实践，以此作为直接目的，但其客观效果必然有益于丰富有关教育规律的认识及推动理论建设。

本章参考书目

[1] 张明红.学前儿童语言教育 [M].上海：华东师范大学出版社，2006：16-18.

[2] 赵寄石，楼必生.学前儿童语言教育 [M].北京：人民教育出版社，1993：4-6.

[3] 王振昆.语言学资料选编 [G].上册.北京：中央广播电视大学出版社，1983：36，155.

[4] 张燕，邢利娅.学前教育科学研究方法 [M].北京：北京师范大学出版社，1999：171-172，182.

第一章
学前儿童的语言学习

▶ 情境导入

当幼儿在游戏或者是画画的时候，我们常常听见他们自言自语，"先画一个房子，再画一个小朋友，再画妈妈，再画一个太阳……"，这是他们在用语言计划自己的行动顺序，把自己的思考过程用语言表达出来。有时，他们会用语言来修改自己的思考，比如"不对不对，这块积木不能放这里，要放到那块上面，这样才对"。其实，语言的本质就是工具，是交际的工具，也是思维的工具。幼儿的语言学习过程就是认识世界的过程和思维发展的过程。

▶ 学习内容提要

学前儿童的语言学习，应在认识语言本质和特点的基础上认识学前儿童语言学习的特点，找出儿童在不同语言学习过程中显现的内在规律，从理论的高度了解制约学前儿童语言学习的影响因素。

▶ 学习目标

1. 了解语言的本质是交际和思维的工具，掌握关于学前儿童语言获得理论的主要学派，其代表人物和主要观点。
2. 掌握学前儿童语言学习的四个特点。
3. 掌握学前儿童语言学习的影响因素。

▶ 重点和难点

1. 语言的本质、学前儿童语言获得理论三大学派。
2. 语言学习是学前儿童语言主动构建的过程。
3. 学前儿童语言学习的影响因素中的社会因素。

▶ 教学建议

语言概念的理解是一个比较复杂的问题，在学习过程中应借助例子，尤其是学员工作中遇见的鲜活案例来理解本章的理论问题。关于语言和儿童语言获得的理论学派众多，学员对研究概貌有全局性的了解，对具有代表性的人物和理论有所了解即可。

第一节　学前儿童语言的本质

学习目标

了解语言的本质是交际和思维的工具、符号，语言也是学前儿童学习的对象。掌握关于学前儿童语言获得理论的三大学派主要代表人物及其主要观点，并能正确地对其观点进行分析和评析。

重点、难点

语言的本质、学前儿童语言获得理论三大学派。

学习提示与建议

1. 语言概念的理解是一个比较复杂的问题。学员在学习的时候需要接触一些语言学的理论知识。教师讲解时可以多借助例子帮助学员了解"语言是工具""语言是符号系统"等。

2. 有关儿童语言获得的理论学派众多，教师可选择其中几个重要的代表人物和理论，帮助学员了解学界的研究历史。

语言是什么？语言是一种既普通又独特的社会现象。说它普通，是因为人们每天都在使用语言，每个正常人都至少掌握一种语言。说它独特，是因为它跟其他社会现象不完全一样。因为语言极其复杂，人们从不同角度、用不同方法观察和解释语言，所以对语言的理解也往往不同。目前我们能看到的每一种解释最多只能反映语言的一部分特点。我们可以从两个方面着手去回答：一是从它的社会功能方面，二是从它的内部结构方面。语言学家们认为语言是一种交际和思维工具，他们也提出语言是一种音义结合的符号系统。从儿童语言教育的角度来看，语言还是儿童学习的对象。下面从这几个方面对学前儿童语言的本质作具体说明。

一、学前儿童语言的基本概念[①]

（一）语言是交际和思维的工具

1. 语言是人类最重要的交际工具

婴幼儿在学会说话之前，已经开始使用一切能够找到的方法来与周围的人交流。比如用肢体动作和面部表情表达高兴或难受等情绪，用啼哭表达饥饿、疼痛等感觉或者其他需要。但同样是哭声，婴幼儿可以表示饥饿、口渴、疼痛、不适等多种情况，成人只能依靠经验推测哭声究竟表示怎样的意思，如果推测不准确，婴幼儿会哭得更厉害。然而，一旦幼儿学会使用语言说出自己的感受和愿望时，前面提到的交流不畅产生的尴尬就能很好地化解，儿童与外界的沟通就变成极为容易的事情。

为什么会这样呢？因为语言是人类最重要的交际工具。[②]

首先，语言是一种人类所特有的社会现象，它随着人类社会的产生而产生，也随着人类

[①] 本节主要观点参考了叶蜚声、徐通锵：《语言学纲要》，北京，北京大学出版社，1997。

[②] 列宁：《列宁选集》，第2卷，下，508页，北京，人民出版社，1960。

社会的发展而发展，在人类社会之外是没有语言的，社会属性是语言最为基本的一种属性。动物没有语言，我们日常说的所谓"莺声燕语"只是一种比拟的说法。动物拥有各种传递信息的手段，但这些手段和人类的语言有着质的区别。因此，语言是人类区别于动物的一个重要标志。人类社会离不开语言，一个高度发达的现代社会，一旦失去了语言，就有崩溃的危险。语言并不是一种自然现象，如果语言是人生来就有的自然属性，世界上就不可能产生如此种类繁多的语言了。语言和社会是相互依存的，语言具有一切社会现象都具有的特点，即为社会服务，所以它是一种社会现象。

其次，在人类的交际工具中，语言是最重要的。人类拥有多种交际工具，语言是其中的一种。也就是说，除了语言以外，还有文字、旗语、红绿灯、电报代码、数学符号、化学公式以及手势、表情等辅助交际工具，它们在交际中各自发挥着一定的作用。文字记录语言，是标记语言的书写符号系统，它突破了语言交际中的时空限制，使语言的交际功能得到充分发挥，在社会生活中起着重大作用，它是最重要的辅助交际工具。但是，文字在交际中的重要性毕竟远不能和语言相比。文字是辅助性的，处于从属地位。一个社会可以没有文字，但是不能没有语言；没有语言，社会就不能生存和发展。至于旗语、电报代码、数学符号等交际工具，大多是在语言和文字的基础上产生的，是后起的交际工具。它们显然不能同语言相提并论，因为离开语言和文字，它们就无法存在。就服务领域而言，语言的活动范围非常广阔，服务领域几乎是无限的，而旗语、电报代码等交际工具均在特定领域内为社会服务，使用的范围相当狭窄。客观地说，旗语、电报代码等只是适用于某些特殊领域的辅助性交际工具，是一种副语言形式。

作为辅助交际工具的还有体态语，如脸部的表情、手的动作乃至整个躯体的姿势等，它们都可以参加到交际活动中来。这些体态语有时可以脱离语言而独立完成一定的交际任务。例如，印度人用点头表示"否定"，用摇头表示"肯定"，而中国人则相反；西方人握拳伸出右手的食指和中指构成V形以象征胜利。常见的通行体态语有鼓掌欢迎，挥手送别，举手为礼，伸舌表示惊讶，流泪表示悲哀，手舞足蹈表示欢喜，顿足表示后悔，咬牙切齿表示仇恨等。在特定场合使用体态语方式进行交际，往往会收到比只用语言更好的表达效果。但是，体态语充其量也只能作为语言交际的一种辅助交际工具，它无论如何也代替不了语言交际的功能。

2. 语言是思维工具

语言不仅是人类的交际工具，也是人类的思维工具。思维是认识现实世界时动脑筋的过程，同时也指动脑筋时进行比较、分析、综合以认识现实的能力。虽然语言和思维是两种独立的现象，但是它们形影相随，不能分离。人们用语言表达自己、了解他人，同时也在用语言思维。思维活动，尤其是抽象思维活动，必须借助于语言，不能离开语言而单独进行。平时我们感觉不到使用语言来动脑筋的过程，但是一些复杂的问题，会让我们有一个默默自语的过程，而且动脑筋时所用的方言或语言与日常说话时使用的方言或语言是一致的。一个人在思维的时候总要运用一种语言。马克思在《德意志意识形态》中指出："语言是思想的直接现实"，"观念是不能离开语言而存在的"。

语言是思维的工具，同时也是认识成果的储存场所，思维的成果需要语言表达出来。比如我们认识客观事物，形成了概念，这种概念就需要运用语言中确切的词语把它"包装"起来，固定下来，展示出来。语言是思维最有效的工具，思维离不开语言，它必须在语言材料的基础上进行。没有语言，没有句子，概念也就无所依托，推理进程难以进行，思维也就不存在了。如果没有语言，思维活动不能进行，思维成果也无从表达。

思维离不开语言，聋哑人就没有思维了吗？显然不是，聋哑人也是能够进行思维的。首先，他们和正常人一样，拥有健全的大脑和发音器官，主要是因为耳聋听不见别人说话，才无法学会语言，一旦恢复或获得听觉，聋哑人也就可以逐渐学会说话。其次，聋哑人虽然不能从听觉中得到应有的信息，但可以通过别的感觉器官得到补偿。最后，仅仅依靠视觉的交际，聋哑人的思维能力的确会受到影响，特别是在掌握一些抽象的词语和语法规则方面，因为听觉获得信息的可能性比视觉大得多，确实有很多不便。总之，抽象思维总要以某种物质的形式作为依托，最方便、最灵活的依托是声音，视觉、动觉、触觉虽也能作为依托，但不如听觉那样方便有效。没有任何依托的思维是不存在的。

（二）语言是一种音义结合的符号系统

代表甲事物的乙事物，不一定是符号。符号必须和自己所代表的事物之间没有必然联系，它包含形式和意义两个方面，比如用"红灯"这个形式在交叉路口表示"停"的意义。语言符号是由音、义的结合构成的。"音"是语言符号的物质表现形式，"义"是语言符号的内容，只有音和义相结合才能指称现实现象，构成语言的符号。例如"人"这个符号，rén 是它的语音形式，"会说话、用两条腿走路、会制造和使用生产工具进行劳动"是和这个音结合在一起的意义，构成符号的内容。符号是用作传递信息和意义的。

1. 语言具有约定俗成性

语言符号的音义关系是由社会约定的，用什么样的"音"去表达什么样的"义"，人们说不出道理，完全由社会约定，因而这种音义的任意性关系又叫约定性。汉语中为什么把"会说话、用两条腿走路、会制造和使用生产工具进行劳动"这个意义和 rén 这个语音联系起来，是完全没有道理可说的。同样的意义，英语说 person、man 和 woman。不同民族、不同社会间的语音差别很大，说明不同的音可以表达相同的意义；同样，相同或相似的音在不同的语言中也可以表达不同的意义，如 ai，汉语中表达的是哀、爱、矮……在英语中表达的是"我"（I）。荀子的"约定俗成"（"名无固实，约之以命实，约定俗成谓之实名"——《荀子·正名》）说出了语言符号的两个含义：第一，语言符号的语音形式和意义内容之间没有必然的、本质的联系，完全是任意的，音义结合的任意性是人类语言多样性的一个重要原因。第二，用什么样的语音形式表达什么样的意义，什么样的意义用什么样的语音表达，是由社会全体成员共同约定并共同遵守的。语言音义之间的联系是社会成员约定的，说明了语言实际上就是一种约定的符号。

符号的任意性特点是就语言符号创制之初而言的，最初用什么样的语音形式代表客观事物现象、意义内容是任意的，但这并不意味着人们可以对语义内容作随意解释。符号一旦进入交际，也就是某一语音形式与某一意义结合后，就必须遵守社会约定，它对人们具有强制性，每一个人都必须接受它，如果破坏约定擅自更改，就必然遭到社会的拒绝。所以，语言符号的任意性和强制性是对立的统一，人们不能随意更改已经约定的音义关系。假如个人可以根据自己的好恶来胡乱使用语言，同时这种任意性并没有被整个社会接受，既没有任何规定性，又没有强制性，各人可以自说自话，那么结果是谁也听不懂谁的话，语言交际就无法进行。约定俗成前可以说有任意性，约定俗成后则具有了强制性。

2. 语言符号的系统性

语言符号看起来零零散散，是杂乱地堆在一起的、毫无头绪的材料，但实际上语言符号不是互相之间没有联系、互不相干的独立存在。语言符号是一个系统，可以从组成规则和运转规则两个方面加以认识。

语言的层级体系就是语言的组成规则，它反映了语言单位之间的一种相互依存、彼此制约的关系。我们看有些动物能使用声音符号，它们可发出的基本音有多有少。牛能发出的基本音不到 10 个，狐狸则超过了 30 个。大多数动物只能用一个音代表一个信息，它们传递信息的数量往往限制在基本音的数量之内，很少能把几个音组合起来代表某个信息。另外，如交通信号系统、象棋的规则系统也都不分层次。而人类的语言则比其他符号系统要复杂得多，因为它是分层装置的，靠组合、替换来运转。语言可以分为底层和上层：底层是一套音位。一种语言的音位虽然一般只有几十个，但为数不多的音位却可以组成数目众多的音节，这是语言符号的形式部分。语言的上层是音义结合体，即符号和符号的序列，是表义单位。上层一般分为三级：第一级是语素，第二级是词，第三级是句子。语言系统的分层装置能用少量的语言单位构成无限数量的有意义的语言单位，传递无限数量的信息。

语言的组合关系和聚合关系是语言的运转规则，语言的开放性、生成性，就是通过语言的运转规则具体体现出来的。

语言是符号网络系统。组合关系和聚合关系好像数学中的横轴和纵轴。组合关系是指符号与符号组合起来的关系，也就是构成线性序列的语言成分之间的结构关系。聚合关系是指语言链条同一位置上具有相同作用、互相能替换的符号之间的关系，如图 1-1 所示。

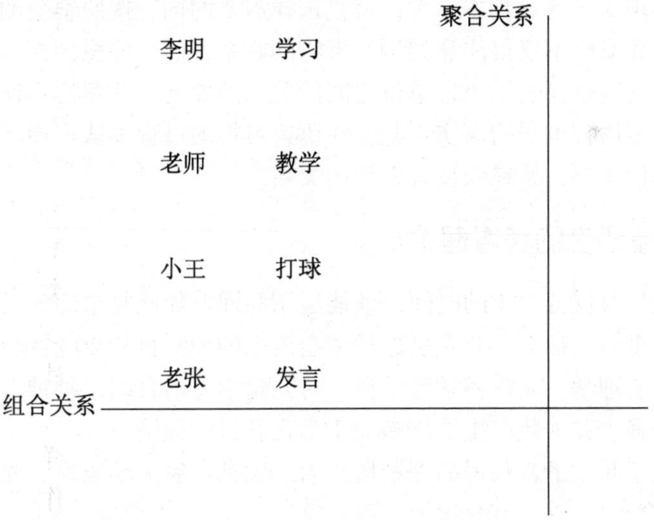

		聚合关系
李明	学习	
老师	教学	
小王	打球	
老张	发言	
组合关系		

图 1-1　组合关系、聚合关系示意图

因此，我们可以从以下三个方面来看：

第一，从语言的层级看，语言的各个构成要素之间的相互联系体现了语言符号的系统性，比如音素组合成音节，语音系统、词汇系统、语法系统都是互相关联、互相影响的。

第二，语言要素内部各个单位之间的相互联系体现了语言符号的系统性，这些单位互相影响，例如在符号层，音节结合意义构成语素，语素组成词，词组成句子，各个单位之间是互相联系、互相制约的。

第三，各个单位之间的组合具有功能上的联系，同时一个单位具有某种功能不能是孤零零的，往往有许多具有相同功能的单位形成一个聚合，可以互相替换，每一个词都处于组合与聚合的焦点上，既可以同别的单位组成更大的结构，又可以被别的单位替换。

（三）语言学习是学前儿童语言发展的重要方面

婴儿从出生就进入一个现成的语言环境，他通常要花五六年时间才能学会周围这种语言。先是无意义的声音，再是独词句阶段，再发展到双词句阶段，大约到五六岁就能自如地使用各种语言成分造句了。

学话的过程实际上是认识世界的过程和思维发展的过程。在独词句出现阶段，儿童会经过不断的失误，在成人不断纠正下学会一个词，将它与它所表示的那类事物联系起来。比如把 māo 这个声音和"猫"这种动物联系起来，通过观察将之与"狗"区别开。儿童能在语言里区分 māo 和 gǒu，那就能在现实中把猫和狗区别开来，也就初步学会了概括。

儿童在独词句的基础上进一步学会两个词的组合，按词的指示把物和物的特征区分开来。比方说，儿童按照词的指示辨别出了白猫和白狗的共同点，花猫和花狗的共同点，进而把物和物的属性区分开来。当他学会某样事物叫 xiézi，他就有可能把 bái 和 huā 加在 xiézi 上，用以区别不同颜色。儿童不仅注意到不同事物之间的区别，而且注意到不同事物中共同的东西，抽象出事物的属性（如"白猫""白狗"中的"白"），也会把统一的事物分析成不同的要素（如"白"和"狗"）。"猫跳""狗叫"之类的句子也是在这个阶段学会的。

独词句的出现和从独词句到双词句，这是儿童学话中的关键两步，因为语言基本的奥秘已开始渗入这些简单的学习之中。独词句体现了词和事物的联系，特别是词指称整类事物的概括性。双词句体现了造句的基本原理，就是选择需要的词，按照学会的格式把它们组合在一起。这就是说，儿童已不仅仅注意到词与事物的联系，而且注意到词与词之间的关系。从双词句到实词句，进而掌握表示语言单位之间的关系的虚词，儿童逐步摆脱事物的具体形象的影响而越来越注意语言本身的事实。儿童在语言习得的过程中认识周围世界，发展思维能力，语言和思维如影随形，始终保持着密切的关系。

二、学前儿童语言的获得理论[①]

儿童生下来以后仅仅五六年的时间，就能运用和理解如此复杂的人类语言，应该说这是一件非常了不起的事情。那么，儿童是怎样学会语言的呢？自从 20 世纪 60 年代生成语法诞生以来，语言学、心理学、认知科学等学科，对儿童学习语言的这种神奇现象非常重视，给出了各种各样的解释，并由此产生了许多关于语言获得的理论。

目前，学界关于儿童语言获得的理论概括为三大类：后天环境论、先天决定论、先天与后天相互作用论。

（一）后天环境论

后天环境论强调环境和学习对语言获得的决定性影响。这一理论是在美国心理学家华生的行为主义心理学的基础上提出的。他们把语言看作一种习惯，认为儿童学习语言是对成人语言的临摹，儿童语言只是成人语言的简单翻版，否定或轻视儿童在语言获得中的主动性及

[①] 本观点主要参考了桂诗春：《心理语言学》，上海，外语教育出版社，1985。靳洪刚：《语言获得理论研究》，北京，中国社会科学出版社，1997。李宇明：《儿童语言的发展》，武汉，华中师范大学出版社，1995。

其先天因素的影响。由于无法解释为什么儿童可以说出他从不可能听到的一些话语，为了克服机械模仿说的缺陷，人们又提出了"强化说"和"选择性模仿说"。

强化说的主要代表人物是美国的心理学家斯金纳，他认为语言的发展是一系列刺激—反应的结合，当场受到的刺激和强化历程对语言行为的形成和发展具有决定性影响。语言是可以观察和测量的，也是可以通过强化、训练、塑造或模仿逐渐形成的，是对外界刺激的习惯性反应体系。当儿童对成人语言模仿正确时，就会受到鼓励，从而使正确的语言行为得到强化；如果儿童对成人语言的模仿不正确，就不会受到鼓励，因而得不到强化。儿童就是在不断的强化中学会语言的。但是，许多研究发现，父母对于儿童的意义表达非常重视，但是并不太注意儿童语言形式上的正误；有时父母的强化对于儿童的语言学习并不一定发挥作用。这说明强化说还是一种不尽如人意的理论。

选择性模仿说认为，儿童并不是对成人话语进行机械模仿，而是有选择性地模仿。当儿童对某种语言现象具有了一定的接受能力时，才会对这种语言现象进行模仿；而且模仿也不仅限于具体的语句模仿，儿童还会对语句的结构进行模仿，并依照这种结构造出新的句子。选择性模仿说比机械模仿说前进了一大步，指出了模仿的条件和模仿与新话语产生的关系。但是仅用模仿来解释儿童语言的发展，仍然是有失偏颇的。

（二）先天决定论

先天决定论强调先天禀赋的作用，认为语言获得不是后天学习的结果，同后天环境论可谓针锋相对。其中较有影响的是乔姆斯基的"先天能力说"和勒纳伯格的"自然成熟说"。

乔姆斯基极力反对行为主义的模仿说，特别是斯金纳的强化说。他认为，语言是由无限多个句子构成的，句子的无限性决定了儿童不可能对一个语言的所有句子都进行模仿；但是儿童却可以听懂或说出他从未听到过的句子。这就从根本上否定了儿童是通过模仿学习语言的这种经典性理论。

乔姆斯基认为，决定人类语言的因素是先天遗传的语言能力，即普遍语法能力或规则，这些规则虽不能直接生成任何语言的句子，但它可以规定和描写人类个体语言的语法，能够规定各种人类语言的句子应该如何构造、如何理解。儿童生来就具有一个语言学习装置（language acquisition device，LAD），这个装置具有一套语法系统和语言分析能力。当儿童接触一定数量的成人语言之后，就会利用 LAD 对这些语言现象进行分析，这种装置能够使儿童尽快地选择词和句子，而不管这种词是以哪种语言听到、说出和理解的。这样儿童就学会了各种具体的语言。乔姆斯基的理论使我们认识到，儿童的语言学习并不是一个完全被动的过程，而是主动的充满创造的过程，并且把语言获得同人类语言的普遍现象联系在一起考察，是富于启发意义的。但是，他所说的 LAD 只是一种假设，人们还难以在大脑中找到它的踪迹。

勒纳伯格认为，生物的遗传素质是人类语言获得的决定因素，语言是人类脑机能成熟的产物，当大脑机能的成熟达到一种语言准备状态时，只要受到适当外在条件的激活，就能使潜在的语言结构状态转变成现实的语言结构，语言能力就会显露。即儿童的语言发展同生理的发育一样，是一个自然成熟的过程。比如儿童生下来时不会走路，但已具有了走路的可能性，后天的生理发育一旦成熟，儿童就会自然地走路。儿童生下来时也已经具有了语言能力，这种能力在后天的逐渐发育中成熟。勒纳伯格的理论使我们看到了先天因素和生理因素对语言发展的影响，但是这种理论只是揭示了语言发展的生物学基础，而仅靠此来解释儿童的语言发展，显然是不够的。

（三）先天与后天相互作用论

先天与后天相互作用论，其代表性观点是以皮亚杰为代表的认知相互作用论，认为认知结构是语言发展的基础，语言结构随着认知结构的发展而发展，个体的认知结构既不是环境强加的，也不是人脑先天具有的，而是来源于主体和客体之间的相互作用。皮亚杰认为，语言的习得不是本能的、自然的过程，强调智力成长和语言发展之间的关系，关注儿童的经验背景和成长中的智力对其交往能力的影响。具体地说，认知发展理论更为强调儿童说话能力的发展与儿童在环境中主动经历的事情有关，这些直接经验被"编码"到儿童的思维中，儿童的发现逐渐从经验转化成词语表征。依据认知发展的理论观点，语言发展只与儿童的智力发展有关，而这种智力又是通过直接的、具体的经验而发展的。也就是说，语言学习能力只是认知能力的一种，儿童并没有先天的独立于认知能力之外的语言学习能力，语言的发展受认知能力的发展制约，是儿童的主体因素与客观环境因素相互作用的结果，是通过同化和顺应不断地从一个阶段发展到一个新阶段的过程。

在皮亚杰理论的影响下，人们开始用认知的发展过程来解释儿童的语言发展过程。许多研究发现，语言的发展确实与认知的发展有关，比如，一般来说，认知难度较低的语言现象总是比认知难度较高的语言现象先发展。但是，这种理论只承认认知发展对语言发展的影响，而忽视或否认语言发展对认知发展的影响，也是有一定的片面性。

现在的一批学者综合前人研究之长，又提出了新的理论。他们承认语言发展要受到先天的、后天的多种因素的影响，这些先天的能力和社会的、认知的、语言的因素是相互依赖、相互作用、互为因果的，语言发展在很大程度上是语言规则的获得。在对各种理论兼收并蓄和进行发展的过程中，由于吸收的方式和强调的重点不同，"社会相互作用"观点表现出两种不同的倾向。

"社会交往说"就是其中的一种。社会交往说既承认儿童具有先天的语言学习能力，也不否认认知因素对儿童语言的影响，并且还批判地继承了行为主义的一些合理的思想。他们发现，成人同儿童交谈所使用的言语同成人之间的交谈很不一样，这种"儿向言语"与儿童的语言发展具有极为密切的关系；而且，没有语言交流，儿童也不能获得语言。比如有一对聋哑夫妇，他们的孩子各方面都很正常，但因身体原因不能让孩子到户外活动，只能让孩子对着电视学习语言，不过，这种单向的非交流式的学习最终还是失败了。这个孩子跟着父母学会了聋哑手指语，而没有学会自然语言。因此，这一学说特别重视儿童与成人交往的实践，并认为儿童和成人语言交际的互动实践活动，对儿童的语言发展起着决定性作用。

另一种则是"规则学习说"。这一学说认为，语言具有一定的结构，遵循一定的规则，语言的学习在很大程度上就是语法规则的获得。儿童学习母语是一个归纳的过程，而不是一个演绎的过程。儿童使用先天的语言处理机制，通过对语言输入的处理，归纳出母语的普遍特征和个别特点。对规则的归纳，凭借的是工具性的条件反射，是刺激—概括的学习过程，是先天因素与后天因素的相互补充和相互影响。

在儿童语言获得理论领域各种学说纷呈，甚至针锋相对。能够明确的是，儿童的语言发展是先天和后天、生理和心理、主体和环境等多种因素交互作用的结果。就目前的情况来看，社会交往说是一种处于发展完善中的很有希望的理论。

第二节　学前儿童语言学习的特点

学习目标
掌握学前儿童语言学习的四个特点。
重点、难点
语言学习是学前儿童语言主动构建的过程。
学习提示与建议
学习本节，可以鼓励学员结合工作中遇见的实例来理解学前儿童语言学习的特点。

一、语言学习是儿童语言主动建构的过程

儿童语言知识和能力的习得过程是主动建构的过程。儿童在学习各种语言片段和结构方式的时候并不是完全被动的接收者。首先，儿童在与成人交往和运用语言的过程中接触到了语言环境，这个环境为他们提供了种种语言模型，足以供其选择。只有那些他们能够理解、能够模仿的模型，才会被有意识地挑选上，并被不断地加以模仿和练习。其次，与此同时，儿童将语言模型稍加改动，增添、减少或变换个别语言单位，作为自己的语言表达出来。这种根据自己需要进行的创造性和变通式的模仿，正是儿童主动参与语言构建的过程。此外，成人在与儿童交流时，一定程度上考虑到了儿童对语言的接受和模仿能力，成人所提供的语言模型也会受到儿童自身特点的影响。这就是儿童对语言环境的反作用力。

儿童的表达欲望和交际需要会促使儿童搜集和挑选最适用的词汇和句子。尤其是当他发现是由于自己的词汇贫乏或者是语法错误引起对方的误解，阻碍交际的顺利进行时，儿童就会有学习的紧迫性，会有意识地向成人学习，主动模仿新词新句。

二、语言学习是儿童语言个性化的过程

儿童模仿语言的过程既然是其主动的构建过程，那么也就是一个个性化的过程，因为在语言模仿过程中每个孩子的选择和变通都是不同的。每个儿童所依托的语言环境都不一样，既有的经验和语言的积累使得儿童在交往中带有鲜明的个性印记。即便为来自不同家庭的儿童提供完全相同的语言模型，因其各自基础不同，模仿的结果也会大相径庭，特定的语言习惯显现其语言个性。这种个性可以从语言使用的句式、词汇、口头禅甚至是语调中体现出来。

除去语言表达形式的个性化之外，语言内容同样呈现出个性色彩。儿童对事物的喜好和兴趣都极具个性，儿童喜欢谈论自己感兴趣的话题，当他们热衷于各种各样的汽车时，他们会主动收集和学习关于汽车的名称和术语，他们可以在随成人外出时，轻松地报出各种汽车的型号，这些反映"车"的词汇成为他们语言词汇仓库中非常重要的部分。

不同的儿童在语言学习中表现出不同的特点，他们对话题的偏好、句式的选择都呈现出明显的个体差异，学习过程中的速度、效果，运用语言交际的积极性也各有不同。因此对儿童个体语言发展的特征应当给予充分关注。

三、语言学习是儿童语言综合化的过程

语言本身是音义结合的符号系统，儿童在学习语言的时候，语音和语义是必须结合在一起学习的，模仿成人的发音必须要明白发音的含义是什么，语音所代表的具体事物或抽象内涵是儿童学习语言的主体内容。所以，儿童学习语言的过程往往就是他们认识事物的过程。只有当他们真正对某一事物的特征有所认识时，他们才有可能真正理解代表这一事物的词语的含义。

同时，语言的学习也和儿童在其他领域的学习紧密联系在一起，随着儿童社交活动的逐渐扩大和自身对外界认识的加深，语言伴随着生活的每一步，从家庭到社区，从父母到小伙伴，从自然现象到人际交往和社会常识，儿童的成长成熟通过语言的成长成熟表现出来。

在教师指导下进行的各种科学探索活动中，学前儿童不断与同伴和老师讨论相关的科学知识和科学方法，并且将自己的发现表达出来，与同伴进行交流。在这样一个过程中，儿童从教师处获得有关的科学概念和科学术语，在与老师和同伴的对话中，尝试用自己的语言报告自己的探索过程和结果，学习了知识和语言，这种科学探索活动为儿童提供了很好的语言教育机会。

四、语言学习是儿童语言循序渐进、逐步累积的过程

语言学习是一个日积月累的过程。儿童掌握语言，要掌握语音、词汇、语法，并将其运用成熟，这要经历从无到有、积少成多、逐步完善等过程。儿童时期语言的年龄特点是在他们还没有完全掌握语音的发音、词汇的选择、词义的理解、语法的运用的时候，常常出现理解错误、表达错误的情况。这个时期与儿童交谈时，成人应照顾到儿童的年龄特点，多用短句，多作描述，耐心地解释和补充会比不耐烦地打断和质疑更加有助于儿童提高说话的积极性。

这个时期教师应当为儿童多提供语言范例，多向儿童介绍各种各样的文学作品，丰富儿童的语言经验。儿童凭着自己的兴趣，对语言学习的投入带有明显的选择和偏向，感兴趣的就主动学，不感兴趣的就不愿意学。教师往往要反复多次才能让儿童理解和领会一篇文学作品的内容。教师不能指望一教就会，要充分了解儿童语言学习发展的规律和特点，以此为指导提出相应的教学目标和教学计划，帮助儿童在语言学习领域达到更高的水平。

第三节　学前儿童语言学习的影响因素

学习目标
掌握学前儿童语言学习的影响因素。
重点、难点
学前儿童语言学习的影响因素中的社会因素。
学习提示与建议
通过例子了解学前儿童语言学习的影响因素。

学前儿童语言学习受到各种因素的影响，大致可以分为生理因素、心理因素和社会

因素。

一、生理因素

儿童语言学习深受生理因素的影响，生理因素为语言学习和发展提供了一种可能性和规定性。先天的潜在可能性和规定性要在后天得以实现，自然会受到后天因素的制约和影响。

语言发展最重要的生理基础是人类的神经系统，特别是大脑的发展。在漫长的历史进程中，人类的大脑有了极大的发展。经研究，现代人类的大脑可以分为多个功能区，分别起着调节人类各种行为的作用。其中，语言中枢分布在大脑左半球，控制着人类的语言发生系统。通过不断的遗传作用，人类具备了学习语言的可能性。生理条件在语言发展中具有必要性。当然，还要有成熟完善的语言器官和感知觉系统，人类才能完成语言学习的任务。

生理因素包括三个方面：一是整套健全的发音系统，包括肺、气管、喉头、声带、口腔、鼻腔等，这是发音所必需的动力部分、发音器官和共鸣腔系统；二是健全的大脑神经系统，这涉及儿童接受信息、分析信息、传递信息的能力；三是完善的感知觉系统，包括眼——视觉、耳——听觉、皮肤——触觉、口——味觉、鼻——嗅觉等。

儿童在1岁以前已经可以发出多种声音，4岁左右就已基本掌握母语的音位系统，可见，儿童习得语言的过程是快速而且成功的。这是因为儿童在发展初期的生理进程是呈加速度态势的。儿童成长至两三岁左右时，已经能够初步地独立行动，能理解和运用最简单的言语。这时儿童的神经系统的结构和功能都比乳儿期有了进一步的发展。脑的结构上，不但细胞体增大，神经纤维在加长，而且神经纤维髓鞘化过程也在迅速进行。大脑皮质机能因此有所发展，兴奋过程变得比以前集中了。到了学前时期，大脑的结构大大发展并趋于成熟，大脑机能也随之有了进一步发展的可能。因此儿童有可能形成更复杂、更细致的暂时联系，从而能更好地分析、综合外界事物，同时有可能更好地控制、调节自己的行为。儿童不仅可以通过直接的感知来认识周围的事物，而且能通过词的描述、讲解来认识更多的不能直接感知的事物。

儿童接触事物，先从五官开始，这些感觉器官将外界信息通过神经系统传递给大脑，大脑记录、储存、分析信息，再借助发音系统运用到口语上。例如，儿童认识"苹果"这个词语，借助视觉观察外形和颜色，借助触觉体验触感，借助味觉和嗅觉分辨味道，借助听觉辨识"苹果"这一音节，综合这些途径，儿童能完整地理解"苹果"一词的含义。他们可以将其特征描述出来，可以从多种水果中指出"苹果"，这些都基于儿童生理上感知觉系统的完善。这也就解释了为什么视觉和听觉有障碍的儿童会在语言学习上倍感困难，因为他们不能依靠这两个途径感受外界信息。

此外，儿童的运动技能也对语言发展有很大的影响，运动技能好，儿童就有条件进行各种游戏，增加与环境接触的机会，从而丰富生活经验，增长见识。知识与语言相辅相成，知识丰富语言的内容，语言促进知识的掌握。

二、心理因素

心理因素对儿童语言学习的影响，很早就受到重视并得到较多的研究。

心理因素包括三个方面：一是知识经验的积累；二是认知能力的发展；三是心理素质的差异。其中最为重要的是大脑的认知能力方面。

语言能力是基于对语言内容的理解形成的，这意味着，语言能力受认知能力制约同时又有自己特殊的认知作用。儿童的认知能力直接影响语言表达能力。儿童通过感觉器官能够分辨物体的外形，能够理解空间概念，能够听辨乐音和噪声，能够借助触觉感知不同触感，能够品尝不同味道，能够嗅出不同气味，能够知道不同的动作。当儿童通过感觉器官对环境中事物的属性有了感性认识，一旦他掌握到相应的词汇，就可以用语言交流了。

前面曾经谈到，儿童语言学习是一个主动构建的过程，认知能力健全的儿童，在特定的社会环境中，被该社会的文化因素深深影响。以感觉器官带来的感性认识作为基础，儿童逐渐获取所在社会的传统和规则，越来越多的知识和经验通过语言被注入儿童的认知系统。那些深藏在语言表面之下的文化习惯、民族心理制约着人们的语境和所表达的含义。

如果儿童对语言描述的事物完全没有感性认识，又不能理解词义，成人在与之交流时说出的具体事物名称或抽象概念就会让他茫然无措，就更不用提模仿和表达了。因此，儿童如果缺乏认知能力和概念知识，在与人交流时就容易产生错误的理解或者表达障碍。

儿童的心理素质也影响着儿童的语言学习和语言发展。比如，女孩和男孩相比，更乐意与成人交往，导致女孩语言发展快于男孩。父母和社会对于男女儿童的角色希求不同，对男孩、女孩的谈话也有不少差异。一般来说，父母对男孩的谈话较粗放，斥责、威胁的语句较多，而对女孩的谈话较温和，常用商量、开导的语气。这无疑会对男女儿童的语言发展产生不同的影响。比如，个性外向的儿童的语言发展速度也会比个性内向的儿童要快，因为个性外向、善于交际、有表达欲望的儿童往往会主动观察和模仿周围人的言行动作，敢于在各种场合表现自己，因此争取到更多的语言学习和表现的机会。

三、社会因素

社会的各种因素对于儿童的语言学习有很大的影响。社会的影响因素很多，其中较为重要的是儿童的社会生活环境、成人语言观的影响。

（一）社会生活环境的影响

儿童在特定的社会生活环境中学习语言，社会生活环境的组成纷繁复杂，儿童成长在家庭和社区，受到家庭内外的各种物质或精神上的影响和刺激，诸多因素交叉组合，任一因素都会对儿童的语言发展产生直接或间接、巨大或细微的影响。

1. 不同的地区和生活环境

各民族儿童的认知能力的发展基本上是相同的，实际上制约儿童语言习得的主要障碍是语言形式的复杂程度。各种语言的普遍现象和特殊现象的多少不同，特殊现象也各有各的特殊，因此语言以及语言中的各要素的复杂程度有所不同。这就造成了习得不同语言的儿童在习得过程中形成不同的特点，遵循不同的习得方式和习得顺序，对某一语言现象乃至某种语言在习得的速度上出现或大或小的差异。

比如，对于复数表达方式的习得，由于不同民族语言有较大的不同，所以习得的速度也有惊人的差异。汉语复数的表达方式比较灵活简单：其一，许多名词的单复数可以采取同一形式，其后不必加"们"；其二，人称代词系统中，单数形式加"们"就可以表示复数；其三，谓词不需要因单复数而发生形态变化。因此，说汉语的儿童习得复数表达方式较早，一般来说，在两岁多至三岁时就已基本掌握。相比而言，英语的复数表达方式就比较复杂，不仅名词要有词尾变化，而且谓词也要有词尾变化，变化规则有时不很一致。因此，说英语的儿童往往要六岁时才能掌握复数表示法。

又如，在语习得过程中汉族儿童较少出现语法错误，而说印欧语的儿童相对而言出现的语法错误较多。这是汉语与印欧语不同的特点决定的。因为汉语属于孤立语，缺乏严格意义上的形态变化。不管是构词还是造句，语义都是优先考虑的因素，而语法的制约较为宽松，具有较大的弹性。这种语法特点是儿童语言习得时语法"错误"出现较少的重要原因。

家庭和社会的文化素质以及幼儿园对教育的重视程度对儿童语言习得的影响很大。在文化程度较低的家庭中，儿童一般只习得方言，而在文化程度较高的家庭，儿童一般习得普通话，或是方言和普通话同时习得。一般家庭儿童只习得一种语言，而家庭成员中有专门从事外语教学、研究的人或有懂外语的人时，他们的孩子也往往习得外语。

不同的生活环境对儿童的语言习得也有影响。比如四川、湖南以爱吃辣椒而闻名，这两个地区的儿童对"辣"的掌握比其他地区的儿童早一年至一年半。生活在新疆的汉族儿童对"馕""烤羊肉""抓饭""戈壁滩"等词语的习得更是远远早于其他地区的儿童。因为生活环境不同，儿童对于某些词的意义的体验就不同，而且某些词在成人语言中出现的频率不相同，也会给儿童的语言习得带来差异。

2. 教育的差异

生活在云南山区的撒尼族，文化教育比较落后，部分儿童六岁才能进幼儿园，因此，撒尼族儿童在语言习得的速度上要比汉族儿童慢。比如形容词的掌握，与汉族儿童相比，大致落后一年。有人在研究儿童使用量词的情况时也发现，同年龄的不同幼儿班级，凡教师重视量词教学的，幼儿量词就较丰富，其错误较少，反之，则量词掌握少，运用量词的错误率也较高。

由于社会的发展和人们对儿童早期教育的重视，儿童的心理、智力和语言的发展在不断加快。比如对"因为"一词的掌握，过去有研究认为儿童进入小学还不能较好掌握，后来有人发现儿童在五六岁时使用了"因为"。然而，现在教育较好的儿童在三四岁时就会使用"因为"。此外，现在幼儿园儿童说话大量使用关联词语，这也是为许多家长和幼儿教师所常见的事实。随着民族文化素质的提高和对儿童语言习得的重视，这一趋势会变得越来越明显。

（二）成人语言观的影响

语言观念是指人们对于语言的认识、情感、看法、态度和审美情趣等有关语言的一系列态度和看法。任何一种语言观念都含有丰富的文化内涵，受制于诸多文化因素。成人的语言观念可以体现在对待口语和书面语的态度，民族共同语和方言的地位，对本民族语和外语的态度等，这些都对儿童的语言学习具有一定的影响。

语言观念对于儿童语言习得常常发生重要却往往被人忽视的影响。有人曾经研究过汉族儿童和撒尼族儿童在习得形容词方面的差异。研究发现撒尼族儿童很少使用贬义词，如"狡猾""讨厌""笨"等。原因是撒尼人热情、有礼貌、重团结、自尊心强，很少使用贬义词来评价别人，听话人也因自尊心强而难以接受他人的贬义评价。这种特殊的民族心理形成了他们特殊的对待贬义词的态度，从而影响了儿童对贬义词的习得。撒尼族儿童对"乖"这个词的习得远晚于汉族儿童。汉族人在传统上不大鼓励孩子的创造性，因宗法观念的影响而总希望孩子温顺、听话，故常用"乖不乖"来评价孩子。而撒尼族人注重孩子的能力和行为，他们表扬孩子不用"乖"而是用"猴"（本事大）"得"（很好、很行）等词语。因不同的文化观念所形成的不同语言观念和语言使用习惯，导致了汉族儿童和撒尼族儿童在这些词语习得上的差异。

在对待语言的态度上，汉族人有一个根深蒂固的传统观念：重视书面语，轻视口语。这一语言观念和教子观念必然对儿童语言习得带来很大影响。如李白"五岁读六甲"，白居易5岁会作诗。然而西方有较早的"说话"传统。在古希腊时代亚里士多德的《修辞学》便是专讲演讲术的。18世纪坎普贝尔的《演说学讲义》被许多国家当作课堂训练的教材。这种语言观念使得西方儿童在习得语言时，把口语作为一个习得的重点。19世纪德国"神童"小卡尔威特在5岁时，已掌握三万口语词汇。由于我们同西方对待口语的态度不同，从而导致了我国儿童和西方儿童在语言习得上的一些差异。

儿童生活和习得语言的文化背景不同，都会给儿童的语言习得带来各种各样的影响，使儿童在习得速度、方式、重点等方面出现或大或小的差异，形成不同的语言习得特点。重视并认真研究不同因素对儿童语言习得的影响，并在此基础上采取一些行之有效的措施，对于儿童语言习得的促进是极有好处的。

思考与练习

1. 学前儿童语言的本质是什么？
2. 试归纳不同学派有关儿童语言获得的理论。
3. 举例说明学前儿童语言学习的特点。
4. 试述学前儿童语言学习的影响因素。
5. 试举例谈一谈学前儿童语言学习的社会因素。

拓展阅读文献目录

[1] 张明红. 学前儿童语言教育 [M]. 上海：华东师范大学出版社，2006.

[2] 叶蜚声，徐通锵. 语言学纲要 [M]. 北京：北京大学出版社，1997.

[3] 桂诗春. 心理语言学 [M]. 上海：上海外语教育出版社，1985.

[4] 李丹. 儿童发展心理学 [M]. 上海：华东师范大学出版社，1986.

[5] 朱曼殊. 儿童语言发展研究 [M]. 上海：华东师范大学出版社，1986.

第二章
不同阶段儿童语言的发展与教育

▶ **情境导入**

丁丁是小班的小朋友，活泼好动，也愿意和人交流，刚入园的他求知欲强烈，对周围事物表现出浓厚的兴趣，经常会问"这是什么"之类的问题。可是丁丁还只会说一些简单的词，妈妈有些着急。班主任林老师安慰妈妈说不要紧，这个年龄段的孩子语言发展非常迅速。果然，过完一个年，丁丁突然变得很会说话了，能用很多新词，句子又长又完整。妈妈这才觉得以前的担心是没有必要的，只要有正常的语言环境和正确的语言启发，孩子们都能成为叽叽喳喳爱说话的小天使。

▶ **学习内容提要**

0~6岁是儿童语言发展最为迅速的阶段。其中，0~3岁和3~6岁两个年龄阶段有较为明显的不同，主要体现在语音、词汇、语法三个方面都有各自的特点。也正因为这样，不同年龄阶段儿童语言发展教育活动的策略也就有所区别。

▶ **学习目标**

1. 掌握0~3岁儿童语言发展的特点及其语言发展教育活动的对策，提高设计和指导儿童早期语言教育活动的能力。
2. 掌握3~6岁儿童语言发展的特点及其语言发展教育活动的对策，提高幼儿园语言教育活动设计和指导的水平。

▶ **重点和难点**

1. 1岁半~3岁儿童语言发展的特点和教育活动。
2. 3~6岁儿童语言发展的特点和教育活动，3~6岁儿童语音发展的特点。

▶ **教学建议**

1. 0~3岁婴儿发展迅速，各年龄阶段的语言特征明显，要把握不同阶段年龄婴儿语音、词汇、语法的发展特点来学习，从而了解他们语言发展的状况，能有针对性地组织语言教育活动。
2. 3~6岁是儿童语言发展的关键时期，在学习中，把幼儿语言发展特点和幼儿园实际联系起来，理解和掌握组织幼儿园语言教育活动的策略。
3. 建议安排1~2次教育见习、教学录像观摩等活动，或者安排学员展开专题讨论。

儿童语言发展又称语言获得，是指儿童对母语的产生和理解能力随时间的推移而发生变化的过程和现象。正常的儿童到三四岁时一般掌握了语言（主要指口头语言中的听话和说话能力)的主要部分,在上小学前,儿童已经能用简单、浅显的语言与他人进行交际,能认真倾听别人讲话,能在说话时正确使用语言规则,在阅读时还知道某些语言符号的意义。儿童的语言发展是后天学习的结果,贯穿终生。

语言是一种非常复杂的符号结构系统,按其构成成分来说,包括语音、词汇、语法三个方面。儿童的语言发展包括对语音、词汇、语法的理解和表达。此外,语言作为一种交际工具,要使它有效地发挥作用,儿童语言的发展还应包括儿童对语言运用能力的获得。儿童语言的发展是儿童对语言形式、语言内容和语言运用的综合习得。心理学的研究和观察表明,儿童语言发展是一个极其复杂的过程,所有生理正常的儿童都能在出生后四至五年内未经任何正式训练而顺利地获得听、说母语的能力,其发展的速度是其他复杂的心理过程和心理特征无法比拟的。

儿童语言的发展受生理机制成熟和认知能力发展的制约,遵循独特的规律,有一个发生和发展的过程,呈现固有的发展顺序,具有明显的阶段性。虽然不同儿童达到某一阶段水平的时间有早有晚,但发展的基本阶段和先后顺序是一致的。我们将儿童语言的发展按学前儿童的年龄阶段特征分为0~3岁儿童语言发展阶段和3~6岁儿童语言发展阶段两个时期,根据儿童语言发展的阶段特点,运用科学的方法开展语言教育活动,使语言教育的内容和方法更加符合语言学习的特点,为儿童语言发展创造良好的条件,使儿童能通过语言理解他人的思想、情感,利用语言表达自己的感受、见解、愿望,倾诉自己的感情,参与社会交往活动,指导和评价自己的行为,提高儿童语言水平,促进儿童认知能力、个性心理等方面发展。了解儿童语言发展过程及其特点,既是制定学前儿童语言教育目标的先决条件,又是设计和组织语言教育活动的依据。

第一节 0~3岁儿童语言的发展与教育

学习目标

掌握0~3岁儿童语言发展的特点及其语言发展教育活动的对策,提高设计和指导儿童早期语言教育活动的能力。

重点、难点

重点:1岁半~3岁儿童语言发展的特点和教育活动。

难点:0~3岁儿童语言发展的特点。

学习提示与建议

0~3岁儿童发展迅速,各年龄阶段的语言特征明显,要把握不同阶段年龄儿童语音、词汇、语法的发展特点,从而了解他们语言发展的状况,能有针对性地组织语言教育活动。

0~3岁是儿童生理和心理发展最迅速的阶段。儿童大动作的发展经历躺、坐、爬、站、走、跑、跳等一系列过程,他们的生活环境日益扩展,交往的对象日益丰富,从牙牙学语到用语言与人交流,从一无所知到逐渐明白事理,儿童的发展和进步水平是非常惊人的,是人生的一个奇迹。所以说,0~3岁是儿童语言真正形成时期,也是儿童语言发展最迅速的阶段。

3岁前婴儿语言的发展是一个连续的、渐进的、有规律的过程,主要指婴儿对母语的理解和表述能力的发展。除了有与学习语言相关的器官病变外,一般婴儿都能成功地掌握母语。

第二章 不同阶段儿童语言的发展与教育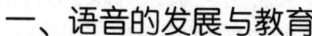

一、语音的发展与教育

语音是口头语言的物质载体，是发音器官发出的表达一定语言意义的声音。不具有语言意义的声音，包括人类发音器官发出的声音，不是语音，如风雨声、咳嗽声等。一些有约定意义的非人类发音器官发出的声音，如集合的哨声、报时的钟声、进军的号声等也不是语音。正因为有了语音，语言才成为可以被人们感知的东西，使人与人之间的交流更为直接和便利。词汇是通过声音来表达意义的。当人们用言语交流时，听到词的发音或音组，就能把它们同所指的对象联系起来，即听到事物的名称就能想到它指的是什么东西，看到一件东西，就能正确叫出名称。要做到能听懂、说对，就要求对语音有精确的辨别力。任何一个词，在发音上的微小差异，都能影响词与对象、现象之间的正确联系。因此，掌握每一个词的正确发音，对于词的理解、辨别、运用都是非常重要的。只有正确掌握语音，才能真正掌握语言。

在儿童掌握语言之前，有一个较长的言语发生准备阶段，称为"前言语阶段"。一般把从儿童出生到能够说出第一个具有真正意义的词之前的这一时期（0~1岁）划为前言语阶段；从儿童开始进入正式的学说话阶段，到讲出第一批有真正意义的概括性的词的时期（2~3岁），划为言语发生阶段，标志着儿童开始发生言语；2~3岁是儿童基本掌握口语阶段，这一阶段将持续到入学前。这种语言发展阶段的划分不是绝对的，而且每个阶段又可以根据自己的特点划分出若干个子阶段，并与其他阶段相区别。对不同儿童而言，语言的阶段性发展既有普遍性，又有差异性。

（一）语音发生发展阶段

前言语阶段的语音发生准备是儿童语言发展的第一个过程，这个阶段大致可以分为以下几个阶段：

1. 非自控音阶段（出生~20天）

新生儿的第一声啼哭，是第一次发音，表明发音器官为语音的发生做好最基本的物质准备。在这一阶段，新生儿的发音以啼哭声为主，也有一些是咳嗽声和吮奶时发出的声音，这些声音绝大多数是新生儿不能自己控制发出的声音，称为"非自控音"。

新生儿的哭叫声在出生后一星期分化为三种类型：① 表示"愤怒"的哭叫声。这种哭叫声出现在需要得不到满足等受挫的情况下，表现为比一般的哭叫声更响亮。② 表示"疼痛"的哭叫声。这种哭叫声哭叫时停顿较短。③ 有节奏的哭叫声。这种哭叫声发生在需要帮助的情况下，以及前两者以外的其他情况下。细心的母亲能分辨这几种类型的哭叫声。新生儿的哭叫声一开始表现为平而尾降，后来，随着哭叫声的分化而出现平、升降两种新的模式。这三种音高形式为将来的语调发生做了最初的准备。

2. 咕咕出声阶段（21天~5个月）

此阶段儿童的声音听辨能力都有较大发展，有大量的"玩弄"声音的现象，有了最初的语音模仿和"对话"意识。这些非自控音听起来似鸽鸣鸠叫，又似人咕咕低语，故称为"咕咕出声阶段"。

出生20天后，婴儿出现"玩弄声音"的现象，并有模仿意识的萌芽。40天以后，出现了与成人"咿呀对话"的现象，有时"对话"可长达十多分钟，实现与成人最初的声音交流。模仿虽然极不成功，但是尝试模仿的现象有所增加。在2个月以后，语音模仿的水平提高很快,有许多音听起来似乎就是词音了。他们的发音已与情景发生关系,所以,自控音已明显成为发音的主要形式。伴随着"对话"模仿,母语对婴儿的影响也就开始了。

3. 牙牙学语阶段(6个月~1岁)

6个月以后,婴儿连续发音的节奏感加强,发音的形式变得丰富多彩,出现许多类似语言的语调,不再像5个月时手放在嘴上发出"打哇哇"样的重复音。这个阶段显著的特征是婴儿模仿发音的能力大大提高。在他的牙牙语中,高音的变化有许多颇似成人的语调。有许多发音也像成人语言中的词,节调变得稳定,为声调的形成做了准备。

4. 学说话阶段(1岁~1岁半)

1岁开始,婴儿连续音节和类似词的音节增多,能说出一些单词,无意义的音节减少,这是一个由无意义的音节过渡发展到词音的阶段。有研究发现,婴儿在1岁20天能发出类似词的音有 ba–ba(爸爸)、jie–jie(姐姐)、ma–ma(妈妈)、nie–nie(捏捏)、nai–nai(奶奶)等。

5. 积极言语发展阶段(1岁半~6岁)

从1岁半开始,儿童语言开始由单词句、双词句向完整句发展,集中的、无意义的发音现象消失,发音和发出的词和句子整合在一起。为了发出有词的意义的音,发音就要服从词的需要,但由于发音器官发育未成熟,会出现许多语音"错误"。

(二) 语音发展的特点

从儿童出生到1岁半左右语言的学习,为儿童正式的语言运用做准备,这段时间内儿童的各种语言学习现象通常被称为前语言现象或前语言发展。有的学者认为,前言语阶段是儿童语言获得的核心敏感期,围绕着语言最外在的实现显性——语音,儿童发展了三方面能力,即前语言感知能力、前语言发音能力和前语言交际能力。

1. 前语言感知能力的发展

前言语阶段,感知语音的能力是儿童获得语言的基础。正常儿童在这个时期不仅能听到各种声音,而且还以某种能帮助自己语言学习的方式去感知语言。正常儿童出生后不久就能把语音和其他声音区分开来,并能对其作出相应的反应。除了大量获得感知语言的经验外,儿童语言学习的另一突出现象是前语言发音。最近的研究表明,汉语儿童前言语阶段的感知能力分为三种水平层次:辨音、辨调和辨义。

(1) 辨音水平阶段(0~4个月)。从出生到4个月,婴儿对周围环境中的各种声音都非常感兴趣。

婴儿能运用听觉器官去感知周围的各种信息,并迅速地学会如何捕捉话语声音的方法,形成了感知、辨别单一语音的能力。但是人们的说话声音对他们几乎没有任何的语义价值,他们接受语音的社会性意义,也仅仅在于交往起到鼓励、延续和应答的作用。表现在:① 婴儿首先学会分辨言语声音和其他声音的区别,出生不到10天的新生儿就能区分语音和其他声音,并对其作出不同的反应。出生12天的新生儿能以目光凝视或转移、停止吸吮或继续吸吮、停止蹬腿或继续蹬腿等身体行为,对说话声音和敲击物体声音的刺激作出不同的反应。1个月的婴儿开始区分简单的辅音,如 ba 和 pa 等。② 婴儿获得辨别不同话语声音的感知能力。出生24天,婴儿能对男人、女人的声音,父母和其他不熟悉者的声音作出明显不同的反应。语音的差异主要体现在音高、音量和音色方面,个体说话时具备特定的音高、音量和音色综合而成的语音轮廓,婴儿能较早地辨别不同人的语音轮廓的差异。③ 大约2个月后，婴儿开始比较清楚地感知"语音学"意义上的单纯的语音，他们能感知由发声位置和方法变化造成的语音差别。研究发现，两个多月的婴儿能从话语中分化出不同的语音，并在刚刚开始的发音活动——喁喁作声中予以尝试，如 a、ei、n、ha 等。这些现象表明婴儿开始注意并逐渐获得对语音内部要素的感知和分辨能力。

（2）辨调水平阶段（4~10 个月）。语调是表示情绪状态的一种基本手段，进入辨调水平阶段后，婴儿的前语言感知水平有很大长进，能注意一句话或一段话的语调，从整块语音的不同高音、音长变化中体会所感知的话语声音的社会性意义，并且给予相应的具有社会性交往作用的反馈。研究发现，这个时期的婴儿对区别语义的汉语字、词和声调不敏感，但对父母或其他成人说话时表现情感态度的语调十分注意，能从不同语调的话语中判断出交往对象的态度。当父母用愉快的语气与婴儿说话，语调出现升扬的变化，婴儿便能用微笑和喁喁发音作出反应。大约 6 个月以后，婴儿能同时感知愉悦的、冷淡的、恼怒的三种不同的语调，用微笑和平淡对前两种语调作出反应，而听到恼怒的语调时，无论语义内容如何，他们或愣住，或变得紧张、害怕，或大声用发脾气似的"嗯"声予以应答。婴儿在整体感知语音时能分辨出不同的语调，这表明其"理解"语言的水平有了进步。

（3）辨义水平阶段（10~18 个月）。进入 10 个月以后，婴儿能将人们说话的语音表征和语义表征联系起来，去分辨一定语音的语义内容。他们能对父母所说的某个词，如"灯"或"花"作出正确反应。婴儿开始学习通过对声、韵、调的整体感知来接受语言。10 个月的婴儿可以理解 10 个左右的表示人称、物体和动作的词。12 个月之后的婴儿会对成人用恼怒的语调说"宝宝，你好。我们喜欢你！"表现出诧异、思索的行为反应，好像觉得"既然你喜欢我，干吗还对我这么凶？"这种能从别人说话中感知、分辨语义的能力迅速发展起来，婴儿便很快积累起大量的理解性语言。这一阶段婴儿说得少，说得不清楚，说得不准确，但他们"懂得"很多，为正式使用语言与人交往做好"理解在先"的准备。

以上现象表明，婴儿听觉敏锐，对语音非常敏感，具有一定的辨音水平，这似乎是婴儿一种与生俱来的能力。

2. 前语言发音能力的发展

在大量获得感知语言经验同时，婴儿前语言学习的另一种现象是前语言发音。前语言发音是指婴儿正式说话前的各种语音发声，类似于说话之前的语音操练。我国的朱曼殊、许政援、李宇明、周兢等分别从个案研究中提出儿童早期语音发展存在一定的发生顺序。一般来说，儿童自第一声啼哭到"咿咿呀哎呀"做好说话的准备，经过了大量的发音练习，这个过程大致分为四个阶段，即单音发声、音节发声、前词语发声和特殊的"小儿语"发音阶段。

（1）单音发声阶段（0~4 个月）。婴儿的发音从发射性声音开始，哭叫是婴儿第一个月的主要发音。在这个月内，婴儿还学会了调节哭叫的音长、音量和音高，能用几类不同的哭声表示饥饿、无聊、疼痛等意思，表达要抱、要吃奶等需求。这些哭声大多只有父母才能明白其中的含义。两个月时，婴儿出现喁喁作声的情况，在早晨睡醒之后，吃饱了舒服躺着时，会发出愉快的自言自语的声音。此时婴儿的发音，大多为单韵母，也有少量的复韵母，如 a、u、o、e 和 ai、ei、ao、ou 等。

（2）音节发声阶段（4~10 个月）。大约从 4 个月起，婴儿发音出现明显的变化。一方面婴儿发音有了明显的指向性，较多的是对成人的社会性刺激作出反应，另一方面发音内容与以前不同，出现了许多辅音和元音的组合，从单音节发音过渡到重叠多音节发音的过程。4~7个月期间，婴儿的发音大多音节类似零声母音节和部分声母加韵母的单音节，如拉长音的 ya、ao、wa、ba、bei、da、dei、hi、ke、gong、ma、ni。同时，婴儿发音出现了音调。这种情况反映了婴儿发音结构和中枢神经系统的变化。6个月以后，婴儿的音节发声中出现较多的重叠性双音节和多音节现象。某些由辅音和元音相结合的音节在一个确定的形式下重复，可以说，这是婴儿对发音结构更高级的控制的反映。婴儿独自玩耍或对成人的逗弄作出反应的时候，就操练着这些更接近成人说话的声音，如 mama-ma-mama、a-baba-ba 等，这些与言语多音节组合非常相似的发声，是婴儿从表示愉快舒适的单音发声向表示具体意义的词语发声的转换过渡。

(3) 前词语发声阶段（10~18个月）。进入前词语发声阶段的婴儿能发出一连串变化不同的辅音加元音的音节，句子中仿佛包含若干声韵母组成的音节，发音有语言的感觉。如一名11个月大的女孩与母亲对话时发出 n-biji（举起小手做动作）和 de-dida-hadikiou（拿枕头）的语音，有重音和声调，似乎在说某个句子。此时婴儿的发音往往是一种固定情景的学说话活动，他们力图使自己的发音接近某些词语发声。他们的发音更加复杂多样，还出现 x、j、q、s、z 等声母。

(4) 特殊的"小儿语"发音阶段（1至1岁半）。婴儿说话呈现特殊的"小儿语"式发音，有明显的旋律和抑扬顿挫的音调变化，有时候很像成人说话。在发音上常常表现出特殊的策略：一是省略音，即省略词首或词尾辅音。如 niú（牛）说成 yóu（油），xīngxīng（星星）说成 xīxī（西西）。二是替代音，即用浊辅音替代清辅音。如 gēge（哥哥）说成 dēde（得得）。用塞音替代塞擦音，如 chá（茶）说成 tā（他）。三是重叠音，即单音重复，如"凳凳""饼饼"等。重叠音出现是儿童早期语言发展的重要现象，2岁是叠音词使用的高峰期，不仅使用数量多，而且遍及范围广，名词、动词、量词和感叹词等多种词类均有重叠的单音节。一般来讲，名词的叠音现象最多，延续时间最长。

3. 前语言交际能力的发展

在婴儿产生交际倾向和表现之后，进入了前语言交际阶段，这是儿童获得语言之前，用语音及伴随的动作、表情去代替语言进行交往的现象。这种特定的交际能力与语言感知和发音经验有密切的关系，前语言时期可分为三个阶段。

(1) 产生交际倾向（0~4个月）。婴儿出生后不久就有前语言交际的现象，他们能用不同的哭声表达需要，吸引成人的注意。这段时间，婴儿的交际倾向主要产生于生理需求，如尿布湿了、身体不舒服了、肚子饿了等。婴儿最先用哭声唤来成人帮助他们解决问题，这种成功的经验促使婴儿调整哭声，更好地吸引成人注意。由此，婴儿逐渐发展交际的兴趣，产生交际的倾向。大约2个月时，婴儿会在生理需要得到满足后，对成人的逗弄报以微笑，用喁喁作声来吸引成人的注意。如果成人长时间忽视他们的发音，婴儿就会以蹬腿、改换表情或发出不同的音来表达不耐烦的情绪。此时，婴儿表现出明显的交际倾向。

(2) 学习交际规则（4~10个月）。在产生交际倾向后，婴儿的前语言交际进入一个似乎在学习基本交际规则的阶段。大约4个月的婴儿，在与成人的交往中，开始出现这样的变化：对成人的话语逗弄给予语音应答，似乎开始进行说话交谈。在与成人对话时，婴儿出现与成人轮流"说"的倾向，即成人说一句，婴儿发几个音，待成人再说一句，婴儿再发几个音。语言交往中出现对话规则的雏形表明婴儿开始敏锐地感觉到语言交往的基本要求。当对话结束后，婴儿会发一个音或几个音来再次主动引起下一段对话，从而使交流保持下去。婴儿在4~10个月时期，逐渐学会使用不同的语调来表达自己的态度，表达还往往伴以一定的动作和表情。如用尖叫声或急促上扬的语调，伴以蹬腿、伸手的动作，表明自己不愿意躺着；当目的达到、要求满足之后，用平静、温和的语调及表情表示自己的愉快情绪。由此可见，婴儿的前语言交际已有明显的社会性成分。

（3）扩展交际功能（10~18个月）。10个月以后，婴儿的前语言交际就具有语言交际的功能。虽然他们还不会用说话的方式表达意见，但已能够通过一定语音和动作表情的组合，使语音产生具体的语言意义。从交际的倾向看，这个时期的婴儿有坚持表达个人意愿的情况。当婴儿用某种声音表示自己的需要而未得到成人理解时，婴儿会重复自己的行为，直至成人弄明白。从交际的习惯看，婴儿开始创造相对固定的"交际信号"。不同的婴儿用各自经常重复的声音表达某种意思。如有的婴儿用yi-yi的发音说明发现好玩的东西，用nen-nen表示不愉快。而有的婴儿用ouou表示愉快，用uu表示不合适。婴儿还逐步用语音、语调和动作表情来达到交际的各种目的，如指令、要求、情感表达和评论情景。婴儿的前语言交际行为还具有表达陈述、否定、疑问、感叹、祈使等句式意义的功能。他们会手指着小汽车说wuwu，告诉车子在转动；会推开碗，发出nennen声表示不想吃饭；会作出惊奇的表情，发出yiyi的声音，表示对某个物体突然消失的疑问；会大声叫ouou表达欣喜的情绪。婴儿在10~12个月之间学会"再见"的动作，会主动与成人挥手再见。他们还发展"再见"的动作应用，用"再见"请影响吃饭的人走开，用"再见"表示拒绝把某样东西还给别人。婴儿在前语言交际能力的发展过程中，能比较好地理解语言的交际功能，借助前语言发音和体态行为与人交往，发展起真正的语言交际能力。

4. 发音紧缩现象

1周岁以后，婴儿出现发音紧缩现象，在前语言阶段能发出的有的或没有的语音都不能发出，无意义的连续音节大大减少，往往用动作和手势示意，独处时也停止了自发发音活动，出现一个短暂的相对沉默时期。

5. 2~3岁儿童语音发展的特点

从1岁半开始，儿童发音器官逐渐成熟，语音逐渐稳定和规范，发不出的语音逐渐减少。儿童集中的无意义发音现象已经消失，唇音已基本没有问题，但是需要舌头参与的音（舌尖、舌面、舌根等音），由于言语听觉和运动觉的分化不足，还存在不同程度的困难，尤以舌尖音最为突出，如zh、ch、sh、r等发音容易与z、c、s相混淆；将后鼻音ang、eng、ing发成前鼻音an、en、in。个别儿童甚至发f、n、g、k、h、er、u、e等音也会出现错误。

（三）语音发展的教育活动

在儿童语音发展的敏感时期，创设丰富的语言环境，发展儿童的前语言感知能力、发音能力和交际能力是早期语音教育的主要任务。

1. 0~4个月阶段

（1）用各种语音和声音来刺激婴儿，培养婴儿有意倾听的习惯。尽可能让婴儿听各种不同的声音，如轻柔的音乐、活泼的儿童歌曲、清脆的打击乐、朗朗上口的童谣、优美动听的故事、玩具发出的声响、成人与婴儿的"对话"声等，刺激婴儿的听觉器官，促进大脑机能发展，发展婴儿对声音的感知能力。如果给婴儿睡前听《摇篮曲》等节奏舒缓、旋律优美的乐曲，还能使婴儿获得愉快的情绪体验，养成有意识的倾听习惯。

(2) 经常和婴儿进行面对面的语言交流。研究表明，成人对 3 个月以内的婴儿给予频繁的语言刺激，可以增加婴儿的发音率。婴儿的许多非自控音的产生，特别是长时间的连续发音，往往都是在成人的逗弄下发生，这说明成人对婴儿发音的反应，已经对婴儿的语言发展产生积极的影响。

拥抱、抚摸、亲吻婴儿，与婴儿的身体密切接触，能增进婴儿和成人的依恋情感，使婴儿产生安全感，身体发育更好，对外界事物充满好奇，并迅速对刺激作出正确反应，包括对成人的语言刺激作出相应的反应。成人抱着婴儿，逗引婴儿，和婴儿面对面"说话"，可以使婴儿的语音和动作建立同步反应，获得用伴随表情、动作的语音替代语言与成人交流的能力。

(3) 开展有趣的游戏活动，训练听音和发音能力。早教游戏中，有许多训练婴儿的听音和发音能力的活动，如发音游戏、唤名游戏、摸脸游戏，帮助婴儿感知语音和语调，并模仿发音，发展婴儿的语言知觉、语言交际能力。

游戏一：发音游戏。成人先叫婴儿的名字，然后用目光注视他，开始用一种唱歌的声音来发出"a……"的声音，接着再抚摸他，冲婴儿微笑，稍停一会儿，耐心等候婴儿反应。如果婴儿在成人叫他名字时发出类似成人的应答声，成人就立即重复他的发音。反复进行发音游戏，婴儿就会很快学会一些发音并知道模仿成人语音。

游戏二：唤名游戏。靠近婴儿，面带微笑，呼唤他的名字，多次重复后，婴儿很快会在成人呼唤他的名字时作积极的反应。

游戏三：摸脸游戏。2 个月左右的婴儿，一般只能看清 15~20 厘米范围内的物体，刚好能看清抱他的成人的脸庞，这是婴儿出生后最初几个月最重要的目光交流。成人可以握住婴儿的小手，让他的小手轻抚成人的脸，并告诉他摸到的是什么。如摸到鼻子，成人就发出"鼻子"的声音，帮助婴儿把感知的物体和语音建立起联系。

2. 4~10 个月阶段

(1) 继续用语言刺激婴儿，进行模仿发音练习。成人每天要用一定时间与婴儿"交谈"，既使儿童感受成人对他们的爱，又能让他们近距离观察成人讲话时的口舌运动，以便模仿发音。谈话时要声音轻柔，注意语调变化，最好伴以相应的手势，方便婴儿记忆。如每次说"再见"时挥挥小手，使婴儿牢牢记住"再见"这个词的发音和词义。

(2) 用强化、鼓励方法进行相互模仿，诱导婴儿发音。如果成人对婴儿发出的每一个音都报以微笑、爱抚和鼓励，婴儿的发音兴趣就会增强，学习语言的速度明显加快。要创设婴儿先"说话"的机会，当婴儿用尖叫、发出语音或伸出小手、踢腿、蹬脚等动作来吸引成人注意时，成人应立即重复婴儿的语音或用声音回答他。通过强化和鼓励，婴儿很快能学会用动作或声音来对成人"发号施令"，"享受"发音的乐趣。

(3) 开展语言游戏，提高听力和发音水平。可以和这一阶段的婴儿开展一些语言游戏，如"手指、脚趾游戏""镜子游戏""指认物体游戏"等活动，发展婴儿的语言感知经验。

3. 10~18 个月阶段

(1) 鼓励婴儿掌握新的语音，并反复练习和强化。当婴儿学习新的语音时，成人要给予及时鼓励。如可以鼓掌拍手、亲抚婴儿，鼓励婴儿尝试新的发音。如果婴儿发音不准确，成人要用多种形式示范正确发音，让孩子及时调整，反复练习，强化巩固，直至掌握正确的发音方法。

第二章 不同阶段儿童语言的发展与教育

（2）用语言与婴儿交往，尽量让婴儿多说话。成人与婴儿交往中要主动与婴儿交谈，告诉他们正在做的事情和将要做的事情，给婴儿讲故事、念童谣。通过丰富的语言交往，能增加婴儿发音的机会，促进婴儿语言发展。

4. 2~3岁阶段

（1）在听说游戏中发展幼儿的听音、辨音能力。听说游戏可以培养幼儿的倾听、辨音、模仿发音能力，让幼儿在有趣的游戏中掌握语音。

游戏一：猜猜谁在学动物叫。老师要求全班小朋友都闭上眼睛，指定一名幼儿学动物叫声，让其他小朋友听后猜出谁在叫。

游戏二：送南瓜。老师把难发的音如"n""l"作为练习音，在篮子里放几个南瓜图片，请幼儿提着篮子，边走边念"小篮子，手中拿，我给奶奶送南瓜。"念完后站在一名幼儿前，将篮子交给对方，交换位置坐下，后者接过篮子继续送南瓜。

游戏三：角色置换。玩角色游戏时，成人和孩子置换角色，让孩子当"爸爸"或"妈妈"，成人当"孩子"，"孩子"故意向"爸爸"或"妈妈"提出要求，让幼儿练习发音，满足"孩子"要求。

（2）及时发现问题，纠正发音错误。幼儿学习语言是一个渐进的过程，往往会出现发音不准的现象，成人发现这一情况后，要耐心示范准确发音，巧妙地引导幼儿模仿，可在发音成功时予以奖励，及时纠正误音。

二、词汇的发展与教育

词汇是指词的总汇，是儿童正确理解语言和使用语言的基础，是言语发展的标志之一，反映儿童的智力发展水平。学前儿童获得词义的过程比获得语音、语法的过程缓慢，严格地说，词义的发展贯穿人的一生。

1岁以前，儿童还难以说出第一个词，在1岁半只能说出少量的词，但在2岁以后，词汇量迅速增加，到入学时已掌握基本的口语词汇，保证儿童能用口语同别人交往。

儿童掌握词汇有一定的规律，主要表现在：① 儿童掌握词汇有一个大致的顺序，但没有绝对的年龄界限。对同一个词常会因为出现的情境不同而有不同反应。② 儿童掌握词汇的速度有时快，有时慢，有时甚至停滞不前，发展有一定的阶段性。③ 儿童对词义的掌握呈现由大概到精确、由具体到抽象的趋势。④ 儿童对词义的获得始终以其认知发展，特别是以概念的掌握为基础。

（一）词汇发展的特点

一般而言，学前儿童只掌握基本的口语词汇，他们对词汇的掌握主要表现在词汇数量的增加、词类范围的扩大，以及对词义理解的确切和加深等方面。

1. 从9个月开始真正理解语言

研究表明，从9个月开始，婴儿才真正理解成人语言。往往可以用"话语反应判定法"来判定婴儿是否真正理解成人话语。如婴儿在一定情境下对语言刺激作出适当的反应，就说明婴儿对该话语有了理解。如当问"妈妈在哪里？"时婴儿把目光或头转向妈妈或用手指向妈妈，这就是适当的反应。

婴儿大约在6个月时，出现话语理解的萌芽，到9个月以后，理解反应迅速增加。到1岁时发生理解反应的祈使句和疑问句有10个之多，可以理解230个左右的"语元"（最小

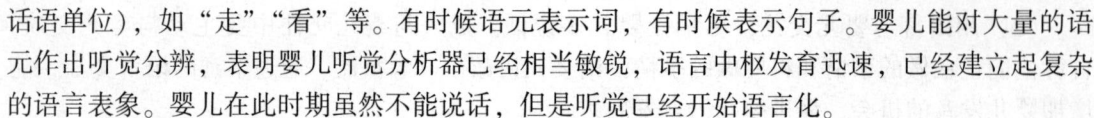

话语单位），如"走""看"等。有时候语元表示词，有时候表示句子。婴儿能对大量的语元作出听觉分辨，表明婴儿听觉分析器已经相当敏锐，语言中枢发育迅速，已经建立起复杂的语言表象。婴儿在此时期虽然不能说话，但是听觉已经开始语言化。

2. 1~1岁半阶段

儿童到1周岁左右，一般能听懂20个左右的词，但能模仿说出的词却只有几个，因此，儿童对言语的"理解"总要比说出的词早些。即便有些词儿童能模仿，但是很不清晰、不完整，常常要成人借助情景才能搞懂。婴儿一般较早掌握的是具体的名词。

在成人影响下，这一时期的儿童头脑中关于词和具体事物情景的联系越来越多，儿童能理解更多的词和简单的句子，这一时期的儿童还常以定向反射来回答别人说的词的意思，比如别人说"欢迎欢迎"时，他就会拍手。据统计，1岁半左右的儿童已能说出50个左右的词，以声音代物是他们说话的一个明显特点。如用"汪汪"来称呼狗，用"喵喵"或"喵呜"来称呼猫，用"嘘嘘"声代表小便。因为声音是物体或活动的鲜明特征，容易记住，成人对儿童说话时常以声代物，儿童很快学会这种说话方式。在儿童理解和使用新词时，时常出现词义"泛化""窄化""特化"的现象。

（1）词义泛化，即词义扩张，是指儿童扩大词义，对词义的理解和使用超出目标语言范围的现象，即一词多义。这是由于儿童对于词义特征掌握过少的缘故。如"饼饼"一词可以代表"那是饼干""我吃饼干"；认为"狗"不仅指狗，还包括牛、马、羊等能走动的四足动物；有的儿童看到月亮是圆的，甚至把窗户、墙上的圆形图案、圆的饼等圆东西也叫月亮。

（2）词义窄化，即儿童对词义的理解和使用达不到目标语言范围的现象。这是由儿童语言能力的限制所致，具有专指性。如儿童最早理解的"车车"就指婴儿自己的车，而不是指所有的交通工具和运输工具；"妈妈"仅指自己的妈妈。对某些概括程度较高的词如动物、蔬菜等，只能用于该范畴中典型的对象而排斥非典型对象，他们可能把狗和猫称为动物而不承认蝴蝶也是动物，把青菜和菠菜称作蔬菜而不认为辣椒也是蔬菜。其原因是儿童对某类事物的基本属性尚未达到适当的抽象和概括水平。

（3）词义特化，是指儿童的词语指称对象完全与目标语言不同。如妈妈给尿床的孩子换被褥时，说一声"糟糕"，以后孩子每当要小便时都会说"糟糕"。

3. 1岁半~2岁阶段

1岁半以后是儿童语言发展最迅速的时期，此时儿童能说出的词量大大增加。词汇量的迅速增加，为儿童的语言发展创造了有利条件。这一阶段，是儿童掌握词汇的第一个关键时期。

（1）词汇量迅速增加，儿童掌握新词的速度递增，以每月平均说出25个新词的速度递增，2岁时可达300个左右。

（2）词语理解摆脱具体情境制约，词语理解能力不断提高。儿童进入真正理解词语阶段，它的标志是词语所特有的功能初步形成。儿童能脱离具体情境，准确地把词与物体、动作联系起来。如命令幼儿把玩具狗拿过来，他就能准确无误地把玩具狗从一堆玩具中挑选出来，而不会再把毛茸茸的东西误以为狗。这说明词的称谓功能开始形成。随着儿童对词义理解的加深，词的概括性也逐渐形成。如儿童从只认穿红衣服的娃娃，发展到把穿不同衣服的娃娃都叫娃娃。"娃娃"一词由具体变得概括。由此可见，儿童对词语的理解不再受物体的非本质特征干扰，变得更加准确、概括。

词语对儿童心理活动和行为的调节作用也日益明显，儿童逐渐能按照成人的语言指示去支配和调节自己的行动。如可以要求儿童去取东西、告诉他们什么东西不能动以及要求他们动作快一些或慢一些等。

4. 2~3岁半阶段

（1）2~3岁是儿童词汇迅速增长的时期，儿童对语言的理解力迅速增加，能理解900多个词汇，词的泛化、窄化和特化现象明显减少，对词义的理解日益加深，词的概括程度进一步提高。如"妈妈"一词，1岁左右的儿童，他理解的"妈妈"是经过成人多次强化（"妈妈"一词的语音和特定的面孔以及一系列动作的结合）的自己的母亲，他们对"妈妈"一词的理解更多的是停留在那张特定的面孔和抚摸动作水平上。3岁以后的儿童，对"妈妈"一词的理解，从概念的外延上开始扩展，"妈妈"不仅仅是自己的"妈妈"，还有其他小朋友的"妈妈"，小哥哥的"妈妈"……但他们仍然无法理解"妈妈"一词的深刻含义，他们无法把"妈妈"同具体形象分开，他们认为，"妈妈"应该是年轻的，如果头发白了，就不再是"妈妈"，而是奶奶了。

（2）求知欲强烈，对新词感兴趣。到了3岁左右，儿童的好奇心、求知欲越来越强烈，对周围事物表现出浓厚的兴趣，经常会问"这是什么"之类的问题，他们从成人的答案中学到很多新词。到了3周岁，儿童使用的词汇量是2周岁时的3倍，这说明该阶段是新词大量学习和使用的阶段。儿童还开始用人称代词，其中最常用的是"我"和"我的"这两个代词，可见该阶段儿童是以自我为中心的。

（二）词汇发展的教育活动

词汇是语言发展的基础，一个人要很好地运用语言这一交际工具，首先必须积累足够数量的词汇，才能明确地表达自己的思想，与别人交谈自如。儿童学习词汇，也是从理解词、运用词开始的。词汇的积累、**理解**和运用是语言的重要组成部分。

1. 创设丰富的语言环境，帮助孩子掌握新词，扩大词汇量

（1）用动作、实物配合法，建立语词和实体之间的联系。与孩子"交谈"时，尽量要配合动作，并且同样的话要配合同样的动作，这样孩子就会较快地配合动作学会发出相应的词的语音。如妈妈扶孩子站起来时，同时说"站起来"一词，孩子很快就将"站"的语音和动作"站"联系起来。对孩子说某个物体时，或孩子发出某一语音时，成人同时指点具体的实物给孩子看，孩子就能建立语音与实物之间的联系，反复多次，就能使孩子掌握物体的语词发音，这就是实物配合法。如妈妈边给孩子"娃娃"，边念"娃娃"的发音，孩子很快就会掌握"娃娃"的发音，初步理解"娃娃"的语义。

（2）经常与孩子"交谈"，提供丰富的语言环境。丰富的生活是孩子语言发展的源泉，孩子学习语言，离不开周围环境中的人、物、大自然、社会现象等资源，他们通过感官感知周围环境中的各种事物，获得具体的印象，继而发展语言。研究表明，如果孩子的家庭语言环境好，家长注意与孩子交流，经常告诉孩子周围的事物，告诉孩子正在做什么、玩什么，将要做什么事情，让孩子直观感知正在发生的事情和周围的事物，在实践中学习语言，孩子的语言将会发展得更快、更好。

（3）运用强调和重复的方法，帮助孩子掌握新词。1周岁以后，孩子学习语言的主要任务就是学习新词，扩大词汇量。与孩子交谈时，要用简短的话语，对想让孩子学习的新词以

加重的语气、较慢的语速予以突出，使孩子很快掌握新词。如名词"球"，成人可以带孩子去海洋球馆玩，边玩边告诉孩子"海洋球馆里到处是球，有红色的球、白色的球、黄色的球"，同时要求孩子接住成人扔给孩子的球，在说"球"字时，要加重语气，予以突出强调，通过频繁、夸张的刺激，可以使孩子较快掌握"球"这个词语。如果孩子发音不准确或理解片面，也不要马上纠正，这样会使孩子失去学习的兴趣，成人可以再利用机会，反复说这个词，启发孩子模仿，直至孩子基本掌握。

2. 开展语言游戏，发展孩子学习词汇的兴趣

游戏是孩子喜爱的活动，通过游戏活动，创设轻松的说话环境，练习词语的运用，在"玩"中学习词语的发音，理解语义，可以使孩子迅速掌握和巩固词语。

游戏一：神奇的口袋。让孩子看过玩具等熟悉的物品后，把它放入一个口袋里，让孩子猜猜是什么物品，要求说出名称。当孩子猜对时，予以及时的表扬和鼓励，当孩子猜不出时，成人耐心地告诉物品的名称。

游戏二：开水果店。把一堆水果放桌上，成人当售货员，请孩子来买。孩子在购买时要求说出水果的名称、颜色、形状，说对了就卖给他。

游戏三：打电话。当成人打电话时，可以让孩子在旁边观察、倾听成人如何使用电话，初步了解如何接电话、与人交谈、告别。有了打电话的生活经验后，成人就可以用玩具电话与孩子练习打电话，成人用简单明了的语言，结合孩子熟悉的事物进行交谈，并耐心倾听孩子讲话，鼓励孩子多说话。这个游戏能促进孩子语言交流能力的发展。

游戏四：词语接龙。成人与孩子开展问答式的词语接龙，通过一问一答，丰富和巩固孩子的词汇。如问："谁会飞？"答："鸟会飞。"问："谁会游？"答："鱼会游。"

三、语法的发展与教育

语法是组成语句的规则，儿童在学习语言过程中，不但要掌握一定的词汇，还要逐渐掌握基本的语法结构形式。儿童学习语言的过程，也是掌握语法的过程。语法的获得，是指儿童对语句结构的获得，包括理解和产生不同结构的语句。儿童语句产生的评定和分析通常采用两种方式：即儿童说出的句子中包含的语词数量和句子结构的完整性和复杂性。

（一）语法发展的特点

1. 单词句阶段

单词句是指用一个词代表的句子，一般出现在1～1岁半时期的幼儿。如孩子说"妈妈"一词时，既可能代表要妈妈抱，也可能代表请求妈妈帮他拾一下东西，还可能代表要妈妈给他吃东西……

单词句所用的词不是单独和某种对象相联系，而是和某种情境相联系。单词句的含义不够明确，语音也往往不够清晰，不能完全表达孩子的意思，常常要辅以表情和动作，又可称为"言语动作"。理解孩子说话时，成人除了根据孩子说话时的表情和动作外，还要结合说话情境来推断意思，所以，一般只有与孩子亲近的人才能听懂。

从理解句子内容看，孩子能理解的句子有：

（1）呼应句。孩子能用呼应句呼唤他人或对他人呼唤发生应答。呼应句出现早，使用频率高。如名字呼应。

（2）述事句。孩子能用述事句叙述自己发现的事情。如问孩子"球在哪里"，孩子四处

张望后说"没",表示他没看见球,不知道球在哪里。

(3)述义句。孩子能用述义句表达自己的意愿。孩子表达的意愿大多是表示否定的。如成人让孩子赶快收拾玩具来吃饭,孩子会说"不"表示不愿意。

2. 双词句阶段

双词句又称电报句,是由两个单词组成的不完整句,有时也由三个词组成,一般出现于1岁半~2岁时期的幼儿。如"妈妈抱抱""饼饼没"等。电报句的特点是语句断续、简略,结构不完整,句子的成分常常缺漏,主要使用名词、动词、形容词等实词,省略连词、介词、助词等虚词,类似省略的电报语言。但是双词句已经具备句子的雏形,表达的意思比单词句明确。

3. 能运用多种简单句,出现复合句

简单句是指语法结构完整的句子。2岁以后,简单句增加。2~3岁儿童主要使用的简单句是主谓结构句,句子由行动主体和行动动作两个部分组成,如"积木掉了""宝宝睡觉"。谓宾结构句,由动作和动作对象组成,如"坐车车""找娃娃"。

婴儿使用的句子中也出现复合句,但简单句占90%左右,复合句占10%左右,复合句数量少,比例小。

4. 句中含词量增加

随着年龄增长,儿童说话所用的句子有延伸趋势,即句中含词量增加。在25~27个月,儿童开始出现三词句,28~30个月,出现四词句,个别语言发展迅速的儿童甚至出现五词句和六词句。

5. 疑问句增多

2岁左右,儿童开始使用疑问句,并呈迅速增长趋势。疑问句在儿童成长的社会化过程中具有十分重要的作用。提问是儿童与社会进行信息交换的主要途径,儿童通过提问来获取外界信息,成人通过回答来把握儿童认知和语言发展水平。儿童提问的内容、方式和理解问题的程度,反映儿童认知和语言发展达到的水平。疑问句的出现可以提高儿童的语言水平,发展儿童的认知能力和情感表达能力。

6. 接尾策略

接尾策略是指儿童不管实际情况,只选用问句末尾的一些词作答,主要发生在1岁半~2岁半,3岁左右这种语言现象消失。如成人问"吃了没有",孩子即使刚吃完饭,他还是接答"没有"。这样答话和情景不符的现象和前后矛盾的回答,就是接尾策略在起作用。

7. 抽象句子规则,进行系统整合

当一种新的语言现象出现后,儿童总是把它纳入原有的语言框架,力图用原有的规则去解释、同化,这是儿童认知惯性的表现,也就是对句子规则的系统整合。如老师说"布娃娃有两只眼睛,两只耳朵……",老师未说完,儿童就接上去说"两只鼻子,两只嘴巴",显然儿童是用原有的经验进行归纳。这种认知惯性有时是成功的,有时又是失败的,失败的原因是原有的规则不能同化新的语言现象,出现了特例,它破坏原有的平衡,使系统失去同化能力。成人就要从特例中概括出新的规则,并进行整合,来构建新的平衡,形成新的系统。

8. 说话不流畅,表达常有"破句现象"

儿童说多词句的句子时,常有说话不流畅、结结巴巴的现象。有时一句话"破句现象"严重,说话显得气喘吁吁,似乎有口吃症状。事实上,这是儿童语言学习过程中的正常现象。因为儿童学习许多新词后,要把新词有条理地运用和组织成句子,还有一定的困难,他们的思维速度跟不上说话速度,说话跟不上思想,想说的东西太多,一下子选不出恰当的词,但又很心急想把它说出来,于是说话就显得不连贯,表现犹豫不决或经常重复同一单词或语句,这种情形看起来像口吃。对3岁孩子而言,说话不流畅、重复都是正常的自然现象,成人要正确对待这种现象,如果处理不当,会引起儿童语言发展危机,造成语言发展缺陷。

(二) 语法教育活动

1. 为儿童提供良好的言语示范和榜样

研究表明,儿童最初掌握的语言主要是通过对周围语言环境的模仿而获得的。儿童周围的成人,特别是父母和教师给儿童提供模仿的榜样。儿童掌握的新词中,有2/3是通过日常生活中与父母的交谈获得的,那些喜欢与父母交谈的孩子,其语言发展能力明显高于少言寡语的孩子。成人要多跟孩子交谈,用规范正确的发音、丰富正确的遣词造句、生动的面部表情、富有变化的语调,为儿童提供良好的言语示范和榜样。

2. 培养儿童多看、多听、多说、多练的好习惯

看、听、说、练是全面提高儿童语言水平、促进儿童语言发展的重要途径。

(1) 多看。一方面,要带儿童直接接触外界环境,观察各种事物,形成语言发展必需的感性经验;另一方面,让儿童通过看图片、图书、电视、电影等获得现实的语言知识。有了丰富的生活内容和语言知识,儿童才会拥有丰富多彩的语言。

(2) 多听。培养儿童良好的倾听习惯,是发展口语的先决条件。学习语言,必须先学会听,有效的倾听要求注意听、听准确、听得懂,这样才能正确模仿发音、说话。可以有意识地让儿童听歌曲、故事、童谣,听自然界的声音(风声、雨声、雷声……)、乐器声、动物叫声、交通工具声以及其他生活中的各种声音。与儿童交谈时,有意让儿童倾听,听后让儿童想象、模仿。

(3) 多说。成人要想方设法创设儿童说话的环境,利用一切环境和机会,随时随地与儿童交谈,或有目的、有计划地组织集体谈话,创造轻松、自由的谈话氛围,鼓励儿童说话,让儿童无拘无束地说,这是促进儿童语言发展的重要方式。

(4) 多练。儿童期的语言教育主要任务是培养儿童正确发音,丰富词汇,学习说话。这就必须让儿童多练习,采用多种方法反复练习,及时巩固学习效果。如2岁以后的儿童常常会出现同伴间的语言模仿,他们在午睡起床后会唧唧喳喳讲个不停,有的相互模仿,有的呼唤同伴,有的念儿歌,有的要求老师帮助,也有的向同伴或教师讲述某个问题,表现出在集体活动和自由活动中的说话态度。教师应该利用这样的机会,鼓励儿童积极说话。同伴间的自发模仿和相互交谈,会带给儿童许多乐趣,同时也提供了相互间语言交往和学习的机会。因为练习说话和练习其他技能一样,需要有许多自由实践的机会。

3. 开展早期阅读,培养良好的阅读习惯

早期阅读是发展儿童语言的重要手段。文学作品是艺术地结构语言的产物,是儿童进一步学习较成熟的语言的样本之一,儿童通过记忆或模仿这样的语言样本,能为扩展词汇、丰富语言内容奠定基础。

(1) 从小激发儿童阅读兴趣。儿童在出生后1个月,就显露出早期阅读的兴趣和行为。成人在发展儿童听说能力的同时,可以选择一些合适的读物,如背景简单、颜色鲜艳、色彩对比强烈的大开本(大16开)读物,采用"点读"的方法,边指导儿童观看画面边用语言讲解，使儿童的注意力集中指向成人指点的画面或文字。每次阅读的时间在3分钟以内，阅读内容不必频繁更换，视儿童的兴趣而定。

（2）养成睡前倾听文学作品的习惯。让儿童临睡前倾听各种语言样式，如儿歌、散文、故事等儿童文学作品，可以使儿童在较少干扰的情况下进行记忆编码、储存，增加记忆牢度，促进长时记忆形成，不易遗忘。如果持之以恒地坚持下去，不仅有利于儿童语言学习，而且能发掘记忆潜能，发展儿童的智力。

（3）用多种方法进行指导。成人应当和儿童共同阅读，边指点图画，边给儿童讲解，儿童往往也会对图画指指点点。同时，成人要不失时机地提出浅显的问题，诱导儿童回答，并对他们的回答予以肯定、补充或修正，发展儿童的语言表达能力和思维能力。成人还要创设条件，鼓励儿童独立阅读，要求他们边看边说图书内容。还要根据儿童阅读的进展情况，适当添加图书，提高儿童阅读的积极性。

（4）欣赏儿童文学作品，感受和理解作品语言、情节。儿童文学作品的语言是经作家提炼、加工的文学语言，具有生动、形象、富有节奏感等特点，易于被儿童理解和接受。早期阅读可以提高儿童对语言艺术的兴趣和敏感性，"储存"语言模式，激发"创作欲"，有助于艺术思维的萌发。儿童欣赏儿童文学作品以感受为主，要让儿童反复聆听，充分感受文学作品的语言美、情节美、内容美。儿童都很喜欢反复听同一个故事，几乎百听不厌。复述是儿童学习、重复和模仿文学作品的表述语言、再现文学作品的一种手段，它能加深文学作品的教育效果，促进记忆、思维和连贯性言语的发展。但儿童无法完整重复讲述作品，可以选择一个优美的词或句子或一段话进行复述，让儿童反复听反复说，甚至可以借助表演的方式来再现作品内容。

（5）开展集体早期阅读，培养阅读习惯。集体阅读可以使儿童和同伴共同分享阅读快乐，增加交流机会，提高阅读兴趣，获得最佳阅读效果。教师可以有计划地组织集体早期阅读，将之作为托幼机构语言教育的一个重要部分，精心为儿童准备读物，指导他们阅读、交流，积极发展儿童的语言能力。

4. 随时帮助儿童正确使用语言

儿童学习语言不是听一听、讲一讲就能掌握的，而是经过反复出现、多次运用才能理解词义，掌握句式结构。当儿童受语言水平所限，出现词不达意、"破句"时，成人要正确对待这些现象，把它们看作语言学习过程中的必经之路，正确示范，积极引导儿童模仿，直至他们成功理解语词、掌握语句。

第二节 3~6岁儿童语言的发展与教育

学习目标

掌握3~6岁儿童语言发展的特点及其语言发展教育活动的对策，提高幼儿园语言教育活动设计和指导的水平。

重点、难点

重点：3~6岁儿童语言发展的特点和教育活动。

难点：3~6岁儿童语音发展的特点。

学习提示与建议

3~6岁是儿童语言发展的关键时期,在学习中,把幼儿语言发展特点和幼儿园实际联系起来,理解和掌握组织幼儿园语言教育活动的策略。

3岁以后,儿童生活范围扩大,生活内容日益丰富,学习和运用语言的机会日渐增多,儿童语言发展进入关键的阶段,儿童基本掌握本民族的全部语音,词汇量日益扩展,句子结构发生显著变化,还出现了语法意识。

一、语音的发展与教育

(一) 语音发展的特点

3~6岁幼儿期的儿童能够掌握全部语音,是语音可塑性最大时期,语音逐渐定型,在学习其他语言的语音时会出现困难。其中3~4岁是语音发展最迅速的时期。受各种因素影响,该年龄阶段儿童也会有辨音、发音错误存在。尤其是儿童生活的区域语言环境,对发音的影响很大,若儿童形成地区性的方音后,再学习普通话,就会有明显的方音痕迹,所以要在学前期推广普通话,年龄越小、效果越好。

1. 发音的准确性随年龄的增长而提高

研究表明,3~4岁是语音发展的飞跃阶段,儿童几乎掌握了全部语音,4岁以上儿童一般都能掌握语音,4~5岁儿童进步最快,发音错误最少。如4岁儿童声母发音的正确率城市儿童已达97%,农村儿童已达74%;韵母发音的正确率,城市儿童已达100%,农村儿童已达85%。

2. 幼儿发声母比发韵母困难,错误较多

儿童较难掌握的声母是zh、ch、sh、r、n、l、z、c、s,特别是发zh、ch、sh(舌尖后擦音)、r(舌尖后浊擦音)音时,感到困难,前三个音容易与z、c、s相混淆。儿童发音错误的主要原因是生理上不够成熟,不能恰当地支配发音器官,不善于掌握发音部位和发音方法,而辅音的发音要依靠唇、齿、舌等运动的细微分化,由于幼儿唇和舌的运动不够有力,下腭不够灵活,发辅音时分化不明显,发音往往不够清楚,说出来的往往是两个语音之间的音,如"zh"和"z"。另外,吐字不够有力,也造成发音不准确,如发纯辅音"f",有的幼儿难以用牙齿咬住下唇,移动下颚来发准音。

3. 语言环境是影响儿童正确发音的重要因素

儿童的语言环境是儿童获得语言的基础条件,儿童通过实践活动掌握语言,认识世界。语言环境对儿童的影响,可以追溯到胎儿期,经过胎儿期的语言熏陶,婴儿出生后能很快学会说话。但是,儿童发音受方音的干扰和影响很大。如果儿童在家庭、幼儿园一直用普通话交流,就很快掌握普通话。若儿童的家长在家中用方言说话,则幼儿发音准确率明显低于一般幼儿园的孩子。如受方音影响较深的孩子,容易把n发成l,把"奶奶"说成"来来",把"宁宁"说成"玲玲"。农村儿童早期语言环境相对较差,发音受方音的影响较大,进入托幼机构后,语言环境有较大改善,发音进步就非常明显。

4. 发生语音意识

儿童的语音意识,是儿童对语音的自觉态度。语言活动,从根本上说,是有意识的随意运动,而不是无意识的本能活动。儿童要掌握正确发音,还必须建立语音的自我调节机制。

它包括言语运动觉调节、言语听觉调节、言语视觉调节三个方面。幼儿发音不准确，往往是由于在言语听觉上不能正确分辨语音，在言语运动觉方面不能正确掌握发音动作。婴儿往往不能辨别自己和别人发音的错误，他们对别人正确和错误的发音，都有同样的反应。然而，从4岁左右，语音的意识明显地发展起来。如幼儿开始对发音感兴趣，喜欢发音游戏；努力练习新学到的语音或不能准确发出的语音；对别人的发音会有评价；意识到同音字有不同的意义；有意改变发音来开玩笑或表达情感等。

（二）语音发展教育活动

学前期是儿童语音发展的关键时期，也是学习普通话发音的最好时期。教会孩子正确的语音，是幼儿园的语言教育任务之一。

幼儿学习发音是靠模仿形成言语反应，这个反应要多次重复才能巩固。幼儿学习新词，不仅要分辨词音，而且还要准确无误地说出来，这就要求幼儿的听觉器官和发音器官协调运动，完成比较复杂的条件联系。幼儿在学习新词后，都要及时进行重复练习，反复强化，发展他们发音器官的肌肉组织和细小动作的协调性，发展听觉器官的敏感性，这对小班幼儿尤其重要。中大班幼儿虽然语音掌握有了很大进步，但在呼吸的节律性和声音调节的强弱方面还需要经过练习加强。同时，还要通过谈话、讲述、朗诵等方式发展幼儿言语的表现力。

1. 开展游戏活动，提高儿童辨音、发音能力

听说游戏是幼儿发展良好听觉和准确发音的重要途径。它可以培养幼儿正确的发音能力和听觉注意力，提高辨音能力。

听懂和会说普通话是幼儿语言发展的一个重要目标，幼儿园应教会幼儿按照普通话的基本发音标准准确发音，使幼儿在入学前基本掌握普通话的发音音节。普通话的发音由声母、韵母和声调三个方面组成，每个汉字的音节包括声母和韵母两部分，同时还有声调。此外，儿化音也是普通话发音的内容之一，它不属于北京土音，因为儿化音现象与词汇、语法的表示有密切关系。儿化的主要作用有的是确定词性，如"盖"（动词）和"盖儿"（名词），"尖"（形容词）和"尖儿"（名词）。有的是区别词义，如"眼儿"不是"眼"，"头儿"不是"头"；还有的是带有小、喜爱、亲切等感情色彩，如头发丝儿、苹果脸儿、小孩儿等。教幼儿发儿化音时，要注意发音是靠卷舌的作用，即"儿"不是一个单独的音节，而是在一个音节末尾附加的卷舌动作，使那个音节因儿化而发生音变现象。

儿童在语言发展的早期，常常模仿别人说话的语调，对语句的每一个音不能分别感知，直到3岁左右，仍有较多儿童不能精确分辨近似音，在发音时有互相替代现象，这主要是由幼儿的听觉水平低造成的。能分辨语音的细微差异是正确发音的前提，幼儿园可以通过听觉和发音的听说游戏来培养听觉注意和正确的发音能力。如游戏"猜猜我是谁"，要根据本班儿童发音的特点来确定活动的内容，不要一次性把难的音集中在一起，导致难度过大，降低儿童学习的积极性。在游戏中，教师不仅要对儿童进行发音示范，还要注意个别差异，发现有学习困难的幼儿，要进行单独辅导。如果发现有发音错误的现象，要及时正确示范，纠正错误发音。

2. 在日常生活中自然练习发音

虽然集体学习可以帮助幼儿掌握普通话的标准音和语调，但是日常生活中的大量练习是不可缺少的。只有在日常生活中进行练习，才能使幼儿理解所学的新词，清晰地分辨音节，发出准确的语音。尤其是对个别发音困难的幼儿，要确定语音练习的重点，随机地指导他们

练习。如针对有的幼儿说不清"湿"和"吃"的现象，教师在幼儿盥洗时，就可以问"毛巾放入水中就变得怎样了？"在安排午餐时问"今天中午吃什么？"利用机会引导幼儿练习"湿"和"吃"的发音。

　　3. 组织念儿歌童谣、绕口令等活动训练发音

　　儿歌、绕口令都是富有韵律的文学作品，它们结构短小，念起来朗朗上口，能生动形象地表现内容，便于记忆。幼儿对口语中的押韵现象特别感兴趣，喜欢有儿歌童谣、绕口令特征的语言，教师可以有意识地组织幼儿玩一些要求语言押韵的游戏，念儿歌童谣、绕口令，仿编和创编儿歌及歌曲等，指导幼儿学习感知和辨识语音，有效提高对语音的敏感度。

　　如中班练习"sh"和"z"的儿歌《柿子》："柿子红，柿子黄，柿子、柿子甜似糖。红柿子，树上长，摘下柿子大家尝。"

　　绕口令又称急口令，是儿歌的一种，它有意识地重复许多相同或相似的音节，能帮助幼儿区分容易混淆的词音。绕口令从内容到形式都比较生动活泼、风趣，很受幼儿欢迎。教师在组织活动时，要确定学习重点，幼儿在学习时，不宜速度太快，关键是要求发音准确。绕口令适合中大班进行。如幼儿练习"n"和"l"发音的绕口令《学捏泥》。"盘中放着一只梨，桌上放块橡皮泥，小丽用泥学捏梨。眼看着梨，手捏泥。一会儿捏成一只梨，比一比，看一看，真梨假梨差不离。"

　　4. 开展集体训练，纠正方言影响

　　地区性的方言对儿童学习普通话有一定的影响，为了纠正方言性，幼儿园可以有意识地开展集体训练。教师先了解本地方言中容易影响普通话学习的发音，再进行正确示范，规范讲解，让幼儿感知语音的细微差别，了解发音部位，掌握发音方法。示范时，要着重兼顾听和看两个方面。

　　由于发音部位不同，发音难度也不同，如唇音，主要是上下唇（圆唇、不圆唇）的活动，比较简单，易被幼儿发觉，利于模仿。但更多的音，需要舌头参与活动，发音部位不易被幼儿观察到，而且发音动作又比较复杂、精细，所以舌音是幼儿掌握较慢、不易发准的音。对这样的音，教师就需要采用讲解和示范相结合的方法，使幼儿掌握发音要领。如 n 和 l 的音发不准时，教师就要向幼儿讲清楚它们的发音方法有什么不同。n 是鼻音，l 是边音，教师要把发音原理具体化，形象地进行讲解。发 n 音时，舌尖翘起抵住上牙床，同时舌尖向两旁展开，用力把气流堵住，使气流从鼻孔出来。讲解后，让幼儿反复拉长音练习，使其体验气流是否从鼻子里出来。在发 l 音时，舌尖只抵住上牙床中间部分，舌头不向两边舒展，两旁留出空隙，堵住鼻孔的过路，使气流从舌的两边出来。示范后，应让幼儿反复试验，反复体验。对于其他难发的音，也可采取类似的方法或创造其他方法，帮助幼儿掌握发音要领，克服方言的不利影响。

　　5. 培养幼儿的言语表情

　　一个人讲话时除声音的变化外，还可辅以面部表情、眼神和手势。这里讲的言语表情，主要指声音部分。

　　运用口语时，为了准确和富有表现力地表达思想，就需要声音的性质有所变化。教师在训练幼儿正确发音的同时，也要培养他们会用与表达内容一致的语调的能力，即能根据表达内容的需要，来控制、调节自己声音的大小、速度，构成不同言语表情。平时讲话时，主要培养幼儿的自然表情，做到声音的性质与表达的内容相一致，要求幼儿表达自然、大方，富

有感染力和表现力。

6. 培养幼儿语言交往的素养

幼儿语言教育要求幼儿有礼貌地讲话，这是语言交往的基本素养。在开展语言教育活动中，要随时注意幼儿的讲话态度，要求自然、大方，声调要友好，要有礼貌，不允许撒娇和粗暴讲话，要具备语言交往的基本素养。

二、词汇的发展与教育

3～6岁期间，幼儿词汇迅速增加，对词汇的理解不断加深，能掌握多种类型的词汇，是儿童词汇发展的重要阶段。

（一）词汇发展的特点

1. 词汇数量随年龄增长而增加

幼儿的词汇量随年龄的增长而增加。国内外研究结果表明，3～6岁是人的一生词汇数量增长最快的时期。3～4岁幼儿的词汇量达到1 739个，4～5岁为2 583个，5～6岁为3 562个。研究还表明，4岁左右是幼儿词汇增长的活跃期，4～5岁较3～4岁增长49.3%，而5岁以后增长的速度有所下降，5～6岁比4～5岁增长37.9%。

词汇量也是儿童智力发展的标志之一，因为词和概念是不可分的，概念要通过词来表示。因此，儿童智力水平越高，词汇量就越丰富。

2. 词类范围不断扩大

词汇量只能笼统地从数量方面说明儿童词汇的水平，词类范围则可以在一定程度上说明儿童词汇的质量。这是因为词汇中不同的词类抽象概括程度不同。实词代表比较具体的事物，像名词、动词、形容词、数量词、代词、副词等都是实词。虚词的意义比较抽象，像介词、助词、连词、感叹词等都是虚词。如果从数量方面看，幼儿的词汇中，大量是实词，虚词只占很少的比例。可是从质量方面看，掌握虚词（如因果连词），却往往说明幼儿智力发展相对达到较高的水平。

（1）掌握各类词的顺序。有关幼儿词类掌握的研究表明，幼儿先掌握实词，其中最先和大量掌握的是名词，大约占了51%；其次是动词，大约占20%～25%；最后是形容词，大约占10%。其他实词如副词、代词、数词，虚词如连词、介词、助词、语气词等，幼儿掌握较晚，它们在幼儿词汇中占的比例也较小。从年龄增长的情况看，各类词在不同年龄幼儿词汇中所占比例不同。据史慧中等的研究，实词在3～4岁时增长的速度较4～5岁迅速，而虚词则在4～5岁增长较为迅速。该研究认为，4～5岁是词汇丰富的活跃期，而5～6岁是言语表达能力明显提高期。

（2）词类的使用频率。"词频率"是指使用词的频繁程度。常用词的词频率较高，最常用的词就称为"高频词"。幼儿词汇中，词频率最高的是助词，其次是代词，原因之一是幼儿说话多是在具体环境下对着具体的人进行的，有使用代词的良好条件。如"他打我"。原因之二是幼儿常常说不出事物的确切名称，故用代词而不用名词，如"这个""哪里"。原因之三是幼儿思维常围绕自己展开，约有1/3的句子使用了"我"字。使用动词的频率高于名词。这是因为，第一，幼儿常把动词作名词用，如把"牙刷"说成是"刷牙的"。第二，幼儿所用句子较短，句中一般都有动词，而动词后面只出现一个名词，有时这个名词还被代词替换了。第三，幼儿说话往往用不完整句，只说出动作或状态，只用动词而不用名词。幼儿使用名词的频率也较高，但相对使用代表他能直接接触到的人和物的名词较多，如生活常用物品鞋、袜等。

3. 词义理解的深化

（1）随着词汇量的增加和词类的扩大，幼儿对词义的理解逐渐确切和深化。同一个词，幼儿对其含义的理解水平是不同的。幼儿最初掌握词时，往往对它理解不确切，以后逐渐确切和加深。比如一个1岁左右的婴儿，把圆形物称为"鸡蛋"。11个月时，曾指着天上圆圆的月亮叫鸡蛋。13个月时，他还会把"乒乓球"称作鸡蛋。14个月时，他虽然能模仿别人叫"橘橘"，但仍将橘子叫鸡蛋。可见，幼小儿童对词义的理解具有两个突出特点：一是笼统；二是非常具体。他们对词义笼统的理解表现在用一个词代表多种事物，这并不是指他所掌握的词含义丰富。相反，最初的词的含义是非常具体的，正如上述婴儿所理解的"鸡蛋"，只是指圆形物体，那只是该词的某一具体含义，离开掌握词的全部含义还很远。他们理解词义常常受知觉情景的左右。如上例中，"鸡蛋的圆形"是他最容易感知的。又比如婴儿常用"嘀嘀"一词代替汽车，因为"嘀嘀"声是汽车的最显著特征，有时候，他们会一边摆弄开车动作，一边说"嘀嘀"声，表明动作在理解词义中也起到一定作用。词义的这些特点，在幼儿初期仍有表现。比如，幼儿虽然学习了有关形状的词，当老师问："香蕉是什么样的？"幼儿回答："弯样的。"幼儿把"一辆自行车"说成是"一骑自行车"，不会说"凹凸"就说"瘪进去的""高出来的"。这些反映了动作在理解词义中的作用。

（2）幼儿对词义的理解也存在泛化和窄化现象。词义理解过宽，如他们把"破烂"说成"坏"，把"短"说成"小"，把"矮""粗"说成"短""胖"。词义理解过窄，如"珍贵"只能指"熊猫"，"辛苦"只是指"妈妈""阿姨"。这种过宽或过窄的解释，都说明对词义的理解不准确。

（3）随着对词义理解的确切和加深，幼儿不仅能够掌握一种词的意义，而且能够掌握词的多种意义，不仅能够掌握词的表面意义，而且能够掌握词的转义。幼儿掌握的词义越是丰富和深刻，运用该词的积极性就越高，词还可以从被动（消极）词汇转为主动（积极）词汇。

（4）幼儿还常常造词，存在"造词现象"。如3岁半的孩子会说："电话这里有条子。"（指电线）4岁的孩子说："他在讲话，讲地下的话。"（指低头讲话）。还有幼儿把"一条裤子"说成"一双裤子"。这是幼儿词汇贫乏、词义掌握不确切时出现的一时现象。如幼儿能区别大红和粉红，但没有掌握"粉红"一词，便说成"小红"，同样把灰色说成"小灰""淡黑"。当幼儿确切掌握词义后，就不会出现这种现象。

4. 不同词类词义的发展

相关研究表明，幼儿对不同词类词义的掌握有以下特点：

（1）名词的掌握越来越多，不仅具体名词的范围扩大，而且同一类词的内容也在不断扩大，出现了抽象名词。名词发展的特点：一是具体名词早于且快于抽象名词的发展。幼儿所掌握的具体名词比例在80%以上，而抽象名词则在20%以下。二是幼儿掌握较多的是与他们日常生活关系密切的词，如使用频率最高的是日常生活用品类、日常生活环境类、人称类、动物类等名词。三是抽象名词随年龄增长而逐渐比例增大。在表示自然科学常识的名词中，幼儿掌握最多的名词是动物类，其次是植物类，最后是自然现象类。

（2）幼儿形容词的数量增长较快，2岁儿童已能使用少量形容词，4岁半以后形容词使用量快速增加，6岁半能使用的形容词达 200 个以上。幼儿使用形容词的发展有这样的趋势：从物体特征到事件、情景的描述；从单一特征到复杂特征；从方言到普通话，从口语到书面语言；从形容词的简单形式到复杂形式。幼儿颜色词的出现顺序依次是：红—黑、白、黄、绿—蓝—紫、灰—棕。空间纬度形容词的出现顺序依次是：大小—高矮、长短—粗细—高低—厚薄—宽窄。

(3) 空间方位词的掌握体现一个逐渐分化的过程。儿童最初易混淆表示不同纬度的词，以后逐渐分化出表示各个纬度的空间词，最后又在各个纬度表示相反方位的词之间分化。幼儿在 3~4 岁时掌握空间方位词最快，他们获得空间方位词的顺序是里—上、下—后、前—外—中—旁—左、右。

(4) 指示代词的指称对象不固定，需随语言环境的变化而转换。对指示代词指称意义的真正理解应表现在能根据语言环境的变化随时调整参照点，从而正确判断词项所指的对象或方位。研究发现，幼儿对"这""这边""那""那边"的理解没有先后差异，而语言情景的不同及幼儿的自我中心对指示代词的理解有明显影响。当幼儿作为听话者和说话者坐在同旁时对指示代词的理解最好，作为旁听者坐在听话者和说话者中间时理解成绩居中，作为听话者坐在说话者对面时成绩最差。这是由于幼儿对指示代词的理解是以自身为中心，当参照点与幼儿自身中心一致时（如幼儿坐在说话人旁边），幼儿易正确理解，在其他情况下，就会出现理解困难。对这两对指示代词，幼儿直到 7 岁时，理解水平仍然较低，说明幼儿在各种语言环境中真正掌握这两对指示代词的指称意义是有较大困难的。

(5) 人称代词"你""我""他"以及与之相应的物主代词"你的""我的""他的"所指意义和一般名词不同，具有明显的相对性，对这些词的理解和运用需根据谈话人角色的转换而变化。要理解这些词，不仅要有相应的语言能力，还需进行复杂的智力活动，要随时调整和转换理解的参照点。朱曼殊等的研究表明，幼儿对"我"的理解最好，"你"次之，"他"最差，幼儿在交谈中充当第三者时比充当受话者时，对人称代词的理解要差一些。

(6) 量词是表示事物或动作单位的词。三四岁的幼儿仅能使用少数量词，如"只""个""根"等，而且使用范围往往过宽，不注意量词和名词的搭配。5 岁左右幼儿虽然已经开始注意到量词和名词搭配，但还没有真正掌握。他们或者以动作代替量词，如把"一朵云"说成"一飘云"；或者用形容词代替量词，如把"一桶水"说成"一满水"；或者错误使用，如把"一列火车"说成"一条火车"。6 岁的幼儿能根据事物的类别标准来使用量词。如把车、飞机等统统以"辆"计算，因为都是交通工具。

(二) 词汇发展的教育活动

1. 帮助幼儿丰富词汇

词汇教育的首要任务是丰富词汇，要不断为幼儿提供大量新词，让他们去理解和记忆。

(1) 多让幼儿学习实词。从幼儿词汇量的发展看，幼儿能够理解和运用的词汇中，名词、动词、形容词等实词的比例较大，而虚词的比例较小，这表明幼儿掌握实词比虚词更加容易。从语言交际需要看，实词代表物品或动作的名称及特征，具有比较确切而具体的含义，并经常作为句子的主干成分，如主语、谓语、宾语等，比作为句子辅助成分的虚词更加容易被幼儿理解和运用。

(2) 在自然的交往中学习新词。成人与幼儿交往中，常会教幼儿说出周围环境中的各种物品和现象的名称，向幼儿描述物品和现象的颜色、大小、形状、质地、用途以及生活习性等特性。幼儿在增长见识的同时，学会大量的名词、动词、形容词、副词。日常生活中，成人还经常对幼儿发出指令，要求幼儿起床、吃饭、收拾玩具、说"再见"等；或者教幼儿学习拍手、弯腰、踢腿、哭、笑等动作，让幼儿学习动词。在幼儿与成人和同伴的交往中，幼儿自然而然掌握了大量新词。

2. 帮助幼儿正确理解词义

由于缺乏生活经验以及思维具体形象的特点，幼儿往往根据具体的情景来理解一些抽象意义的词，如把"勇敢"理解为"打针不哭"，把"烟花爆竹"等同于"过年"，出现词义理解上的偏差。同时，他们常常从字面上理解词义，有时不能理解词义的象征、转义或成人的反话。如把"黑话"理解为"晚上不开灯讲话"。因此，在不断扩展幼儿词汇的同时，还要提高幼儿了解词义的水平。

(1) 让词和相对应的事物同时呈现，是幼儿了解词义的重要途径。实际上，婴儿最初的语言学习基本上是通过这一途径实现的。特别是学习那些代表特定事物及其特征的实词时，通过这种方法教儿童理解词义，可以起到事半功倍的效果。对于一些不常使用的词语，可以通过日常生活的随机教学，让幼儿较快掌握词义。

(2) 运用媒介资料，提供直观的词汇信息。词汇学习中，遇到幼儿暂时无法直接接触的事物，教师可以借助图画、音像资料作为媒介，为他们提供直观的信息，帮助幼儿将事物的名称和特征与相应的词联系起来，去准确理解词义。

(3) 学习儿童文学作品，提高幼儿的词汇理解水平。在听故事过程中，教师可以引导幼儿通过上下文的联系或根据自己已有的经验理解词义。如幼儿通过故事理解"迷路"的含义后，当故事中再出现"陌生"一词时，教师就可以将"陌生"解释为"不熟悉的人、事或地方"，小朋友在陌生的地方很容易"迷路"。

3. 帮助幼儿准确运用词汇

入园时，幼儿虽然已经能说出 1 000 个左右的词，但是幼儿在实际运用词语时还是会出现一些错用或误用的情形。如幼儿听到别人说"吃过饭了""睡过觉了"，他在表达"已经说过再见"的意思时，就说"再过见了"；他们还会把"彩电"说成"花电视"，把"鱼鳍"说成"鱼翅膀"，把"一列火车"说成"一条火车"。这主要是由于幼儿积累的词汇相对较少。像一个孩子从来没有听说过"彩电"，只能凭经验造出"花电视"一词。幼儿知道鸟有"翅膀"，就理所当然认为"鱼"的"鳍"外形也是像鸟的飞行器官一样，产生误用。此外，幼儿在造词时，还会出现规则泛化的现象，像"再过见了"就属于这一类。

幼儿园教学活动中，针对幼儿用词不当的现象，可以通过以下方式帮助幼儿准确运用词汇。

(1) 提供正确的用词典范。在用词命名物体时，要为幼儿提供与词义相符合的事物、现象或场景，并进行解释，使幼儿掌握词义，知道如何运用词汇。这样，当他们想称呼某种物品、描述某个动作、某种场景时，就会知道选择正确的词汇进行表述了。平时，教师在与幼儿进行交谈时，同样要做到用词规范，不出现语法错误，使幼儿受到规范的语言熏陶。

(2) 及时而巧妙地纠正幼儿用词错误的现象。幼儿出现用词错误时，教师不要马上指出他们的错误，要先表示理解，然后用暗示的方法指出错处，如孩子把"彩电"叫"花电视"时，教师可以接着说"这个彩电很漂亮"，这样做，既指出幼儿用词不妥之处，又提醒幼儿正确的用词方法，保护了幼儿学习和运用语词的积极性，容易被幼儿接受。对于容易出错的词，教师可以专门组织集体活动，和幼儿一起分析原因，改正错误用词。

（3）利用和创设机会，鼓励幼儿积极使用语词。幼儿在掌握语词的过程中，积累了大量词汇，但是由于生活范围所限，没有机会使用新词，时间一长，就成为使用频率较低的消极词汇留存下来。如果教师能利用机会或创设丰富的语言情境，引导幼儿通过各种感官感知各种事物，并用已学的语词来充分表达自己的感受，那将帮助幼儿将消极词汇转化为积极词汇。如利用春游的时机，在带领幼儿观赏美丽的春色时，启发幼儿联想学过的有关春天的文学作品中的优美词语来描述周围的景物，像"绿油油的小草""暖和的阳光"等。

三、语法的发展与教育

语法是由一系列语法单位和语法规则构成的，是语言最为抽象的基础性系统，是语言的民族特点和一个人的语言能力最为基本的表现。所谓掌握了一种语言，在很大程度上是指掌握了一种语言的语法系统。

幼儿语法系统的发展，由于所学语言的不同和学习语言的主、客观条件的不同而表现出差异性，但都有相似的发展过程和特点。

（一）语法发展的特点

1. 从不完整句向完整句发展

幼儿最初的句子结构是不完整的，主要是单词句和复合句。到了2岁以后，幼儿逐渐能说比较完整的句子。完整句的数量和比例随年龄的增长而增长，到了6岁左右，98%以上的幼儿使用完整句。完整句又可分为简单句和复合句，陈述句和其他句型（疑问句、祈使句等），无修饰句和修饰句。

2. 从简单句到复合句

简单句是指语法结构完整的单句。从2岁以后，简单句逐渐增加。许多研究表明，幼儿主要使用简单句。发展的趋势是，简单句所占的比例逐渐减少，复合句逐渐发展，但总的来说，幼儿使用简单句的比例较大。2～3岁幼儿主要使用主谓结构句、谓宾结构句。3岁以后，幼儿开始使用主谓宾结构句，如"宝宝坐车""姐姐喝水"，以及主谓宾双结构句，如"阿姨给宁宁糖"。

幼儿使用的复合句特点：一是数量较少，比例不大。学前初期使用复合句的比例相当小。复合句的比例虽然随年龄的增长而增长，但到学前晚期，仍然在50%以下。二是结构松散，缺少连词，只是简单句意义上的组合。如"妈妈上班，我上幼儿园"。三是联合复句出现早、数量多，儿童容易掌握和运用，偏正复句较少。特别是用"还""也""又"等连接词组成的简单并列复句，在联合复句中占绝大多数。但这些并列复句模式大多相同，显得单调、累赘，如会出现"耳朵上面也是毛，尾巴上面也是毛，腿上也是毛"这样的句子。幼儿常用的偏正复句有条件复句、因果复句、转折复句等，但转折复句的数量极少，4岁以前几乎没有出现。

3. 从无修饰句到修饰句

儿童最初的句子是没有修饰语的。如"宝宝画画""汽车走了"。2～3岁儿童有时出现一些修饰语的形式，如"大灰狼""小白兔"，但实际上他们把修饰词和被修饰词作为一个词组来使用，在他们的心目中，"大灰狼"就是"狼"，不论那是大狼或小狼。朱曼殊等的研究发现，2岁半儿童已经开始出现一定数量的简单修饰语，如"两个娃娃玩积木"。3岁开始出现复杂修饰语,如"我玩的积木"。2岁儿童运用修饰语的仅占20%,3岁达50%。3~3岁半是复杂修饰语的数量增长最快的时期。到4岁,有修饰语的语句开始占优势。

史慧中等的研究指出,幼儿的复杂修饰语中,主要使用含结构助词"的"的名词修饰语(定语),如"猴子有两只明亮的眼睛"。状语也是幼儿的主要修饰语,不同年龄幼儿使用状语的类别有差异。3岁幼儿较多使用行动状语,如"它们蹦蹦跳跳地玩";4岁幼儿会使用地点状语,如"我在人民公园看见了猴子";5~6岁幼儿还出现时间状语,如"老师昨天带我们去动物园看猴子了"。

补语在3岁幼儿的句子中很少出现,4岁和5岁也较少,在6岁幼儿的句子中出现得较普遍。如"它们吃得饱饱的""猴子的眼睛转得很快"等。

4. 从陈述句到非陈述句

儿童最初掌握的是陈述句。在整个学前期,简单的陈述句仍是基本的句型。幼儿使用句型除陈述句外,还有疑问句、祈使句、感叹句等。2岁左右出现单词句结构的疑问句,5岁左右出现许多因果关系的问句。

(二) 语句结构的变化

1. 从混沌一体到逐渐分化

(1) 表达内容的分化。最初,表达情感、意动(语言和动作结合表示意愿)和指物(叫出物体的名称)三个方面紧密结合。2岁和2岁半的儿童多半是边做动作边说话,用动作补充语言所没有完全表达的意思,以后逐渐分化。

(2) 词性的分化。最初儿童语词不分词性,如"叭叭呜",即可当作名词(汽车),又可当作动词(开汽车),把词组如"解放军叔叔"当作一个词来使用。以后在使用中逐步分化出修饰语和中心语、名词、动词等词性。

(3) 结构层次的分化。最初主谓不分(单词句、双词句),逐渐发展到出现结构层次分明的句子。

2. 句子结构从松散到逐步严谨

幼儿最初使用的单双词句只是一个简单的词链,不是体现语法规则的结构,出现包括主、谓、宾的简单完整句后,才初具结构框架。但句子各成分间相互制约不明显,话语会缺漏主要词类,词序紊乱。如"孙悟空头上的毛"意思是"孙悟空拔头上的毛"。

3. 句子结构由压缩、呆板逐渐扩展和灵活

幼儿最初的语句结构不能分出核心部分和附加部分,只能说出形式上千篇一律的、由几个词组成的压缩句。稍后能加上简单修饰语,之后加上复杂的修饰语,最后达到简单修饰语和复杂修饰语的灵活运用和语句中各种成分的多种组合。如:叭叭呜去北京——爸爸坐火车到北京——我爸爸坐火车到北京开会去了——幼儿园放假的时候,我准备和外婆乘火车到北京去玩。幼儿句法结构的发展在4~4岁半之间较为明显,5岁语句结构逐渐完善,6岁时水平显著提高。

(三) 句子含词量的增加

3~7岁是人的一生中词汇量增加最多、最快的时期,7岁时词汇量大约增长到3岁时的4倍。学前儿童的句子主要在10个词以内,4~6个词的句子占最大比例,3岁幼儿仍然较多使用4个词以下的句子。

第二章 不同阶段儿童语言的发展与教育

（四）语法意识的出现

幼儿掌握语法结构，主要是通过日常生活中的言语交往，模仿成人说话而进行的。幼儿的语法结构意识出现得较晚。幼儿由于反复的实际练习，形成了习惯，才建立起词与词之间联系的各种类型。他们并不去分析什么是名词、动词，以及各种词之间的关系。当幼儿能够在使用中逐步分化出修饰语和中心语、名词和动词等词性时，也还是不能叫出这些词类的名称。但是现代汉语有一些特点，有利于幼儿通过形成语言习惯掌握语法。这些特点如词和词序是比较固定的，汉语用不同的词而非词的形态变化来表示语法，像"正在说话"，"正在"说明说话时间，而不必改变"说话"的词形。又如汉语依靠固定的词序安排即能表示主语、谓语、宾语等的关系，像"我玩皮球"，不必依靠语法的复合形态变化来表示。

幼儿对语法的意识从4岁开始明显出现，有时候他们能提出有关语法结构的问题，逐渐发现别人说话中的语法错误。如幼儿听到别人说"知不道"，便提出异议，指出应该说"不知道"。他们只是凭语言习惯感到这种说法不顺耳，而不是基于语法知识去考虑问题。从理论上说，学习语法规律，对幼儿来说，既不必要，也有困难。

（五）语法发展的教育活动

在日常生活中，通过语言交往活动，能帮助幼儿用合适的语句表达自己的想法，进行语言交往，发展口语表达能力，潜移默化地使幼儿形成语法意识。

1. 在日常生活中培养幼儿清楚完整的表达能力

幼儿说话常常层次混乱，语不成句，无法按照一定的语法结构完整、连贯地叙述。要根据幼儿的发展水平，培养幼儿完整、连贯地表达自己意思的能力。如小班幼儿对妈妈说："妈妈，苹果"，成人就可指导他把话说完整，教孩子说："妈妈，我要吃苹果"，并让幼儿重复一遍。

2. 用口头造句的形式培养幼儿表达能力

口头造句是培养幼儿表达能力的主要方式之一，教师从口头造句开始，启发幼儿用合适的句子来表达自己的想法。如用"许多"一词造句，幼儿可以说"公园里有许多花"，但要纠正幼儿说"许多花"。经过反复练习、修正，能使幼儿渐渐明白什么是完整的语句，怎样说话能说得完整。

3. 用竞赛、游戏等多种形式提高幼儿说完整句、修饰句等不同句型的积极性

在幼儿已能说简单完整句的基础上，进一步要求幼儿复述故事、描述图片、讲述生活经历，把一件事情的过程完整、连贯地讲述清楚。此外，可以开展故事大王比赛、组词成句等游戏活动，提高幼儿讲述的兴趣。对于讲述中出现内容减少、前后颠倒、重复、遗漏等情况，教师要及时指正，对于不完整的地方，应适当加以补充。

四、前阅读能力的发展

（一）幼儿前阅读能力发展的特点

阅读是指看书报并领会其内容。真正意义的阅读是从读者的识字水平达到一定程度的自动化（熟练）开始的。虽然识字是阅读活动的最基本的要求，但幼儿在识字前，从言语来看，已经能够听懂别人的话或对别人说话；从感知来看，他们的形状知觉和颜色知觉已经有了初步的发展，能够感知一些基本的图形和一些常见事物的形状；从思维来看，已经开始能够理解直观画面的局部或整体的内容，并通过口头言语将其表达出来，因此，幼儿已经具备

了阅读能力，只是他们的阅读材料不是文字材料而是图画材料，阅读的方式除了自己看以外，还可以借助成人的帮助来阅读。可以说，这样的阅读活动，是真正意义的阅读活动的准备期，它的发展水平直接影响到进入小学后的真正意义的阅读能力的发展，因此，我们把它称为前阅读能力。

幼儿阅读内容主要是画报，因此，以画报为例，幼儿的阅读能力发展，大致经过三个阶段：

第一，分析阶段。这一阶段的儿童，由于生活经验不足和理解能力限制，他们对图画的理解往往是单个的、局部的，他们对图画内容的表达常常处在"给事物命名"阶段，即说出"这是什么，那是什么"。

第二，综合阶段。这一阶段的儿童，在第一阶段的基础上，开始把图上的内容经过组织后表达出来。从表达内容看，不再是对事物进行命名，而是能够表达图画中事物之间的联系，表达开始带有情境性。但他们的表达还不连贯，还不能准确而迅速地把看到的内容表达出来。

第三，分析综合阶段。在第二阶段的基础上，儿童阅读画报时，开始能够完整地理解画面的内容，能够把看到的和说出的统一起来，从而达到把看到并理解了的图画内容准确而迅速地说出来的程度。这一阶段的表达不仅具有情境性，而且具有连贯性，表现为流畅地表达的特征。

（二）早期阅读活动的开展

既然幼儿在言语、感知和思维方面已经具备阅读的心理条件，就有可能对幼儿进行阅读训练。因为阅读是获取知识的最主要途径之一，阅读能力的强弱，往往决定一个人一生的成就大小，而这种能力的个体差异却很大。研究表明，早期的阅读训练对阅读能力的培养有举足轻重的作用。由于儿童在早期阅读中往往要借助成人的帮助才能进行，亲子共读便成了早期阅读的主要方式。

1. 选择适龄的读物

（1）1~6个月。成人选择优美的诗文读给婴儿听，孩子虽然无法理解故事的意义，但在和谐的声调中，能感受到文学艺术作品的美和父母对他的爱。

（2）6个月~2岁。这一阶段的婴儿能看清东西，欣赏声音了，可选用图画鲜艳、句子押韵、节奏感强的儿歌及童谣等书籍。1岁儿童能欣赏单幅、不连贯的图画，插图要大而写实，内容是婴儿熟悉的事物。2岁儿童阅读处于命名期，喜欢问"这是什么?"色彩明朗、造型大而简单的看图辨物书比较合适。

（3）2~3岁。除延续上一阶段的内容外，可提供其他书籍。成人可以反复念同一体裁的内容以满足儿童的要求。另外，成人可向儿童介绍书本的结构，如封面、作者、阅读的顺序、方向等，培养儿童连续看东西的能力。

（4）3~5岁。3岁以后的幼儿，除了延续对儿歌、童谣的兴趣外，滑稽的内容也吸引了他们。他们充满好奇心，吸收力强，应选择各种类型、不同主题的书籍，以符合儿童的兴趣及需要。另外，父母要多给儿童表达的机会，训练他以看图、说故事的方式来自我表达，并适时给予鼓励，帮助孩子建立自信。

（5）5岁以后。5岁以后的幼儿，兴趣更加广泛，为他们选择的读物，无论是图画的内容，还是主题，都要复杂一些，如笑话、谜语、童话故事等，故事的内容不宜太浅，难度上可稍微超越幼儿的理解程度。

2. 以身作则培养家庭的阅读氛围

儿童喜欢模仿，如果父母爱读书，家中有各种书，儿童在耳濡目染中更容易对书产生感情。除此以外，还可以安排全家共同阅读的时间，为孩子布置一个专用的书柜，培养儿童良好的阅读习惯。

3. 读书给儿童听，唤起儿童的情感共鸣

成人念书给儿童听，对孩子来说是一件快乐的事情。在一念一听的亲子共读中，父母本身对图书产生的共鸣或感动等情绪，会自然地反映在声调中，对孩子产生深刻的影响。儿童此时所获得的快乐，随着年龄的增长，将扩大成对知识的探索。正因为如此，成人在念故事之前，应先了解内容，共读时全身心投入，在念故事时，不必作过多的解释。若时机不当，宁可以其他方式替代也不可敷衍了事。

4. 利用生活中的素材共读

亲子共读除了根据儿童的年龄、特性来选择读物外，还可以把平日的生活经验变成共读的素材，例如杂志、照片、报纸、说明书、广告单等都可以读给儿童听。把生活中的故事说给儿童听，谈论自己或孩子小时候的趣事，一起欣赏和讨论杂志上的照片或广告单上的作品，看图编故事。当孩子去旅游、看展览、参观动物园、上菜市场后，就会不知不觉地把自己的经验与书中事物联系起来，产生兴趣。

5. 善用故事录音

当成人无法亲自给孩子讲故事时，可以选择录音替代讲故事。有时也可以把儿童学习语言或和成人对话、念儿歌的声音录下来，也能造就另一种亲子共读的趣味。

6. 采用多种参与形式

亲子共读强调的是成人的参与，但参与的形式不限于"把孩子搂在怀中"的标准姿势，讲故事不一定要在每晚临睡前，也不一定要讲多长。可以一起读，也可以各读各的（感受彼此的存在与愉快的阅读气氛），有时还可以一起听录音、猜谜语，玩一玩语言游戏，聊一聊生活中的故事，这些都是非常温馨的。

思考与练习

1. 试述婴儿语言发展的各个阶段及主要特点。
2. 如何开展早期语言教育活动？
3. 观察某一年龄阶段儿童的语言发展状况，并进行记录和分析其语言特征。
4. 试述幼儿语音发展的主要特点和教育策略。
5. 试述幼儿词汇发展的主要特点和教育策略。
6. 试述幼儿语法发展的主要特点和教育策略。
7. 如何开展小班、中班、大班的早期阅读活动？

拓展阅读文献目录

[1] 教育部基础教育司.《幼儿园教育指导纲要（试行）》解读[M].南京：江苏教育出版社，2002.

[2] 张明红.学前儿童语言教育[M].上海：华东师范大学出版社，2001.

[3] 周兢，余有珍.幼儿园语言教育[M].北京：人民教育出版社，2004.

[4] 陈国眉.学前心理学[M].北京：人民教育出版社，1989.

[5] 周念丽，张春霞.学前儿童发展心理学[M].上海：华东师范大学出版社，1999.

[6] 祝士媛.学前儿童语言教育[M].北京：北京师范大学出版社，1995.

[7] 刘京花.儿童发展心理学[M].上海：华东师范大学出版社，1997.

[8] 朱曼殊.心理语言学[M].上海：华东师范大学出版社，1990.

第三章
幼儿园语言教育的目标、内容、方法和途径

▶ 情境导入

幼儿喜欢重复做同一件事，反复听同一个故事，这是幼儿的生理、心理特征所决定的。因为幼儿的感觉、思维、智力的最初发展需要较多的时间，需要不断的刺激。蒙台梭利说："如果反复进行练习，就会完善儿童的心理感觉过程。""反复练习是儿童的智力体操。"一个经典的故事，一个美好的情景，在幼儿那里是不排斥反复呈现的，更何况游戏、故事、仪式、活动等因其类型化的特征总是具有重复的形态意义。那么，如何在表面的重复中显示出精心设计的"不同"来？"小白兔"与"大灰狼"出现在小班、中班、大班的活动中会带给各自怎样不同的语言教育机缘？这是幼教工作者需要认真考虑的。

▶ 学习内容提要

幼儿园语言教育的总目标，在于培养幼儿倾听、表述、欣赏文学作品和早期阅读的能力。按照总目标，设立一定的分类目标和具体活动目标。教育内容必须依照教育目标来确定，在考虑幼儿心理发展、语言发展、语言经验的前提下选择专门性的语言教育内容和日常渗透性的语言教育内容。成功的教育方法很多，如示范模仿法、"视听讲做"结合法、游戏法、表演法、练习法等，可以根据园所的具体条件、幼儿的实际语言水平来调节使用。

▶ 学习目标

1. 掌握幼儿园语言教育的总目标、活动分类目标、年龄分类目标等。
2. 明确幼儿园语言教育内容选择的依据及结构定位。
3. 掌握幼儿园语言教育的一般方法和教育途径。

▶ 重点和难点

1. 按照不同年龄段幼儿的特点，制定相应的活动分类目标。
2. 在专门性的语言教育活动里为小班、中班、大班幼儿选择合适的故事教材。
3. 在日常、随机的各个环节中渗透语言教育内容。
4. 注意各种教育方法使用的针对性、综合性与适用性。

第一节 幼儿园语言教育的目标

学习目标

1. 掌握幼儿园语言教育的总目标。
2. 掌握幼儿园语言教育的活动分类目标及年龄分类目标。
3. 学习制定幼儿园语言教育的活动目标。

重点、难点
1. 掌握幼儿园语言教育的目标指向及在教学中的运用。
2. 学会分析教材,并按照各年龄段幼儿语言教学目标,学习制定教学活动目标。

学习提示与建议
1. 结合实例分析幼儿园语言教育的总目标、活动分类目标及年龄分类目标,帮助学生理解这些概念。
2. 联系一个具体的语言教学活动,分析活动目标与学前儿童语言教育年龄目标之间的关系。

教育是有目的、有计划地对受教育者施加影响,使他们在认知、情感、行为等方面发生变化的过程。幼儿园语言教育的目标,是幼儿园教育总目标的有机组成部分,是幼儿园语言教育的总纲。在幼儿阶段,通过语言教育,促使幼儿的语言有什么样的发展,获得什么样的效果,达到什么样的水平,这一预期的发展成果,就是幼儿园语言教育的总目标。幼儿园语言教育活动可分为谈话、讲述、听说游戏、早期阅读和文学作品学习五个方面,每项教育活动都有相应的目标,因此,幼儿园语言教育还需明确各教育活动的分类目标。同时,为了便于针对各年龄段儿童的特点开展语言教育,教育者还必须确立年龄分类目标。最后,当幼儿园教育根据各年龄段目标,选定语言教育内容,开展具体教学活动时,还必须针对具体的活动,设计语言教学活动目标,以指导教育者目标清晰地组织实施整个活动过程,使每个儿童通过每一次的语言教育活动都能获得提高和发展。

一、幼儿园语言教育的总目标

幼儿园语言教育的总目标,是幼儿园语言教育总的任务要求,是对幼儿经过幼儿园语言教育所期望的最终结果。教育部颁布的《幼儿园教育指导纲要(试行)》(以下简称《纲要》)中对语言领域提出了以下目标:一是乐意与人交谈,讲话礼貌;二是注意倾听对方讲话,能理解日常用语;三是能清楚地说出自己想说的事;四是喜欢听故事、看图书;五是能听懂和会说普通话。

理解《纲要》的语言教育目标,我们可以把幼儿园语言教育总目标划分为四个大方面,即倾听、表述、欣赏文学作品和早期阅读,并且从以下几个方面对幼儿实施教育。

第一,养成幼儿注意倾听的习惯,发展他们的语言理解能力。倾听是儿童感知和理解语言的行为表现。就幼儿的语言学习和发展而言,倾听是不可缺少的一种行为能力,良好的倾听行为习惯的养成也是从学前期开始的。只有懂得倾听、乐于倾听并且善于倾听的人,才能真正理解语言的内容、语言的形式和语言运用的方式,掌握与人进行语言交流的技巧。因而在幼儿阶段,培养儿童的倾听行为是十分重要的。我国现有的幼儿语言教育的研究表明,在以往的幼儿语言教育实践中,有关倾听行为的培养尚未得到应有的重视,因此,有些儿童不善于倾听,这就会影响他们在人际交往时对语言的理解水平,同时也影响了他们其他语言能力的发展。幼儿园语言教育对幼儿倾听行为的培养,重点应当在对语音、语调的感知和对语义内容的理解上,通过教育培养他们具有几种倾听技能:有意倾听,集中注意地倾听;辨析性倾听,分辨不同内容的倾听;理解性倾听,掌握倾听的主要内容,联系上下文意思倾听等。

第三章 幼儿园语言教育的目标、内容、方法和途径

第二,鼓励幼儿大胆、清楚地表达自己的想法和感受,尝试说明、描述简单的事物或过程,发展思维能力和语言表达能力。以一定的语言内容、语言形式以及语言运用方式表达和交流个人观点的行为,是幼儿语言学习和语言发展的主要表现之一。只有懂得表述的作用、愿意向别人表述自己的见解,并且具备表述能力的人,才能真正与人进行语言交际。因而,表述行为培养是幼儿语言教育目标的重要组成部分。幼儿表述能力发展的重点主要在于学习正确恰当地用口语表述,从语音、语法、语义以及语用四个方面掌握母语的表达技能,由简到繁、由短到长地提高表达水平。同时,掌握个人独白、集中讲述、对话交谈等不同的表达方式,使幼儿学会在不同的情景场合用语言表达自己的感受和认识,成为流畅的语言使用者。

第三,引导幼儿接触优秀的儿童文学作品,使之感受语言的丰富和优美,并通过各种活动帮助幼儿加深对作品的体验和理解。文学作品是语言艺术的构成,它带有口头语言的特点,却又不同于口头语言,它是艺术语言的集合体,对幼儿的语言学习具有特别的意义。幼儿在学习文学作品中形成的综合语言能力,能够增强他们对语言核心操作能力的不同层次的敏感性。如对语词排列的敏感性,对通过语句变化造成优美动听效果的敏感性,对不同情境中语言运用的敏感性等。因此,我们要尽可能地给幼儿创造学习童话、故事、儿歌、儿童诗、儿童散文等各种文学作品的机会,培养幼儿较好地理解文学作品,初步感知不同类型文学作品的特点和构成,引导他们想象文学作品创设的情景,感受理解作品里各种人物的个性和情感特征,并且能够运用叙事性的语言进行表达。

第四,培养幼儿对生活中常见的简单标志和文字等的兴趣。利用图书、绘画和其他多种方法,引发幼儿对书籍、阅读和书写的兴趣,培养阅读和前书写技能。这种要求绝不等同于一般的认字和写字。幼儿教育工作者必须清醒地认识到,汉字不是这个阶段早期阅读的最终目标。早期阅读的主要要求是帮助幼儿从口头语言向书面语言过渡的前期阅读和前期书写准备。其中包括知道图书和文字的重要性,愿意阅读图书和辨认汉字,掌握一定的阅读和书写的准备技能等。尽管在幼儿阶段,儿童尚不需要具备真正意义上的阅读和书写能力,但在口头语言向书面语言过渡的时期,他们有必要认识口语和文字的对应关系,有必要掌握看懂图书的基本技能,有必要初步辨认、理解自己的名字等常见文字,有必要做好进入小学的书写姿势、书写技能的准备。因此,培养幼儿的早期阅读能力,也就成为幼儿园语言教育目标的组成部分。

二、幼儿园语言教育的活动分类目标

幼儿园语言教育的活动包括谈话活动、讲述活动、听说游戏、早期阅读和文学作品学习活动五个方面,每一项学习活动都有其特定的学习目标,这些教育活动的分类目标,涵盖了幼儿园语言教育的总目标。

(一)谈话活动目标

谈话活动是培养幼儿在一定范围内运用语言与他人进行交流的语言教育活动类型,谈话活动的目标主要有以下三个方面。

第一,帮助幼儿学会倾听他人的谈话,逐步掌握几种倾听技能。在谈话活动中,要求幼儿能安静地倾听别人的谈话,不随意打断别人的讲话,养成主动积极、集中注意、耐心、有礼貌地倾听的习惯;要求幼儿从倾听中分辨说话人声音的特点以及声音所表现的不同情绪;

要求幼儿在倾听时迅速掌握别人说话的主要内容，能够从中捕捉到有效的语言信息，从而更好地理解谈话内容。

第二，帮助幼儿学习围绕一定的话题谈话，充分表达个人见解，培养幼儿的口语表达能力。要求幼儿在谈话活动中学习说普通话；积极参与谈话活动，体验与他人交流的乐趣，帮助幼儿学习沿着中心话题谈话，不跑题。

第三，帮助幼儿学习运用语言进行交流的基本规则，提高幼儿的语言交往水平。要求幼儿学会用适当角色的语言进行交谈，帮助幼儿学会用轮流的方式进行交谈；此外，还应引导幼儿学习用修补的方法延续与他人的谈话。

（二）讲述活动目标

讲述活动是以幼儿语言表述行为为主的语言教育活动类型。在讲述活动中应着重培养幼儿以下三方面的能力。

第一，培养幼儿感知、理解讲述对象的能力。要求幼儿根据教师提出的讲述要求，通过仔细观察，综合运用分析、判断、想象、推理等多种思维方式去汲取信息，把握讲述的内容，以便为按照主题内容说话做好准备。

第二，培养幼儿独立构思与清楚完整表述的能力。要求幼儿在集体场合自然大方地讲话；使用正确的语言内容和形式进行讲述；学习有中心、有顺序、有重点地讲述。

第三，帮助幼儿掌握语言交流的情绪控制、调节技能。要求幼儿在学习运用语言与他人交往的过程中，不断提高对交往场合各种因素关系的敏感性，包括对听者特征的敏感性，对语境变化的敏感性，以及对听众反馈的敏感性。

（三）听说游戏目标

听说游戏是采用游戏的方式开展的语言教育活动。这类活动的语言教育目标主要表现为以下三个方面。

第一，帮助幼儿在游戏中按照一定规则进行口语表达练习。要求幼儿听懂教师的规则讲解，听懂游戏的指令，准确把握和传递有细微区别的信息。

第二，在听说游戏中提高幼儿积极倾听的水平。听说游戏为幼儿提供的是一种不同于其他语言学习的场合，幼儿在参与学习时更具有主动性和自主性，因而有利于他们积极倾听水平的提高。

第三，培养幼儿在语言交往中的机智性和灵活性，锻炼幼儿迅速领悟语言规则的能力，迅速调动个人已有的语言经验编码的能力，以及迅速以符合规则要求的方式表达的能力。

（四）早期阅读活动目标

幼儿园的早期阅读活动，是帮助幼儿接近书面语言的教育过程，这种活动着重从三个方面培养幼儿学习书面语言的行为。

第一，提高幼儿学习书面语言的兴趣，要求幼儿热爱书籍，养成自觉阅读图书的良好习惯，同时引导他们乐意观察各种符号，产生对文字的好奇感和探索愿望。

第二，帮助幼儿初步认识书面语言和口头语言的对应关系，懂得书面语言学习的重要性。

第三，帮助幼儿掌握早期阅读的技能，其中包括观察、模拟书面语言的能力，预期的技能和自我调适的技能。

第三章　幼儿园语言教育的目标、内容、方法和途径

(五) 文学作品学习活动目标

文学作品学习活动是通过欣赏文学作品来学习语言的语言教育活动类型。文学作品学习活动目标也包括以下三个方面。

第一，要求幼儿积极参加文学活动，乐意欣赏文学作品，知道文学作品有童话故事、诗歌和散文等体裁。

第二，帮助幼儿感受文学作品的语言美，培养他们对艺术语言的敏感性。

第三，要求幼儿理解文学作品内容，学习用语言和非语言的表现方式表达自己对某个文学作品的理解。此外，还要求幼儿根据文学作品所提供的线索，进行创造性想象，并用口头语言表达自己的经验和想象。

三、幼儿园语言教育的年龄分类目标

幼儿园语言教育所要达到的总目标是需要经过幼儿园在3年的语言教育一步一步地落实到不同年龄儿童身上的，因此，总目标中的内容，在不同年龄的幼儿身上应有不同的要求和体现，这样才能在教育实践中循序渐进地促进儿童的语言发展。在教育过程中，常常将幼儿园语言教育的年龄分类目标与不同类型语言教育内容结合在一起，以便教育工作者在计划某一学期的教育工作时有参照指标。

(一) 小班幼儿的语言教育目标

第一，谈话活动。学会安静地听同伴说话，不随便插嘴；喜欢与同伴交谈，愿意在集体面前讲话；能听懂并愿意说普通话；在教师的引导下，学习围绕主题谈话，能用短句表达自己的意思；初步学习常用的交往语言和礼貌用语。

第二，讲述活动。能有兴趣地运用各种感官，按照要求去感知讲述内容；理解内容简单、特征鲜明的实物、图片和情景；愿意在集体面前讲述；能正确说出讲述内容的主要特征或主要事件；能安静地听老师或同伴讲述，并用眼睛注视讲述者。

第三，听说游戏。乐意参加游戏活动，在游戏中大胆地说话；发准某些难发的音，初步掌握方位词及人称代词，学习正确运用动词；在游戏中尝试按照规则运用简单句说话；养成在集体活动中倾听别人讲话的习惯，能听懂并理解较简单的语言游戏规则。

第四，文学作品学习活动。喜欢欣赏文学作品，愿意参加文学活动，对文学作品的语言感兴趣；能初步感受文学作品的语言美，知道故事、诗歌和散文是不同体裁的文学作品；学习理解文学作品的情节内容或画面情节，能用语言、动作、表情等方式表达自己对文学作品的理解；在文学作品的原有基础上扩充想象，仿编诗歌、散文中的一句或续编故事结尾。

第五，早期阅读活动。喜欢看书，知道看书的基本方法，能初步看懂单幅儿童图画书的主要内容；能用口头语言将儿童图画书的主要内容说出来，开始感受语言和其他符号的转换关系；对文字感兴趣，能在成人的启发下认读最简单的文字；在活动中以描图画的方式练习基本笔画。

(二) 中班幼儿的语言教育目标

第一，谈话活动。能集中注意力，耐心倾听别人谈话，不打断别人的话；乐意与同伴交流，能大方地在集体面前说话；能说普通话，较连贯地表达自己的意思；学会围绕一定的话题谈话，不跑题；学会用轮流的方式谈话，不抢着讲，不乱插嘴；继续学习交往语言，提高语言交往能力。

第二，讲述活动。养成先仔细观察后表达讲述的习惯；逐步学会理解图片和情景中展示的事件顺序；能主动地在集体面前讲述，声音响亮，句式完整；学习按照一定的顺序讲述实物、图片和情景的内容；能积极地倾听别人的讲述内容，发现异同，并从中学习好的讲述方法。

第三，听说游戏。在游戏中巩固练习发音，正确运用代词、方位词、副词、动词、连词和介词等；能说简单而完整的合成句；能听懂并理解多重游戏规则；学习较迅速地领悟游戏中的语言规则，并能及时作出相应的反应。

第四，文学作品学习活动。喜欢不同形式的文学作品，主动积极地参加文学活动；知道文学作品语言与日常生活语言的不同，进一步感受文学作品的语言美；学习理解文学作品的人物形象，感受作品的情感基调，能运用较恰当的语言、动作、绘画形式表现自己的理解；能根据文学作品提供的线索，扩展想象，仿编或续编一个情节或一个画面。

第五，早期阅读。能仔细观察图画书画面的人物情节、看懂单页多幅的儿童图画书的内容，增强预知故事情节发展和结局的能力；懂得爱护图书，知道图书的构成，有兴趣模仿制作图画书；在阅读过程中初步了解汉字的由来和汉字认读的规律，并有主动探索汉字的愿望；喜欢描画图形，尝试用有趣的方式练习汉字的笔画。

(三) 大班幼儿的语言教育目标

第一，谈话活动。能主动、积极、专注地倾听他人谈话，迅速掌握别人谈话的主要内容，并从中获取有用的信息；能主动用普通话与同伴交流，态度自然大方；能围绕主题谈话，会用轮流的方式交谈，并能用恰当的语言表达自己的情感，与同伴分享感受；逐步学会用修补的方法延续谈话，进一步提高语言交往水平。

第二，讲述活动。通过观察，理解图片、情景中蕴含的主要人物关系和思想情感倾向；能有重点地讲述实物、图片和情景，突出讲述的中心内容；在集体面前讲话态度自然大方，能根据场合的需要调节自己讲话的音量和语速；讲话时语言表达流畅，不中断，用词用句较为准确。

第三，听说游戏。在游戏中学习正确运用反义词、量词和连词等，并能说完整的复合句；养成积极倾听的习惯，迅速把握和理解游戏中较为复杂的多重指令；不断提高幼儿倾听的精确程度，正确掌握和传递有细微差别的信息；在游戏中按照规则调动个人已有的语言经验编码，并进行迅速的语言表达。

第四，文学作品学习活动。乐意欣赏不同体裁、不同风格的文学作品，在文学活动中积累文学语言，并尝试在适当场合运用；在理解文学作品人物、情节或画面情景的基础上，学习理解作品的主题或感受作品的情感脉络；初步感知文学作品语言和结构的艺术表现特点，开始接触文学作品的艺术语言构成方式；依据文学作品提供的想象线索，联系个人已有的经验扩展想象，并创造性地进行表述。

第五，早期阅读活动。能与同伴合作制作图画书，进一步了解图画书的构成；知道图画书中的画面与文字的对应关系，开始有兴趣地阅读图画书中简单的文字；积极学认常见的汉字，进一步了解汉字认读的规律，提高观察模拟的能力，并能注意在生活中运用已获得的书面语言；掌握基本的书写姿势，在有趣的图形练习中做好书写的准备。

将语言教育目标分解为不同的要求，形成对每一年龄阶段儿童逐步提高要求的具体目标，这是年龄阶段目标的一个特点。年龄阶段目标的另一个特点，是儿童语言发展指标和相关学科知识的融合。这就促使我们将语言教育目标贯彻到儿童所学的学科知识中。换言之,语言教育目标为儿童语言方面的发展规定了具体的发展方向,在每一年龄阶段的目标中,对幼儿掌握知识、获得能力提出了一定要求,期望通过这个阶段的学习,使他们的语言在原有水平的基础上再提升到一个新的高度。

四、幼儿园语言教育的活动目标

幼儿园教育的总目标和年龄阶段目标一般由专门的机构制定。一些国家或地方以法律条文制定了统一标准。而幼儿语言教育的具体活动目标一般由教师自己制定,它是指某一具体的教育活动中要达到的目的。有时候,具体活动目标是一次活动要完成的任务,但也可能是一组相近的活动或一个主题系列活动的目标,它们使具体的教育内容紧密地联系在一起。

无论是哪一种活动,教育活动目标都应成为教育活动的龙头,在目标的指导下,选择合适的内容及相适应的活动方式等,最终使学前儿童语言教育活动能够达到预期的目的,产生良好的效果。

(一) 制定教育活动目标的原则

制定语言教育活动的目标,是语言教育活动设计中最重要的一环,它的恰当与否,将对整个活动设计产生决定性的影响,包括影响活动设计的方向、范围和程度。但是长期以来,学前儿童教育中普遍存在只有内容没有目标,或者先选择内容后制定目标的现象,使教育出现了极大的盲目性。因此,要使学前儿童语言教育活动能够达到预期的目的,产生良好的效果,就要制定好活动目标。

为了使语言教育活动的目标能够起到龙头作用,教师在制定活动目标时应该遵循以下原则:

第一,目标应着眼于学前儿童的发展。这里包含着两层意思:一是目标的制定应适应学前儿童已有的发展水平,符合学前儿童语言发展的规律。二是目标的制定应将促进学前儿童的语言发展作为落脚点。教师在设计语言教育活动时,将会考虑多种内容和多种形式的参与,但不论怎样,从目标意识上应将促进学前儿童的语言发展作为最终的落脚点。具体说,就是要落实到学前儿童对语言内容、语言形式和语言技能的掌握上。否则,将有可能使语言教育活动变异而成为其他类型的活动。

第二,活动目标的内容和要求,在方向上应与总目标、年龄阶段目标相一致。也就是说,活动目标要为阶段目标和终期目标服务,总目标和年龄阶段目标要通过一个个具体的活动目标落实在每个学前儿童身上。从理论上看,应该形成这么一种态势,即若干个活动目标的积累,便构成了阶段目标和终期目标,每一项活动目标的实现,都是向着阶段目标时,就要根据学前儿童的年龄特征和发展水平,注意由浅到深、循序渐进地提出目标,使学前儿童从具体到抽象、从直接到间接地获得语言经验。

第三,目标的内容应包含认知、情感态度和能力三个方面。也就是说,第一方面应涉及知识概念的学习,包括所获得知识的数量和种类,以及操作这些知识的技能和能力。例如要学前儿童掌握多少词汇,掌握多少句式,以及懂得在什么样的语境下运用这些词汇和句法。第二方面应涉及情感态度的培养,包括兴趣、态度和价值观等方面的变化。例如要使学前儿童持有耐心而礼貌地倾听别人说话的态度,产生在集体面前讲述自己经历的事和图片内容的兴趣,懂得并遵守语言交往中的一般规则。第三方面应涉及能力的训练,包括组词成句的能力和在具体语境中运用语言的能力。例如：能根据不同的听者、不同的情境，恰当地运用有关的词汇、语法和语调；能用连贯的语句说清楚自己所要表达的意思，也能听懂别人所表达的意思。

第四，语言教育活动目标的表述应该采用特定的术语。教育活动目标通常可以用儿童学习行为的变化进行表述。例如"通过不同的途径理解图中的情节"（学习行为变化的特定结果）"制作一本加上自己续编部分的《老鼠种萝卜》"（学习行为变化过程）"清楚连贯地谈论自己过生日的情景，表达自己的愉快心情"（学习行为变化的不同结果）等。一个恰当的目标应能成功地向别人表达教师的教育意图，应便于观察者在活动后通过学前儿童的行为变化加以评价。

（二）语言教学活动制定方案分析

1. 小班谈话活动"小鸟问好"教学活动目标

（1）初步学习不同的时段要用不同的问候语：早上好、中午好、晚上好；

（2）愿意在集体面前问候老师和小朋友；

（3）体验与人交往带来的愉悦情感。

小班幼儿在成人的引导下已能与他人相互问好，但问候语一般比较简单，不懂得早上、中午、晚上还需要不同的问候语。根据小班幼儿谈话活动目标之一"初步学习常用的交往语言和礼貌用语"，选择了小班谈话活动"小鸟问好"开展教学。在制定教学活动目标时，根据教学目标要体现认知、情感、能力三个方面结合的原则，第一个目标是从认知层面提出的，第二个目标是从能力培养的层面提出的；第三个目标是从情感方面提出的。通过此次谈话活动，借助诗歌让幼儿学习在不同时段用不同的问候语，大胆在集体面前向老师和同伴问候，激发幼儿学做一个有礼貌的孩子。

附诗歌

小 鸟 的 歌

喳喳喳，喳喳喳，
早晨，小鸟唱：
树妈妈，早上好！
喳喳喳，喳喳喳，
中午，小鸟唱：
树妈妈，中午好！
喳喳喳，喳喳喳，
晚上，小鸟唱：
树妈妈，晚上好！

2. 小班故事欣赏《爱吃糖的老虎》教学活动目标

（1）喜欢听故事，理解故事内容，能大胆地想象狐狸对付老虎的办法。

（2）懂得要经常刷牙，少吃甜食，保护牙齿。

小班文学作品学习活动的目标中提出喜欢欣赏文学作品，对文学作品中的语言感兴趣；

第三章 幼儿园语言教育的目标、内容、方法和途径

学习理解文学作品的情节内容，能用语言、动作、表情等方式表达对文学作品的理解。依据以上目标，选择童话故事《爱吃糖的老虎》开展教学活动。这个童话故事以小猫想出对付老虎的办法展开情节，情节简单有趣，能给孩子一个想象空间，又符合小班幼儿的思维水平。故事中贪吃糖的老虎形象和孩子们有共性，孩子们能从贪吃糖的老虎身上看到自己的影子，通过老虎的牙齿因为贪吃糖而脱落这一情节，把孩子不要贪吃的道理蕴含在故事中，简单、易懂又形象生动，非常适合小班幼儿的学习。在制定活动目标时，整合了情感和能力目标为教学活动的第一个目标；把认知目标作为第二个目标，通过故事教学让幼儿懂得不能贪吃，同时知道要少吃甜食，经常刷牙，保护牙齿。

附故事

爱吃糖的老虎

在很久很久以前，有个森林王国，王国里有只爱吃肉的老虎，所以动物们给他起了个外号，叫"吃肉虎"。他还有个嗜好，那就是爱糖如命。

一个风和日丽的日子，一只小兔子提着小竹篮，上山去采蘑菇。她一路蹦啊，跳啊，浑然不知她早已被"吃肉虎"给盯上了。小兔子走啊走，忽然觉得背后有一个黑影，"谁在跟踪我？"她心里一紧张，没了底，就跑了起来。但不幸的事还是发生了……

警长小熊听到这个消息后，立马着手调查，发现是老虎干的"好事"，马上就去禀报国王。国王为这事整整三天三夜没合眼，可还是想不出个两全其美的办法来。第四天，警长小熊告诉国王：离城堡10里外住着一只小猫，他非常聪明。小熊对国王说："要不，请他来试一试？""好吧，就让他来试一试吧！"国王迟疑了半天，勉强地答应了。小猫在警长小熊的陪同下进了城堡。果然，他很快就想出了锦囊妙计。

小猫让士兵把一大盒别致的糖果送给老虎，并叮嘱他晚上吃，味道更佳。老虎果真每天晚上吃上个两三颗。十几天过去了，老虎躺在床上不停地叫着："哎哟，哎哟，牙齿痛死了！"

小猫听到这个消息后，一蹦三尺高，立马带上老虎钳赶到老虎那儿。老虎见了，忙说："小猫啊，求求你，快点帮帮我吧！……哎哟，痛死我了！""好吧，张开嘴巴，我来帮你，很快就不疼啦。"小猫"安慰"着老虎。老虎一张嘴，一股臭味扑面而来。小猫捂着鼻子把老虎钳伸进老虎的嘴里，"咯吱、咯吱……"一口气把老虎的牙齿拔了个精光。

老虎不再感到牙疼了，但他再也不能吃肉了，后悔地说："我真不该吃小动物……唉！我的牙呀！"

3. 中班讲述活动"好心的风娃娃"教学活动目标

（1）学习有序地观察图片（见图3-1），理解图片中风与船、风筝、火之间的关系；
（2）根据图片内容自由想象，并学习互相讨论，共同解决问题；
（3）乐意参与讲述活动，并能声音响亮地在集体面前表达自己的想法。

图 3-1 《好心的风娃娃》教学图片

根据中班幼儿讲述活动的目标中提出的逐步学会理解图片中展示的事件顺序、学习按一定的顺序讲述图片内容的目标，结合中班幼儿的年龄特点和认知水平，选择以上四幅图片作为讲述活动的学习内容。

中班幼儿各方面能力都有一定的发展，他们都非常热心，愿意帮助别人，但他们毕竟年龄小，情绪情感具有直接、易冲动、易受感染的特点，缺乏知识经验，所以不具备根据实际情况有针对性地做好事的能力。看图讲述"好心的风娃娃"教学活动，通过风娃娃的故事，让幼儿有序地观察图片，理解一些事物之间的关系，大胆地鼓励幼儿想象，说出自己的感受，巧妙地引导幼儿讨论，让幼儿学会倾听别人的讲述，层层深入使幼儿知道做任何事情都要动脑筋，不然好心也可能办坏事，为幼儿今后的成长作有效的铺垫。根据教学目标制定的原则，第一个为认知培养目标，通过讲述活动了解某些事物之间的关系；第二个为能力目标，根据图片内容想象，学习讨论，与同伴协商，共同解决问题；第三个是对讲述活动的情感培养。

4. 大班童话故事《一张单子》教学活动的目标

（1）喜欢欣赏故事，初步感受故事所表现的幽默诙谐的风格；
（2）通过故事学习，懂得做事要有计划性但不能过于死板；
（3）学习按情节发展分析问题，并能用较连贯的语言大胆表述自己的想法。

大班孩子对文学作品的欣赏已积累了初步的经验，根据文学作品学习活动目标，应该让他们欣赏不同体裁、不同风格的文学作品。美国的多贝尔所写的童话故事《一张单子》具有幽默诙谐的风格，是一个启智的故事，它向我们展示了一个做事认真但缺乏灵活应变能力的蛤蟆形象。作品通过人物性格特征和故事的情节发展，向我们提出了许多值得思考的问题，有助于拓展幼儿的生活经验。因此，制定以下三个目标：第一，喜欢欣赏故事，并初步感受故事所表现的幽默诙谐的风格，是从对文学作品的情感以及理解能力的角度制定的；第

第三章 幼儿园语言教育的目标、内容、方法和途径

二,理解故事内容,懂得做事要有计划性,但不能过于死板,是通过这个故事让孩子们懂得道理,可以说是一个认知目标;第三,学习按情节发展分析问题,并能用较连贯的语言大胆表述自己的想法,是从幼儿学习文学作品的能力角度提出的。

附童话故事

<h3 style="text-align:center">一 张 单 子</h3>

一天早晨,蛤蟆坐在床上,自言自语地说:"今天,我有好多事情要做,我想最好是将它们用笔记在纸上,这样就不会忘记了。"

蛤蟆拿了一张纸,写上:今天要做的事。又接着写:起床。他又对自己说:"我已经做完这件事了。"于是用笔划掉"起床"。接下去他在纸上写了以下要做的事:

吃早饭

穿衣

去青蛙家

和青蛙散步

吃中饭

睡午觉

和青蛙做游戏

睡觉

"好吧!"蛤蟆说,"现在我记下了要做的事。"

蛤蟆起床后,随便吃了点早点,他就用笔划掉"吃早饭"。

蛤蟆从衣柜里取出衣服穿上,他用笔划掉"穿衣"。

蛤蟆将单子放在口袋里,开门走出,不一会儿到了青蛙家,他就取出单子,划掉"去青蛙家"。

蛤蟆敲门。青蛙出来开门,说:"你好!"

"看,这是我的一张单子,今天我要做的事都记在上面了。"

青蛙说:"哦,这个做法很好。"

"现在我的单子告诉我,我们应该去散步。"

青蛙说:"好,我们走吧!"

蛤蟆和青蛙散了一会儿步。蛤蟆从口袋里取出单子,划掉"和青蛙散步"。

这时,一阵狂风吹走了蛤蟆手中的单子,越吹越高。

蛤蟆喊叫着:"快帮忙,我的单子吹走了!没有单子我怎么办呢?"

青蛙说:"快!我们一起去抓。"

蛤蟆叫着说:"那不行,我不能去。"

青蛙问道:"为什么?"

蛤蟆哭着说:"单子上没有写这件事,所以我不能做。"

青蛙听了,就独自去追那张被风吹走的单子。他越过池塘,跳过土堆,但是单子越吹越远。最后,青蛙只能跑回来告诉蛤蟆:"对不起,我没有找回你的单子。"

蛤蟆说:"真倒霉!我已经记不住我在单子上写了些什么要做的事。看来,我只能坐在这里,什么事也不做了。"

蛤蟆空坐着，什么事也不做。青蛙说："蛤蟆，天快黑了，我们应该睡觉了！"

蛤蟆一听，说："睡觉！这是我单子上的最后一件事！"于是，他拾了一根树枝，在地上写了"睡觉"两字，紧接着又划掉了"睡觉"。蛤蟆又说："好吧！现在我将我一天的最后一件事划掉了，我一天的事都做完了。"

青蛙接着说："那这样就行了。"

蛤蟆和青蛙就开始睡觉。

通过这几个案例，我们可以看到具体活动目标与语言教育的总目标、内容目标、年龄阶段目标应是一致的。应当说，具体活动目标是为年龄阶段目标、语言教育目标服务的，是总目标和年龄阶段目标的最终分解和具体化，语言教育正是通过每一个具体活动落实到幼儿身上。因此，具体活动目标的积累便构成了年龄阶段目标，乃至语言教育目标。每一次具体活动目标的实现，都向完成年龄阶段目标和语言教育目标迈进了一步。

从目标的层次分析中，我们应当认识到，在幼儿语言教育目标落实到每个幼儿的过程中，有几个关键问题是必须注意的：一是如何将一个高层次目标准确地转化为多个低层次目标。二是在教育实践过程中，教师如何把握各个层次教育目标的内涵以及相互间的关系。三是教师如何根据目标来选择相应的教育内容，确定恰当的教育方法，从而确保目标的实现。

在以往的幼儿语言教育工作中，曾存在不同层次教育目标相互脱节的问题，也曾出现过忽略教育目标而随意选择教育内容、方法的弊端。上述问题必须引起学前教育工作者的重视。我们有必要加深对教育目标的理解，从根本上解决存在的问题。

第二节　幼儿园语言教育的内容

学习目标

1. 明确幼儿语言教育内容的依据及结构定位。
2. 理解什么是专门的语言教育内容，理解谈话、讲述、文学作品欣赏及早期阅读的具体内容。

重点、难点

1. 把握幼儿园语言教育内容的选择依据及结构定位。
2. 学习按专门的语言教育内容要求为小班、中班、大班幼儿选择合适的故事教学教材。

学习提示与建议

1. 掌握幼儿语言教育内容的选择依据及结构定位。
2. 掌握在日常生活中如何渗透语言教育内容。

幼儿园语言教育的内容是语言形式、语言内容、语言运用的总和，是将幼儿园语言教育新的目标转化为幼儿语言能力发展的桥梁。幼儿语言学习的内容是由幼儿语言教育目标的各部分、各方面转换而来的，是实现语言教育目标的手段，是幼儿教师组织教材设计和实施语言教育活动的主要依据。可以说，学前儿童语言教育的基本任务就是促进幼儿语言的发展，提高幼儿运用语言的能力。因此，在幼儿园语言教育中，我们应当为幼儿提供尽可能丰富的语言环境。一方面要提高幼儿日常交往语言的水平，锻炼幼儿在今后不同场合、不同情况下使用不同的语言的能力，同时能够对艺术语言也具有一定的敏感性；另一方面要在促进幼

第三章 幼儿园语言教育的目标、内容、方法和途径

口头语言发展的同时,帮助他们做好学习书面语言的准备,从而在早期形成完整的、良好的语言能力。在幼儿主动习得语言的过程中施加教育影响,也就是进行语言教育,以使幼儿为今后学会学习和广泛的交往打下良好的基础。为此,学前儿童语言教育的内容可分为以下几部分:一是帮助儿童学习本民族的语言符号系统,在我国主要指现代汉语(普通话)的语音、词汇、语法及表达方式等;二是帮助儿童学会运用语言,其中包括语言的功能、言语交际规则等,也包括语言运用能力的实践训练。此外,由艺术语言构成的文学作品也是学前儿童语言教育的一项重要内容。总之,学前儿童语言教育内容既要贯彻社会对儿童发展的要求,又要反映出语言理论研究的最新成果,更要符合儿童本身获得语言和语言发展的规律。

一、确定幼儿园语言教育内容的依据

幼儿园语言教育内容的确定有一定的依据,要符合一定的规律。一方面要体现教育内容是为实现教育目标服务的,因此语言教育内容应该根据教育目标来选择;另一方面语言教育是为了促进儿童的语言发展服务的,因此语言教育内容还应该根据学前儿童心理发展及语言发展的特点及其规律来选择。

(一) 根据学前儿童语言的教育目标确定教育内容

学前儿童语言教育的目标是对学前儿童进行语言教育的具体方向,是学前儿童语言发展应达到的水平和标准。因此,学前儿童语言教育内容必须依据学前儿童语言教育的目标来确定,这样,才能有针对性地开展各年龄段的语言教育,使学前儿童的语言能更好地得到发展。

根据语言教育目标确定教育内容的原则,首先要求把教育目标中的各部分、各方面要求转换为儿童学习语言的内容,使儿童通过多种多样的学习获得语言经验。这些内容有些是专门为学习语言而设计的,有些则是在其他活动中将语言教育内容渗透其中的。无论何种方法,教师选择的活动内容最直接的参照点是活动目标,但需要将总目标和年龄阶段目标作为间接的参照点,否则将有可能偏离总的方向。根据目标选择内容并不是说目标和内容必须一一对应,实际上,一项目标往往要通过多种内容来达到,一种内容也可以同时体现几项目标的要求。例如:要求学前儿童学习有中心、有顺序、有重点地讲述,这样一项关于讲述的目标,就要通过多种活动内容来实现。

幼儿语言教育的总目标分四个部分——倾听、表达、欣赏文学作品和早期阅读等行为的培养,也就是培养语言的理解能力和表达能力。幼儿的语言能力是在语言形式(语音、词汇、语法)、语言内容(语言所表达的关于认知、情感、态度方面的意义)和语言运用(语言功能、语言情境)三方面交互作用的过程中逐渐发展起来的。语言理解和语言表达在发展过程中是相辅相成、相互促进的。因此,在确定幼儿语言教育内容时,要对语言理解能力和语言表达能力以及它们在语言形式、语言内容和语言运用过程中如何发展、如何提高进行具体分析,并把它们作为语言教育内容的重点、难点在教育过程中给予突出与强调。例如在文学作品学习中,儿童通过欣赏作品内容了解作品的主要情节、作者的思想感情脉络,理解其中的意思,并会用语言进行表述。在这个过程中,语言形式、语言内容和语言运用三个方面是交织在一起的。然而并不是每一次文学作品的学习都包含各个要素的,还要根据不同年龄段儿童的学习能力来决定。如当成人为婴儿朗读文学作品时,婴儿能用一些声音表示愉快的情绪,对成人作出反应,2~3岁儿童在欣赏文学作品时,则能用口语采用问答法与成人

进行简单的交流，而后者正是在前者的基础上发展起来的。

又如："表述"目标中，有"乐意与人交谈"并"积极主动地发起与人交谈"的要求，在婴儿期成人就要经常和孩子进行"对话"，激发婴儿与人咿呀交流的兴趣。随着儿童会开口说话，儿童的交往能力也逐渐发展起来，"表述"的目标得以在"积极主动地发起与人交流"中得到落实。然而，"表述"的能力不是短时间内能具备的，而是通过多种语言教育内容，在教师为儿童安排的日常生活、学习活动、游戏活动的各个环节中逐渐培养起来的。教师要精心设计与组织教学活动，使儿童在各种交往情境中得到自然的练习，从而积累丰富的交往经验。

（二）根据学前儿童心理发展的特点选择教育内容

学前儿童心理发展的突出特点是情绪性，凡是他们感兴趣的、觉得稀奇的事物，都能留下深刻印象，并且在活动中也会集中注意、专心地学习。这就要求我们在选择教学活动内容时，应强调趣味性和新颖性，以提高他们的学习兴趣和学习效果。例如将以小动物为主角的童话故事作为文学作品欣赏的内容，选择具有幽默、诙谐风格的作品，或者描写大自然美好的散文诗等让他们感受文学作品的语言美，培养他们对艺术语言的敏感性。在讲述活动中可以选择"快乐的星期天""今天我生日"等儿童感兴趣的话题，更好地激发他们讲述的兴趣。模仿也是学前儿童心理发展的一个特点，因此教师在选择活动内容时还要考虑选择便于幼儿学习模仿的教学内容，比如文学作品中有重复的对话的内容。教师的语言、动作、情绪、态度等也是学前儿童模仿的对象，因此教学活动内容要有利于教师通过直接或间接的语言示范，给学前儿童提供大量的、规范的语言，让他们模仿，并在不知不觉的模仿中习得有关的语言，提高语言理解力和表达力。具有丰富的想象力更是学前儿童心理发展的显著特点。为此，教师在选择活动内容时，要尽可能为他们提供充分想象和自由创造的空间。例如，在文学作品学习活动中，要提供一定的机会，在他们的能力范围内开展仿编诗歌或编构故事结尾等活动。

（三）依据学前儿童语言发展的特点选择教育内容

制定儿童语言教育的内容，还必须遵循儿童语言发展的生理机制以及认知发展顺序和阶段的规律，根据幼儿期各年龄段各种语言要素的发展状况，以及幼儿语言发展过程中的多种实际表现，选取切实可行的适合幼儿语言发展的内容。学前儿童语言发展的特点是从非语言交际向口语交际转换，再从口语交际向书面语言学习转换。这两个转换并不是截然分开的三个阶段，而是相互交叉的。因此，在确定语言教育内容时，须针对各年龄段儿童语言发展的特点，既有交叉又有侧重地开展教学活动。

第一阶段是学前儿童非语言交际向口语交际转换的过程，儿童需要学习最基本的听说转换，它包含了对语词的理解和应用、构成词句、表达意思三方面的内容。我们要运用谈话、讲述、听说游戏、文学作品学习和早期阅读等语言教育活动，让儿童进行这些内容的练习，使儿童获得有关的语言经验。

在听说轮换这一阶段，及时反馈是儿童语言交际必须掌握的基本能力，这一能力早在非语言交际时期就已经出现。在进入口语交际时期，这种轮换从运用声音、动作、表情等体态语言手段逐渐转为运用社会性的语言符号，成为听和说的轮换。

儿童掌握语言，就是从掌握具体的词语开始的。因此，在口语交际初期，对词的感知、理解和应用是儿童首先要学习的。正确感知和理解每一个词，首先要将词的音调和它的具体意义联系起来，要尽可能丰富儿童的词汇，以满足其正确表达的需要，其次，学习实际上渗透在儿童的各种生活经验中，往往是自然而然地获得的。然而，要使儿童具有丰富的词汇，能恰当地运用词汇，就需要提供相应的学习内容，有目的地引导儿童将词、句与物体的实际意义联系起来，多为儿童创设具体情境，使其在具体的情境中学习运用相应的词和句。在此基础上可以让儿童在建构语句、表达意思的过程中练习口头语言用词、用句的规则，有时还需要提供专门的内容进行辨别语音、词义和不同句型的运用等练习，不断提高儿童构词成句、表达意思的能力。

第二阶段是在运用口语向书面语言学习转换的过程中，同时让儿童逐步接触书面语言，在口语里使用书面语言表达方式，儿童需要学习口语与文字、图书的对应与转换关系和简单识字两方面的内容，即理解说出的话与写出的字之间的关系，对不同字形的辨认以及对字形结构的分析与书写，为升入小学学习书面语言做好准备。

(四) 依据学前儿童新旧语言经验选择活动内容

学前儿童语言学习是不断获得语言经验的过程，语言教育活动也就是不断为学前儿童提供各种新的语言经验的过程。教师选择的语言教育内容应使语言教育活动所提供的语言经验能够为学前儿童所获得，成为他们自身语言经验体系的一部分。因此，着重要考虑的是能否使新旧语言经验间具有内在的联系。否则，语言教育活动所提供的语言经验将不会对学前儿童产生影响。要做到这一点，就要注意活动内容的连续性，使每类活动内容都由具有内在联系的经验组成，每一次获得的语言经验都能成为以后语言学习的基础。同时，还要注意活动内容的统整性，使经验与经验之间既有纵向的连续性，又有横向的相关性，从而使儿童获得的新旧语言经验之间真正建立起联系。

二、幼儿园语言教育内容的结构和具体内容定位

学前儿童语言教育内容可以分为专门的语言教育内容和渗透的语言教育内容。

(一) 专门的语言教育内容

对学前儿童进行的专门的语言教育，是为学前儿童提供进行语言充分互动的环境，使他们有机会对在日常生活语言交际中获得的语言素材进行提炼和深化，使幼儿达到对语言规则的理解和有意识的运用。专门的语言教育是根据既定的语言教育目标，有计划地组织和安排学前儿童系统学习语言的过程，是通过专门的语言教育活动实现的。它主要包括谈话、讲述、听说游戏、文学作品学习活动和早期阅读等方面，这也是我国目前学前儿童语言教育中经常采用的、最基本的教育内容。

1. 谈话

谈话是人与人之间运用问答、对话的语言手段进行交往的一种基本能力。儿童运用语言与人交往是从交谈开始的。谈话在培养语言交际意识、情感、能力方面有特别重要的意义。语言交际的效果在很大程度上决定了交谈双方能否从对方的角度思考所谈的问题。谈话中发展起来的听和说的能力与习惯，为儿童语言交际能力的发展奠定了良好的基础。谈话也是讲述的基础，在实现"发展儿童语言表达能力和语言交往能力"的目标中，谈话是重要的手段。因此，要发展儿童正确运用语言交往的能力，达到幼儿语言发展的相应目标，就必须让

幼儿学习"交谈"。[①]

在幼儿园专门的谈话活动与日常谈话是有区别的。日常谈话是幼儿在日常生活中所进行的谈话，是无预期目标和计划的谈话，具有自发性和随意性。从话题上来说，日常谈话是没有目标的，是幼儿随意产生的，从时间上来说也是在自由活动时产生的。幼儿园的谈话活动是一种有目的、有计划地组织幼儿学习的语言教育活动，这种活动旨在创造一个良好的语言环境，帮助幼儿学习倾听别人的谈话，围绕一定的话题进行谈话，习得与别人交流的方式、规则，培养与人交往的能力。[②]

具体谈话内容主要有以下几个方面。

（1）围绕主题交谈。教师根据幼儿的兴趣指向和生活经验，设计交谈内容，如"我喜爱的动物""快乐的六一儿童节""我的好朋友"等。通过专门的、有组织、有计划的谈话活动，能够激发幼儿的谈话兴趣，培养谈话的积极性、主动性，逐渐养成谈话习惯。

（2）交流信息谈话。为了让幼儿获得更多他们不具备的信息知识，教师安排交流信息或谈话。可让幼儿说说最近发生的新鲜事或遇到的有意义的事与同伴交流。例如，"电视中的系列动画片""班级的自然角来了新朋友"等，让幼儿更加关注周围环境及生活中的新变化，交流自己原先没有的信息。

（3）分享经验谈话。教师为了更多地体现一日活动各环节对幼儿发展的教育价值，让幼儿分享同伴的有益经验，可以经常组织开展一些小结性的谈话活动，例如，晨间活动以后的"晨间谈话"、午间活动以后的"午间谈话"等，在谈话活动中让幼儿分享同伴的经验。通过谈话，使幼儿在倾听和理解教师的提问，并作出相应的回答的基础上，习得一些谈话的方法，在谈话中逐渐领悟、掌握谈话的基本规则。

2. 讲述

讲述是指运用完整的句子、连贯的语言，围绕一个主题描述事物、表达思想。讲述时运用的是独白语言，是比谈话更为复杂、周密的一种口语表达形式。它不仅要求用词准确，语句结构完整，而且要求语言连贯，表达内容前后一致。这对于幼儿来说，显然是有一定难度的。但它是发展幼儿的独白语言的一种很好的教育方式，对幼儿语言的目的性、独立性、创造性和连贯性，对幼儿的思维、记忆、想象等方面的能力教育都有很好的促进作用，因此也是我国幼儿园语言教育中颇具特色的一种教育内容。那么要达到语言教育中有关"讲述"能力的目标，必须根据幼儿的年龄特点，选择多种讲述内容，通过各种方式的训练，发展其讲述能力。主要内容有：

（1）实物讲述和图片讲述。就是教师提供实物或图片，让幼儿用几句话来描述实物的外形、性质、习性、用途或使用方法等，讲述单幅或多幅图片中时间，地点和人物的外貌、表情、姿态、动作等个别现象。

（2）排图讲述和情景讲述。就是能根据自己排图的顺序，讲述不同的故事情节，讲述情景表演中的人物、事件、对话、动作、心理活动等。

（3）经验讲述。就是讲述自己在日常生活中喜爱的人和物，讲述自己的亲身经历、有意义的事情。

---

① 张明红：《学前儿童语言教育》，上海，华东师范大学出版社，2006。
② 周兢主编、程晓樵副主编：《幼儿园语言教育活动设计与组织》，北京，人民教育出版社，1996。

3. 文学作品学习活动

幼儿文学作品学习活动是以幼儿文学作品为基本教育内容而设计组织的语言教育活动，它从一个具体的文学作品教学入手，围绕这个作品展开一系列相关的活动，帮助幼儿理解文学作品所展示的丰富、优美的艺术语言和生动、有趣的情节，是幼儿园语言教育的重要内容。幼儿文学作品包括幼儿童话、幼儿生活故事和自然故事、幼儿诗歌（含儿歌、绕口令、谜语）、幼儿散文等，它们具有丰富、优美的语言和生动、有趣的情节，作品中人物个性鲜明，主题富有哲理，深受儿童的喜爱。从语言教育的角度看，作品中规范优美的语言是儿童学习的最佳范例，它有助于提高幼儿的口语表达能力以及由口头语言向书面语言过渡。具体内容有：

（1）聆听与感受文学作品。可以要求儿童集中注意力去倾听成人朗读文学作品，感受文学作品的语言、情节、动作、人物对话等，理解作品的思想感情脉络和不同作品的不同表现手法，同时培养幼儿有意识的倾听能力。

（2）朗诵与表现文学作品。可以要求儿童跟随成人朗诵文学作品，并扮演角色，用道具、场景等材料，借助动作、表情、对话来学习、模仿和表演文学作品的内容，同时扩展幼儿的词汇量，培养幼儿自觉获取语言材料的能力。

（3）仿编与创作文学作品。可以要求儿童仿编儿歌、儿童诗、散文、谜语等内容，并根据所创设的条件以及提供的材料创编文学作品，同时鼓励幼儿灵活地运用语言，提高幼儿灵活运用语言的能力。

4. 早期阅读

早期阅读是指儿童对简单的文字、图画、标记等的阅读活动，其中包括知道图书和文字的重要性，愿意阅读图书和汉字，学习初步的阅读和书写的准备技能等。早期阅读是儿童由口头语言向书面语言过渡的前期阅读准备和前期书写准备，是理解口语与文字之间关系的重要经验。尽管在幼儿园阶段，儿童尚不需要具备文学能力，但在口头语言向书面语言过渡的时期，他们有必要认识口语与汉字的对应关系，初步掌握看懂图画书的基本技能和初步辨认自己的名字和常用字。具体的内容有以下三个方面：

（1）前图书阅读经验。一般而言，图书是书面语言的载体，但当前阶段儿童阅读的图书，是由文字和图画两种符号构成的，具有图文并茂的特点，我们可以利用幼儿感兴趣的、丰富多彩的图画书籍来帮助幼儿学习阅读图书，提高阅读的能力。阅读能力具体包括以下内容：①阅读图书的基本技能：身体的姿势，眼睛与书的距离，翻阅的顺序，会看画面，能发现画面的人物表情、动作、背景，并能将画面前后内容合理地组织起来，初步运用语言表述等。②会听成人朗读图书中画面的配文，边看边听边理解，并能根据图书中故事情节，回答成人的提问。③养成喜欢阅读和爱护图书的良好习惯，了解图书制作的方法，知道图书上的故事是由作家用文字表达出来的，画家又用图画表现出来，最后印刷装订成书。

（2）前识字经验。识字是儿童进入小学阶段的学习任务，幼儿园开展的早期阅读活动是帮助幼儿获得前识字经验，提高幼儿对文字的敏感程度，而不是要求幼儿机械记忆和认读文字。幼儿园早期阅读活动向幼儿提供的前识字经验包括以下几方面的具体内容：①知道文字有具体的意义，可以念出声音来，可以把文字、口语与概念对应起来。②理解文字的功能作用，并知道文字是一种符号，符号系统可转换。例如：老师想对小朋友的爸爸妈妈说的话写在家园联系册里，爸爸妈妈读到文字就知道了老师的意思。又如马路上的交通图形标志，是代表一定意思,人们看到这些图形标志就可用语言文字表现出来。③知道文字和语言的多样性经验。初步了解世界上有各种各样的语言和文字,同样一句话可以用不同的语言文字来表达,不同的语言文字又可以相互翻译。

(3) 前书写经验。在幼儿阶段不要求像小学生那样集中学习写字,但是获得一些有关汉字书写的信息还是需要的,能为幼儿进入小学以后正式学习书写做好准备。幼儿阶段书写学习的主要内容有:①汉语文字的独特书写风格。例如能将汉字书写区别于其他的文字。②知道书写汉字的工具,初步了解可以使用铅笔、钢笔、圆珠笔、毛笔等不同的笔来书写汉字。③初步尝试用正确的书写姿势学习写自己的名字。

(二) 渗透的语言教育内容

这类结构主要是利用学前儿童的各种生活和学习经验,在真实的生活情景中,为儿童提供充分而又广泛的、多种多样的学习和运用语言的机会。渗透的语言教育内容在日常生活中往往容易被忽略,得不到良好的利用,错失了一些教育的良机。实际上,语言作为重要的交际工具,儿童生活在班集体中,与教师、同伴的语言交往无时无刻不伴随着儿童的各项活动,因此,发挥语言在各项活动中的渗透作用,应该是语言教育中的一项重要教育内容,使之与专门的语言教育内容遥相呼应,彼此配合,相互补充,从而更好地促进幼儿语言的发展。

1. 日常生活中的语言教育内容

(1) 在集体活动和个别交往的场合中,能认真倾听并理解教师关于遵守规则的讲述内容,以此指导自己的行为。

(2) 在各项活动中理解并执行教师的指令,并能在掌握行为规则的基础上,学习用语言评价自己和同伴在活动中的行为。

(3) 在老师和同伴面前大胆地讲述自己的见闻。

2. 人际交往中的语言教育内容

(1) 学习正确使用礼貌用语。例如,早晨、中午、晚上要用不同的礼貌用语:"早上好!""中午好!""晚上好!"等。

(2) 会用语言向老师和同伴提出自己的请求和表达愿望。

(3) 用适当的词、句或语气与同伴开展讨论或辩论,调节同伴之间的纠纷。

3. 游戏活动中的语言教育内容

(1) 游戏时与同伴进行随意交谈,并结合游戏情节自言自语或进行恰当的人物对话。

(2) 同伴之间会用语言协商、讨论与合作,共同开展游戏活动。

(3) 学习评价游戏活动中同伴和自己的表现,以及对游戏活动的感受。

4. 学习活动

(1) 在认识活动中,提出问题和解答问题。

(2) 能完整连贯地讲述所观察到的事物和现象。

(3) 在集体中能较长时间地倾听教师对各种学习内容的讲述和指导,理解学习内容。

(4) 能用几种不同的符号来记录和表述对认知内容和认知过程的感受。

(5) 用语言表述对音乐、美术作品的感受。

第三节 幼儿园语言教育的方法

学习目标
1. 了解幼儿园语言教育的一般方法。
2. 理解每一种教学方法的概念和特点。
3. 尝试幼儿园语言教学法在实践中的应用。

重点、难点
1. 深入理解每一种教学方法的概念和特点。
2. 掌握一般方法在实践中的应用。

学习提示与建议
1. 掌握幼儿语言教育的一般方法。
2. 在教学实践中有效地运用各种语言教学的方法。

幼儿园语言教育，实质上是成人为发展幼儿的语言创设条件和提供机会，让儿童参与各种丰富多彩的活动，支持、鼓励、吸引幼儿在与人、物、环境、材料等交互作用的过程中，学习语言、发展语言。幼儿园语言教育的方法是根据幼儿语言发展理论、幼儿学习语言的规律、幼儿语言教育的目标以及多年来幼儿园语言教育的实践经验归纳出来的。一般的方法有示范模仿法、视听讲做结合法、游戏法、表演法、练习法等。

一、示范模仿法

示范模仿法是指教师通过自身的规范化语言，为幼儿提供语言学习模仿的榜样，让幼儿始终在良好的语言环境中自然地模仿学习，有时也可以由语言发展较好的幼儿来示范。学习语言尤其是学习规范的语言，往往是通过模仿来进行的，这就要求教师给予语言方面的示范。教师的示范是学前儿童进行语言模仿的基础。示范模仿法在具体运用中要注意以下四个方面：

（一）教师的示范语言一定要规范到位

在幼儿园，教师的语言是幼儿模仿的直接对象，教师的一言一行，幼儿都会一一听在耳里，看在眼里。例如教师说什么，怎样用词和造句，用什么言语来说出自己的感觉，说话时的态度、表情和手势，对别人说话的反应等，都对幼儿起示范作用。一般来说，幼儿的语言主要学自成人，很少学自同龄的伙伴。因此，幼儿教师说话时，除了咬字清楚、发音准确、辅以自然的表情和恰当的手势外，还要注意语言的表达力，包括运用适当的音量、语调、速度等，特别要强调语速，要适当地放慢速度，让孩子们能听懂、能理解，只有听懂了、理解了，才能创造性地模仿。此外，幼儿教师还要注意使用具体易懂的句式，如果是用来对幼儿发出指令的语言，更要简单、明确、规范。教师的规范语言包括语言形式、语言内容和语言运用三个方面，要求教师无论在何时、何地都要运用规范语言，才能为幼儿创设良好的语言环境，成为幼儿模仿学习的典范。教师的语言示范必须正确、清楚、响亮，而且要富于表现力和感染力。教师在与幼儿交流时也要注意语言的规范性，不能经常说半句话，或模仿幼儿的错误词语，例如，把"喝水"说成"喝水水"，把"一根线"说成"线线"等，这些都会给孩子带来负面影响。

（二）教师要把握好示范的时机和力度

语言教育中新的、幼儿不易掌握的学习内容，教师要反复地重点示范，如难发准的音、新词句、人物的对话、连贯的讲述、需要幼儿作为仿编参照的原词句等，要让幼儿有意识地进行模仿学习。例如，小班诗歌《小青蛙》："一只青蛙一张嘴，二只眼睛四条腿，田里住来水里游，看见害虫一口吃。"在教学时儿歌中的量词一只、一张、二只、四条以及翘舌音：只、张、住、水、吃等都要重点示范，让幼儿反复地听。又如在中班故事《会飞的音乐盒》教学活动中，教师可结合故事内容进行以下提问：是谁有一只漂亮的音乐盒？小熊看到那么漂亮的音乐盒，心里是怎么想的？这时候，谁来找小熊玩了？小鸟看到这漂亮的音乐盒会对小熊怎么说？后来它们去了谁的家？小刺猬会想出什么办法？小羊又会想出什么好办法呢？最后小狐狸想出了什么好办法？通过反复学说故事中的对话，来帮助幼儿学习新词，学说人物的对话，用连贯的语言来讲述故事情节的发展。

附故事

会飞的音乐盒

小熊的爸爸去南方出差，回来的时候，给他带回了一只特别漂亮的音乐盒，只要打开盒盖，里面就会传出一首首美妙动人的乐曲。小熊多么喜爱它啊！他对爸爸说："这可真是一只神奇的小盒子！"

山雀来找小熊玩，见他有这么一只漂亮的音乐盒，羡慕极了，便央求小熊借给自己听几天。小熊想："我在森林里有那么多好朋友，怎么才能让他们都听到音乐盒里的音乐呢？"

小熊跑到小刺猬家，让小刺猬给想个好办法。小刺猬摸了摸头，说："那好办，把我们都请到你家去。"

小熊说："行是行，可我家地方太小，坐不了那么多客人。"

"那可怎么办呢？"小刺猬难住了。

小熊又来到小山羊家，把自己的想法说了一遍。小山羊笑了："那还不好办？把音乐盒挂在高高的树上。"

小熊说："这也不是最好的办法，离树远的朋友还是听不到。"

小山羊也给难住了。

小熊走出小山羊家不远，见小狐狸正向这边走来。他迎上去，把自己的想法又给小狐狸说了一遍。小狐狸想了想，说："让那只音乐盒飞起来，大伙儿就都可以听到音乐了。"

"你知道，音乐盒没长翅膀，不会飞的。"

小狐狸说："我们这就去找山雀，让她每天外出时，背着音乐盒，音乐盒就遍地飞了。"

小熊一拍脑袋，说："对呀！我怎么没想到呢！"于是，他们来到山雀家，把想法跟山雀说了一遍。山雀拍着手儿跳起来："噢，太好啦！太好啦！这下大伙儿都可以听到音乐盒里的音乐了。"

从此，森林里便有了一只会飞的音乐盒。只要天空传来美妙动人的音乐，大伙儿就知道：音乐盒又飞起来了。

（三）善于运用激励方法，引导幼儿大胆模仿

教师要关注在各种活动中幼儿的语言表现，善于发现幼儿语言发展的差异，因材施教，

要随时鼓励幼儿正确的语言行为和习惯，善于运用激励方法，引导幼儿大胆模仿。当教师示范后，可以让语言发展较好的幼儿做示范者，再一次为同伴提供模仿学习的榜样。当孩子的语言不够准确时也要及时地指出错误，避免重复幼儿不正确的语言，产生误导。但也要注意避免过于挑剔幼儿讲述过程中的语言错误，导致幼儿的学习积极性降低。

（四）示范模仿法不要限制了学前儿童的思维

在语言教育活动中，有许多教学内容都会运用到示范模仿法。例如，在讲述活动中就有："通过教师示范引入新的语言经验"，在早期阅读活动中有"教师向学前儿童示范阅读方法"，在听说游戏中也有"教师通过示范讲解游戏的规则"等。所有的示范都希望学前儿童通过模仿习得规范的语言。但在活动过程中经常会出现由于强调示范模仿而限制了学前儿童的思维和想象，阻碍了学前儿童主动调动已有经验进行学习。例如：当教师示范后，要求儿童模仿练习时，经常会出现他们重复或搬套教师的语句，缺乏自身的想象力和创造力的现象，这是教师应该避免的。因此教师在运用示范模仿法时，应鼓励学前儿童在模仿的基础上大胆创新，允许学前儿童说出不同于教师的语句及叙述程序，不要限制了学前儿童的思维。

二、视听讲做结合法

视听讲做结合法是在语言教学活动中，教师同时采用视、听、讲、做结合的方法，依据"直观法"和"观察法"以及结合当前儿童语言学习的特殊性而提出的。所谓"视"是指教师提供具体形象的讲述对象，如实物、动画、图片、图书、情景表演等，让幼儿充分地观察。所谓"听"是指教师用语言描述、启发、引导、暗示、示范等，让幼儿充分地感知与领会。所谓"讲"是指幼儿在感知理解的基础上，充分地表述个人的认识。所谓"做"是指教师给幼儿提供一定的想象空间，通过幼儿的参与或独立的操作活动，帮助幼儿充分地构思，从而组织起更加丰富、连贯、完整、富有创造性的语言进行表述。这四个方面必须有机地结合，"视""听"的内容由教师提供最终将转化为幼儿的知识，使他们主动地通过"讲"和"做"反映出来。"视""听""做"都是为"讲"服务的，在"讲"的过程中，促使幼儿语言能力的发展。

这一方法的具体运用要注意以下几个方面：

第一，辅助材料来源于幼儿生活。教师所提供的语言教育辅助材料，应该是幼儿接触过的、较熟悉的或符合幼儿认识特点的，这样，才能被幼儿所理解，才能更好地促进幼儿的语言发展。例如，在童话故事《乌鸦喝水》的教学活动中，教师可以制作森林的背景画面及乌鸦的形象，为孩子们提供生动的视觉形象，当故事讲到乌鸦想什么办法才能喝到半瓶水时，教师可根据幼儿的回答为他们提供半瓶水、小石块、沙子、树叶等生活中常见的辅助材料，让孩子们动手操作，在实践操作中发现将材料放到瓶子里使乌鸦能喝到水的最好方法，同时让幼儿边操作边讲述，使讲述更加生动形象。

第二，留有一定的时间和空间。在观察讲述对象时，教师要留给幼儿一定的观察时间和空间感知和理解对象。例如：许多看图讲述、实物讲述、情况表演等，都必须要让幼儿有一定的时间仔细看图、看实物、看表演理解讲述对象，也可以通过感知觉和听觉等多方面去感知和理解讲述对象，这样才能通过"视""听""做"等方法，最后为幼儿更好地"讲"做准备。

第三，教师的提问具有开放性：教师的提问要有顺序性、启发性，有助于帮助幼儿开放性地构思与表达,而不是封闭式的提问,只能让幼儿作出是否或正、反两方面选择的回答。例如,在童话《金色的房子》教学活动中,在幼儿熟悉了故事内容之后,就可以提出:"如果我有座金色的房子,我会在房子里做什么?"等这样开放性的问题,让幼儿充分地讲述自己对故事中人物的情感体验,使幼儿有充分的讲述内容,从而促使幼儿的语言表述能力不断提高。

总之,运用视、听、讲、做结合法让幼儿学习语言,可使幼儿运用多种感官参与学习,在促进语言发展的同时,也获得了认知发展。

三、游戏法

游戏法是指教师运用有规则的游戏,训练幼儿正确发音,丰富幼儿词汇和学习句式的一种方法。游戏是符合幼儿年龄特点的活动,运用游戏方法进行教育是幼儿语言教育中常见的活动方式之一。目的在于提高幼儿学习兴趣,集中幼儿的注意力,促进幼儿各种感官和大脑的积极活动。[①]

在使用游戏法开展语言教学时,要做到以下两个方面:

(一) 明确目标,制定规则

在语言游戏中有明确的语言教育目标。教师要根据幼儿语言教育目标和内容来编游戏,做到目标明确,规则具体,便于幼儿理解,从而达到训练语言能力的目标。游戏规则并不是教师凭空制定的,而是教师在设计听说游戏时,根据具体的语言教育目标,选择适当的语言学习内容,并将本次活动的语言学习重点转化为一定的游戏规则。当幼儿参与游戏时,他们必须遵守一定的游戏规则,按照规则进行游戏,从中练习听说能力。例如:小班语言游戏"小白兔吃青草",老师扮演兔妈妈,带小白兔到外面吃青草,幼儿边跳边念儿歌:"小白兔,跳跳跳,一跳跳到草地上,吃吃吃,吃青草,吃吃吃,吃个饱。"反复念后,一位扮演大灰狼的老师跑出来大吼一声"大灰狼来了",扮演小白兔的幼儿必须马上跑到妈妈身边蹲下,表示回到家受到了妈妈的保护,否则就会被大灰狼吃掉。游戏中要求幼儿反复念儿歌,当听到"大灰狼来了"时不念儿歌,躲到妈妈身边。来不及躲的幼儿就反复玩这个游戏,在游戏中达到学习语言的效果。

(二) 创设情景,激发兴趣

在运用游戏法开展语言教学时,教师应根据游戏需要,为儿童创设情景,配合教具或学具开展练习。例如,在托班幼儿语言游戏"我在这儿"中,为了让幼儿学习和练习短句"×老师,我在这儿",教师可把教室创设成花园环境,布置花草、树木等场景,让幼儿躲在花草树木后面,当老师呼唤:"×××,你在哪里?"时,被叫到名字的幼儿就站起来回答:"×老师,我在这儿!"通过创设情景,让每个幼儿都在情景中有机会单独回答老师的提问,从而让他们学习短句,发展他们的语言表达能力。也可把活动室创设成娃娃家的场景,让幼儿在"家"的情景中参与语言练习,提高幼儿学习的兴趣。但随着幼儿年龄的增长,应该逐渐减少直观材料,可以适当开展纯语言训练的游戏。例如:大班幼儿对反义词已有一定的理解,当他们的词汇已有初步的积累以后,教师为了进一步增加幼儿的词汇,可组织幼儿开展说反义词游戏,老师边拍手边有节奏地念"我说好",幼儿边拍手边念"我说

[①] 张明红:《学前儿童语言教育》,上海,华东师范大学出版社,2006。

坏"；教师说"我说上"，幼儿说"我说下"；教师说"我说白天"，幼儿说"我说黑夜"；教师说"我说前进"，幼儿说"我说后退"。这样反复对阵，儿童在愉快的竞赛氛围中积累了词汇，达到语言教育的目的。

四、表演法

表演法是指在教师的指导下，学前儿童扮演文学作品中的人物，根据作品情节的发展，通过对话、动作、表情等再现文学作品，以提高口语表现力的一种方法。这一方法在运用时要求做到以下两个方面：

（一）理解作品，掌握作品

教师必须在儿童理解诗歌、散文、绕口令等作品，并能熟练朗读的基础上，指导儿童正确地运用声调、韵律、节奏、速度等进行诗歌、散文、绕口令的朗诵和表演。例如在学习诗歌《小狗抬花轿》时，为了让幼儿更好地理解诗歌，掌握作品，为表演诗歌打好基础，可引导幼儿讨论："老虎为什么能坐轿子？为什么要八只小狗来抬轿子？轿子抬到半路上发生了什么事情？小狗摔跤了，老虎会怎样对待它？最后八只小狗想出了什么办法来对付老虎？"通过这些问题，加深幼儿对诗歌的理解，让幼儿体验小狗的情感，产生对大老虎的反感，为表演诗歌打下了基础。

《小狗抬花轿》阅读欣赏

一、活动目标
1. 引导幼儿理解画面内容，并根据情节创编诗歌。
2. 激发幼儿创编诗歌的兴趣，初步感受诗歌的韵律美。

二、活动准备
头饰：老虎一只，小狗八只，扇子一把，竹竿两根。

三、活动过程
1. 引出课题
今天我们带来了一个非常有趣的动画，请大家一起来看一看、说一说，等会儿把你看到的、想到的告诉大家。
2. 理解画面内容
（1）小朋友，你们看，这是什么地方？有什么？
（2）猜猜谁会坐在这顶漂亮的花轿里呢？
（3）哎，真的会是谁呢？
（4）原来是一只大老虎，大老虎会叫谁来帮他抬花轿呢？
（5）我们一起来看看。原来是谁啊？
（6）快来数一数一共有几只小狗抬花轿？你是怎么数出来的？
（7）为什么有那么多的小狗来抬花轿？
（8）小狗抬得怎么样了？那老虎呢？他坐在花轿里感觉怎么样？怎么看出老虎很舒服？
（9）抬着抬着，突然发生一件什么事情？
（10）一只小狗摔倒了，老虎会怎么样？
（11）看，原来怎么样？你们看！（再放一遍）谁来讲一讲。

(12) 这个老虎真坏，小狗想想有什么办法来对付这只坏老虎？
(13) 小狗也想了个好办法，你们看！
(14) 这下老虎怎么样了？小结：老虎啊老虎，这下你可不再欺负小动物了吧！

3. 创编诗歌

(1) 小朋友，这个故事怎么样？我们能不能把它编成一首好听的诗歌呢？
(2) 先给诗歌取个名字，叫什么呢？
(3) 接下来，我们要来编诗歌了，注意编诗歌的时候，每一幅画面用一句好听的话把意思说清楚，每一句话字数一样多。
(4) 师生根据画面进行创编诗歌。

4. 集体念诗歌

把大家编的诗歌一起来念一下。（根据诗歌播放画面）

5. 表演诗歌

分配角色，让幼儿进行诗歌表演。

(二) 体验角色，学习对话

教师必须在儿童理解童话、故事内容，熟悉人物对话以及体会角色心理的基础上，指导幼儿正确地运用语言、动作、表情等扮演角色，再现故事情节，进行故事表演，并鼓励幼儿在故事表演中创新内容和增加情节与对话，恰当地进行动作设计和人物的心理刻画和渲染。例如：大班童话故事《胆小先生》的教学活动中，为了让幼儿更好地理解童话故事，体验胆小先生由胆小害怕老鼠被老鼠欺负到起来反抗，最后老鼠心理发生变化的过程。教师可引导幼儿开展讨论：第一次胆小先生为什么会放了老鼠？第二次老鼠要跟胆小先生换房，胆小先生会同意换房吗？为什么？第三次老鼠要把胆小先生赶出地下室，胆小先生会同意吗？为什么胆小先生要起来反抗？最后胆小先生战胜老鼠了吗？为什么？通过这一系列问题的解答，使小朋友对童话故事有了深入的理解，也可引导幼儿在童话表演中开动脑筋，扩展自己的想象，并创造性地表演。

《胆小先生》阅读欣赏

一、活动目标

1. 引导幼儿根据画面内容和人物特征，合理地分析、推理故事情节，发展幼儿的逻辑思维能力和想象力。
2. 启发幼儿运用完整、连贯的语言大胆表达自己的见解。
3. 鼓励幼儿要自信、勇敢，相信自己的力量。

活动重点：发展幼儿的推理能力，能用较连贯的语言表达自己的想法。

活动难点：幼儿能用较完整、连贯的语言清楚地阐明理由。

二、活动准备

1. 相关多媒体课件、大屏幕及其他操作仪器。
2. 事先排好故事表演及准备道具：头饰、扫帚等。
3. 座位分成 A 区和 B 区。

三、活动过程

1. 出示多媒体画面，结合教师旁白引出课题，从而引起幼儿讲述故事的兴趣。

第三章 幼儿园语言教育的目标、内容、方法和途径

2. 出示人物：胆小先生，用启发式提问引导幼儿判断、推理故事情节，并鼓励幼儿用连贯、完整的语言说出自己的想法。（分三个情节）

（1）第一次情节展开——第一次分析判断。

提问：胆小先生会放了大老鼠吗？为什么？

（2）第二次情节展开——第二次分析判断。

提问：胆小先生和大老鼠会换房子吗？为什么？

（3）第三次情节展开——第三次分析判断。

提问：到底搬还是不搬，胆小先生这时会怎么做呢？

（4）观看胆小先生奋起反抗的情景，提问：

为什么原来胆小先生那么怕老鼠，现在他怎么这么勇敢地把老鼠赶跑了？

（5）通过对胆小先生的评价，引起共鸣：相信自己的力量，要做一个勇敢的人。

3. 幼儿扮演老鼠，教师扮演胆小先生，一起进行故事表演。

活动评析：本活动教师利用多媒体课件辅助教学，从活动初始就吸引了小朋友，激发了幼儿参与活动的积极性，同时，教师用启发式、开放式的提问，激发了幼儿主动思维，积极、热烈地参与讨论，使每个幼儿都得到了不同程度的提高。本活动设计新颖，符合大班幼儿的年龄特点，很值得学习、借鉴。

附童话

胆 小 先 生

有一位先生，住在一座漂亮的房子里。因为他的胆子很小，大家都叫他胆小先生。

一天，一只大老鼠闯进了他的房子。胆小先生马上去捉，结果，在地下室捉住了他。

"你放了我！"大老鼠挣扎着说，"我要是一跺脚，整个房子都塌了。"

胆小先生害怕了，连忙放开了他，还允许他住在地下室里。

地下室里吃的东西真多，大老鼠吃呀、喝呀，真开心。后来，大老鼠生了一窝小老鼠，小老鼠又长成大老鼠……很快，地下室里住满了老鼠。

"不行，不行！"大老鼠冲着胆小先生嚷嚷，"这么多老鼠住这么一个小小的地下室，而你一个人住那么多房间，太不合理了！得换房子！"

"换房子？"胆小先生大吃一惊。

"对，换房子！"老鼠们齐声说。胆小先生又害怕了。

他们很快换了房子。胆小先生住在地下室，老鼠们住进各个房间，他们在宽大的客厅里唱啊跳啊，在喷香的厨房里喝呀吃呀，每天都像过节一样。

"你应该搬出去！"大老鼠又冲着胆小先生嚷嚷，"你干吗老住在地下室？这么好的地下室，你配住吗？"

"什么？"胆小先生气愤地跺了一下右脚，"咚——"老鼠们害怕了，他们各个抱头乱窜，以为地震了。

"哦，我是很有力量的！"胆小先生抓起旧扫帚，这儿一扑，那儿一打，这儿一戳，那儿一捣，老鼠被打得吱吱叫，全逃走了。

胆小先生后来怎么样了呢？小朋友能猜到吗？

五、练习法

练习法是指有意识地让幼儿多次使用同一个言语因素（如语音、词汇、句子等），或训练幼儿某方面言语技能、技巧的一种方法。练习法是学前儿童学习语言的重要方法，通过练习法，学前儿童可以加深理解语言教育中的有关内容，牢固掌握有关的语言知识，熟练运用语言技能。在使用练习法时应注意以下两个方面。

（一）明确目标，提高要求

在每一次练习前教师要给幼儿提出明确的目标，逐步提高练习的要求。例如：为了更好地让幼儿区分平翘舌音，可让大班幼儿学习绕口令《四和十》。当幼儿刚学会念儿歌时，教师可放慢速度让幼儿练习，但必须念准"四"和"十"这两个音；当幼儿掌握作品后，教师应提高要求，让幼儿快速地念；还可以先采用集体练习过渡到请个别幼儿快速地练习，使练习的难度由浅及深。

（二）形式多样，激发兴趣

要求幼儿在理解内容的基础上，具有独创性地练习，避免简单、枯燥的重复；练习方式应生动、活泼，形式变换多样，从而调动幼儿练习的积极性。在练习中可根据不同语言教育活动的类型，进行不同方式和不同内容的练习。比如儿歌练习可通过男孩与女孩、教师与幼儿一问一答的方式进行，也可以通过游戏的方式进行，还可以通过表演进行。总之教师应充分为儿童提供练习的机会，激发儿童练习的兴趣，让儿童在练习中理解、记忆、运用习得的语言知识。教师要特别重视培养儿童在练习中举一反三、恰当运用语言的能力。

以上所举的语言教育方法只是比较常见的几种，教师在实际运用中，还需根据本园所的具体条件，结合本班幼儿语言发展的实际水平以及语言学习的特点，选择和创造更为恰当的教育方法，有的放矢地进行语言教育。有时，各种教育方法还可以互相配合，交叉使用，互相补充，综合运用，以促进幼儿语言的发展。

第四节 幼儿园语言教育的途径

学习目标

1. 了解幼儿园语言教育的途径。
2. 掌握专门语言教育活动的主要形式。

重点、难点

1. 理解专门语言教育活动的几种方法，以及它们的主要特点。
2. 掌握在日常生活和其他领域的教育活动中对幼儿进行随机语言教育的方法。

学习提示与建议

1. 掌握幼儿园语言教育的基本途径。
2. 了解在各领域活动中如何渗透随机语言教育。

学前儿童语言教育可以通过多种途径进行。可以说，凡是有语言参与的活动都可以用来对儿童进行语言教育。概括起来，学前儿童语言教育的途径主要包括：通过组织专门的语言教育活动进行语言教育，通过日常生活各个环节进行语言教育，通过游戏进行语言教育，以

第三章 幼儿园语言教育的目标、内容、方法和途径

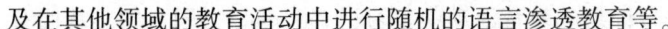

及在其他领域的教育活动中进行随机的语言渗透教育等。

一、专门性语言教育

专门性语言教育是指遵循语言教育规律来组织的学习活动，侧重为幼儿提供以语言为对象的学习机会，是实现语言教育目标的有效途径，是组织和传递语言教育内容的实施环节，是落实语言教育任务的具体手段，是教幼儿学习语言知识、语言形式、语言运用技能的过程。

（一）专门性语言教育的特点

1. 语言教育活动是有目的的语言学习过程

语言教育活动不同于一般环境中的语言活动，它是有目的地促进幼儿语言发展的语言活动，它不但具有明确的指向性，可大大提高幼儿语言发展的速率，而且它遵循幼儿语言发展的规律，可提高教育和发展的切合性。

显然，与语言教育活动这种有目的的语言学习过程相比，幼儿在日常环境中的语言学习就具有随意性和偶然性。语言教育活动则不同，它是有目的的语言学习过程。这种有目的性体现在各层各类的目标中，通过各项目标的实现，使全体儿童的语言都能得到同等的发展。例如谈话活动，就以倾听行为和表述行为的培养作为活动的主要目标，教师根据这一目标，设计和组织具体的谈话活动，从而把这一目标落实到每一个幼儿身上，在这种有目的的教育活动中，使语言普遍得到系统的发展。

2. 语言教育活动是有计划的语言学习过程

儿童的语言学习可以在各种场合进行：可以在家庭中学习，也可以在同伴群体中学习，凡是人们进行语言交往的场合，都为儿童学习语言提供了机会和条件。在其他的教育活动中，幼儿也能吸收有关的语言信息。但是，所有这些非正式的语言学习场合，都是没有计划的、随意的，幼儿从中所吸收到的语言信息材料一般也是支离破碎的，对于幼儿语言发展的影响必然是不全面的。专门的语言教育活动就不一样了，它是一种有计划的语言学习过程。这种"有计划"集中体现在教育内容的选择上。

第一，根据语言教育的目标来选择教育内容。幼儿园语言教育的目标是培养幼儿的语言能力，即语言的理解能力和表达能力。这些能力是在语言形式、语言内容、语言运用三个部分交互作用的过程中发展起来的，因此在选择语言教育内容时，要有计划地从语言形式、语言内容、语言运用三个方面来培养幼儿的语言理解能力和语言表达能力。例如，在"谈话"活动中，通过有计划的"听说轮换"，使幼儿逐步掌握有关的语言形式（包括语音、词汇、语法）、语言内容（包括语言所表征的关于认知、情感、态度等方面的意义）、语言运用（包括语言功能和语言情境）。

第二，根据幼儿语言发展的特点来选择教育内容。幼儿的语言发展一般经历从非语言交际到口语交际、从口语学习和运用到书面语学习和运用的两个互相有联系的转换，但这种转换不是一种直线式的连接，而是表现出互相交叉的语言发展的三个阶段。根据幼儿语言发展的这一特点，就要有计划地选择教育内容，使幼儿的语言合乎规律地得到发展。

第三，有计划地选择教育内容，使幼儿的语言得到全面发展。例如，我们可以根据语言教育的目标和幼儿语言发展的特点，将语言教育活动分为谈话活动、讲述活动、听说游戏、文学活动、早期阅读等几种类型，有计划地培养幼儿的倾听能力、口语表达能力、文学欣赏

能力和书面阅读能力，使幼儿在这些有计划的教育活动中，习得有关的字、词、句，掌握有关的语言形式、语言内容和语言运用技能。

（二）语言教育活动是有组织的语言学习过程

幼儿非正式的语言学习，一般都是在自发状态下进行的。在各种语言环境中，幼儿往往是通过观察、模仿来学习语言的。这种非组织的语言学习，虽然也能使幼儿的语言得到发展，但也会使幼儿的语言产生严重的缺陷，从而不能适应语言交际的需要。

语言教育活动则不同，它是一种在教师的组织下进行的语言学习过程。在这种有组织的过程中，教师始终注意幼儿已有的语言经验，并在此基础上，为幼儿提供新的语言经验，使幼儿通过学习，再次将新的语言经验转化为已有的语言经验，由此循序渐进，使幼儿的语言不断得到发展。在这种有组织的学习过程中，教师可以根据语言发展的特点，为幼儿提供各种语言交往的情景，例如教师与幼儿的语言交往、幼儿与幼儿的语言交往、幼儿个体与幼儿群体的交往等。通过教育活动中的语言交往，幼儿可以充分地学习、掌握语言信息材料，可以充分地练习运用规范的语言符号系统。在这种有组织的学习过程中，教师还可以组织幼儿以多种形式学习语言。例如，开展听说游戏可以使幼儿在轻松愉快的情况下，发展倾听能力和表述能力，增长理解能力和表达能力。采用表演游戏的形式来学习文学作品，可以使幼儿容易理解作品内容，能够体验到作品角色的情感特征。采用观察、感知、回答提问的方式，对培养幼儿的讲述能力显然也是比较合适和有效的。由于这些语言教育活动是幼儿在教师组织下进行的语言学习过程，它比起自发的语言学习有着不可比拟的优越性，因而对幼儿的语言发展起到全面的促进作用。

（三）专门性语言教育活动的类型

专门性语言教育活动的类型主要包括谈话活动、讲述活动、听说游戏活动、文学学习活动和早期阅读活动几种形式。

第一，谈话活动创设的是日常口语交往情景，要求学前儿童调动已有的经验，围绕一定的话题倾听他人的意见，表达自己的想法。谈话活动的重点在于培养学前儿童用口头语言与他人交际的意识、情感和能力。

第二，讲述活动主要为学前儿童创设正式的口语表达情景，使学前儿童有机会在集体面前表达自己对某一图片、实物或情景的认识、看法等，学习表述的方法和技能。这类活动培养学前儿童认真倾听的习惯和完整、连贯、清楚的表述能力，促进其独白语言的发展。

第三，听说游戏为学前儿童提供一种游戏情景，使学前儿童在游戏中按一定规则练习口头语言，培养学前儿童在口语交往活动中快速、机智、灵活地倾听和表达的能力。

第四，文学学习活动从某一具体文学作品入手，为学前儿童提供一个全面语言学习的机会，使他们在理解、感受作品的过程中，欣赏和学习运用文学作品提供的有质量的语言。文学活动着重培养学前儿童欣赏文学作品的能力，以及利用文学语言表达想象、表达生活经验的能力。

第五，早期阅读活动利用图书、绘画为学前儿童创设一个书面语言环境，使学前儿童有机会接触书面语言，了解语言的基本文化内涵。早期阅读活动重点培养学前儿童对书面语言的兴趣，引导他们逐渐产生对汉字的敏感性，丰富他们前阅读和前书写的经验。

这几类活动分别为学前儿童创设不同性质的语言交际环境，使学前儿童在这些环境中得到全面发展语言的机会，但不同性质的活动对学前儿童的语言学习各有其特殊价值，这几类活动的设计和组织也各具特色。①

二、渗透性语言教育

我国学前儿童语言教育专家认为,学习语言有三大特性:易行性、积累性和渗透性。其渗透性指的是语言学习是随时随地进行的,不必为学习语言而付出额外的智力劳动,儿童可以在不知不觉中获得大量的词汇和理解表达的经验。儿童的语言学习渗透在日常生活中,渗透在所获得的各类知识中。

儿童的语言学习与其他领域的学习有着千丝万缕的关系,这就要求我们不仅关注专门的语言教育活动,还要重视语言教育以外的活动中所蕴含的丰富的语言学习因素,重视更为广泛意义上的语言环境对幼儿语言发展的熏陶作用。

(一) 日常生活和游戏中的语言交往

日常生活和游戏为学前儿童提供了大量的语言交往机会,使儿童通过实践练习、巩固、理解和运用语言。日常生活和游戏还为幼儿提供了有关各种事物和人际交往的丰富经验,为幼儿的语言活动积累了素材。此外,通过日常生活中的一些主题活动,教师可以对幼儿的语言学习进行有针对性的指导。

1. 在日常交往中指导儿童学习语言

无论在家还是在幼儿园,儿童每天都要进餐、睡觉、盥洗、如厕、饮水、散步……这可以说是儿童必不可少的生活内容。如果上幼儿园,生活内容中还要加上来园、离园、早操以及环节过渡的间隙活动等。在这些活动中,儿童总是有意无意地与老师、同伴及家长进行语言交往。有时,幼儿要听从教师或家长的指令,如进餐前要洗手,洗手时袖子要卷起,要擦肥皂,洗完后用自己的毛巾把手擦干等;有时儿童要向教师或家长提出请求,如"我要去喝水";有时儿童会在间隙活动时和周围的同伴自由交谈,有时向别人讲述自己的见闻,有时回答别人的提问,有时就某个话题发表自己的意见。

这些发生在一日生活中的自然交往情境,为教师和家长对儿童进行语言教育提供了很好的机会。

首先,成人可以通过日常交往了解儿童语言发展的现状。在自然的情境中,儿童往往很真实地表现自己的言语交往水平以及言语表达的态度和行为习惯。有的孩子可能在教育活动中表现得少言寡语,羞怯拘谨,但在自由交谈时却谈笑风生,好不活泼。有的孩子在朗诵或表演时能说标准流利的普通话,但在私下讲话时却常常发音不准,结结巴巴,甚至有时不得不以方言辅助表达。如果教师或家长能留心观察,就很容易对每个孩子的语言交往能力和交往态度有所了解,为确立有针对性的语言教育目标提供依据。

其次,成人可以在交往中为孩子提供语言示范,丰富幼儿的词汇。幼儿在日常生活中要接触各种各样的物品,如盥洗用品、床上用品、餐具、家具、各种食物等。成人可以通过与幼儿交谈,向他们介绍有关各种物品的知识,如名称、外形、颜色、用途、使用方法等。在介绍这些生活常识的过程中,成人也在向幼儿展示相关的词汇和句式。如有的教师结合幼儿的进餐,组织餐前小广播活动,由教师向幼儿描述当日食物的名称以及它的色、香、味,并说明其营养价值:"今天小朋友的午餐是西红柿炒蛋。那红红的西红柿,金黄色的鸡蛋,颜

---

① 参见周兢主编:《学前儿童语言教育》,南京,南京师范大学出版社,2001。

色可好看了！闻一闻，香喷喷，味道好极了！而且，西红柿含有丰富的维生素，吃了会使我们的皮肤变得更好，身体更健壮；鸡蛋很香，有丰富的蛋白质，吃了能让我们更聪明。"形象生动的语言描述，不仅令幼儿食欲大开，而且还让幼儿学会了正确的语言表述方法。如果经常进行，幼儿就能逐渐积累和理解有关的词句，并尝试运用。当这样的活动内容重复进行时（如下一次午餐又是吃"西红柿炒蛋"），则可以由幼儿来做小小广播员，幼儿就会选择性模仿教师的语言，加上自己的一些创造，向同伴绘声绘色地讲述午餐的菜谱，这是幼儿语言学习的又一较佳途径。

最后，成人可以在帮助幼儿建立生活常规的过程中，提高幼儿理解并按语言指令行动的能力。通常，成人通过语言指令来组织幼儿的日常生活，如临近用餐时间，教师便要求幼儿收拾玩具、盥洗、安静地等待进餐。临近午睡时，要求幼儿洗漱、如厕、脱衣服、脱袜子等。为了使幼儿明确这些语言指令的含义，最初应把这些指令与相应的行动结合起来。例如，教师如果想让幼儿排好队有次序地拿茶杯喝水或喝牛奶，开始时可以先提出要求："我叫到谁的名字谁就到柜子里去拿自己的杯子"，以使幼儿明白"一个一个地"排队取东西，就是"有次序"。以后，幼儿就会等前面的幼儿去取了茶杯后，才去取茶杯，非常有次序。再如，要想让幼儿养成"洗完手用毛巾把手擦干"的习惯，教师既要给孩子讲清楚"如果不擦干手，手上的水滴到地面上会把地面弄湿，影响环境卫生，而且小朋友不小心还容易摔跤"等道理，还要向幼儿示范正确的做法，同时用语言来描述行动步骤，以便幼儿尽快掌握。当幼儿掌握了"洗完手擦干净"的具体动作后，教师就可以直接发出指令，指导幼儿的行动。在对幼儿提出指令时，教师要根据具体的要求选择适当的用语和讲话方式。如果是要求幼儿必须做到的事，如收拾玩具，跟着教师的口令做动作等，教师就要用明确的指令性语言："请小朋友们赶快把玩具收拾好，放回到玩具架上，我们一起出去做早操。"如果不用指令语言，而用商量或求助的语气："哪个小朋友来帮老师收拾玩具？"其他幼儿则可能认为收拾玩具不是集体的行为，而是个别的行为，就会影响整理玩具的进程。当然，如果教师以指令式的语言要求幼儿做一些他们并非一定要做的事情，如"起来，让我坐坐""把那本书递给我"，则很容易使幼儿养成被动服从的习惯，或产生抵触情绪，影响良好师生关系的建立。

总之，成人要抓住与幼儿日常交往的有利时机，为他们提供良好的言语示范，并在交往的过程中观察和了解幼儿的语言发展状况，对幼儿进行有针对性的指导。

2. 通过常规主题活动发展幼儿的语言

这里所说的常规主题活动是指幼儿园组织幼儿定期参加的，围绕某个话题展开的语言活动。

比如"天气预报员"：每天早晨来园之后早操之前这段时间，请一名幼儿向全班幼儿预报当日的天气情况。天气预报员可以由值日生轮流担任，也可以由教师指定。此活动可以和记录或制作天气预报图结合起来，请个别幼儿根据从电视或广播里了解到的天气情况，先在黑板或指定记录位置做记录，然后根据记录向全班幼儿预报天气情况。为提高幼儿活动的兴趣，丰富幼儿的语言内容，教师应启发幼儿根据当日气温和特殊的天气状况，结合自己的生活经验讲述："今天多云，最高气温35摄氏度，天气比较炎热，小朋友们要多喝水，不要做剧烈的活动，出汗太多，容易中暑生病，要做好防暑降温工作。"这里的语言有的是幼儿的直接经验，有的则是幼儿从各种途径所获取的间接经验，在实际的讲述练习中幼儿的语言明显丰富了,语言能力显然也得到锻炼。实践表明,幼儿对此类活动表现出极大的热情,纷纷争着当天气预报员。为准备第二天的报告,幼儿会自觉收看电视节目,并做好记录与语言准备。

又如"周末趣闻":这通常安排在每周一,请幼儿从双休日的经历中选出最有趣或最有意义的事进行讲述,可以在集体中讲述,也可以让幼儿与老师或同伴自由交谈。由于是幼儿的直接经验,印象比较深刻,幼儿非常感兴趣,参加的积极性高。

3. 通过区角活动发展幼儿的交往语言

现在幼儿园都非常重视区角活动的开展,一般在活动室中都设有语言角、计算角、科学探索角、美术角等区角活动内容。利用区角活动发展幼儿的语言交往能力是一个非常好的方法。

语言角的主要作用是让幼儿练习口语表达。可以在语言角准备一些图片、剪贴用具、旧的儿童画报,以便幼儿练习讲述,或边制作边讲述。有的幼儿园还在语言角装备了录音机、电脑等电化教具,有许多故事或诗歌的录音带、儿童卡通片以及其他各种音像带与光盘,以便幼儿根据自己的需要,有选择地收听或收看文学作品和有关内容,为儿童提供丰富的语言练习的素材。还有的班级在语言角投放一些识字图片或填图游戏卡,并准备一些书写工具,以便有兴趣的幼儿认读汉字或练习运笔。

活动区的设立为儿童自主选择游戏内容提供了多种可能性,同时也增加了儿童之间的交往机会。每个活动区能够容纳的幼儿人数是有限的,所以经常出现多名幼儿争着去某个活动区的情况。当然,不少幼儿园通过特定的标志物限定各活动区的人数,如凡是愿意并有机会参加某活动区的小朋友,都将相应的活动区的标志物挂在胸前,这样一来,没有拿到标志物的儿童就不能进入该活动区。即使教师事先已经充分考虑了儿童的活动需要,请儿童先想好要去哪个活动区,然后再依一定的顺序由儿童自由轮换,但仍难避免儿童之间发生冲突。当幼儿想去某个活动区而该区已满员时,教师切勿强行要求幼儿另找一个活动区,而应该鼓励幼儿与同伴之间相互协商,明确提出自己的要求,争取能轮流活动。

此外,幼儿在活动区活动时,常常一边摆弄各种玩具物品,一边与同伴自由交谈。教师要鼓励儿童同伴之间的谈话,并利用巡回指导的机会引导儿童扩展谈话内容,如在描述现状的基础上进行一些想象,或探究事物的原因,回答"为什么""假如……就会怎么样"之类的问题。在活动区活动或其他游戏结束时,教师还可以利用讲评和总结的时间,请儿童讲述自己活动的过程、活动后的感受以及收获,谈谈自己与同伴在交往过程中的新发现以及下一步活动的打算。

(二) 其他领域教育活动中的随机语言教育

学前教育机构的教育活动是有目的、有计划引导学前儿童主动活动的、多种形式的教育过程。无论是否以语言为教育内容,教育机构的各项教育活动都要关注并有意识地发展儿童的语言。

幼儿园除了语言教育活动外,还有许多其他领域的教育活动,如数学、科学、音乐、美术、体育等。这些教育活动虽然不是以语言为主要内容,但其中部分活动包含着大量的语言教育因素,儿童在这些教育活动中也在不断地学习新词、新句,尝试用于与同伴或周围成人交往。因此,教师可以在这些教育活动中对儿童进行适当的语言教育。

1. 在数学教育活动中随机渗透语言教育

数学教育活动和语言教育活动不同，它没有许多优美动听的语句以及丰富的词汇，却需要儿童有快速的反应能力、敏捷的思维能力和精确的语言表达能力。如做加减法编应用题，要求儿童语句要完整，用词要精练，让人一听就明白。对儿童来说，数学是比较枯燥乏味的学习活动。因此，在数学教育活动中，为了提高儿童学习数学的兴趣，教师常常采用游戏的形式，让儿童在玩玩说说中学会数学的知识。如小班幼儿学习4以内物体的点数，教师可为幼儿设计一棵桃树，上面有4只猴子，然后让小朋友们讲一讲"猴子在桃树上干什么？""一共有几只猴子？"孩子们会说："有的小猴在爬树，有的小猴在摘桃子，有的小猴在吃桃子，有的小猴在荡秋千。树上一共有4只猴子，它们玩得真高兴。"这样，不仅发展了儿童的语言能力，而且也提高了他们学习的兴趣。

2. 在科学教育活动中随机渗透语言教育

在儿童学科学的活动中，他们通过各种渠道，获得了大量有关客观世界的信息，需要通过语言和其他方式，向周围成人和同伴表达、传递自己对客观事物的认知与感受，告知自己观察的结果，提出疑问，抒发愉悦和惊奇的情感，评价他人的探索结果。儿童通过信息交流，使感知周围世界的第一印象在头脑中形成表象，又通过语言或其他形式表达出来，不仅使儿童对客观事物的理解更为清晰，而且也有助于儿童语言能力的发展。科学教育活动中语言信息的交流主要包括描述和讨论两种方式。描述是指在教师的指导下，儿童用语言向同伴或成人讲述在科学探索中的发现、疑问等。讨论是指儿童同伴之间、儿童与教师之间探讨各自的发现和想法、疑虑等。儿童在描述和讨论中既可以提出自己的观点与想法，又可以交流自己的探索、操作过程或操作方法，以及从中获取的情绪体验。比如在中班"有趣的镜子"活动中，让幼儿照一照平面镜、凹面镜、凸面镜有什么不同，一名幼儿对另一名幼儿说："有的镜子照出来，人会变胖，有的人会变长，真有趣。"这是儿童之间发现现象的交流。又如，描述发现的交流"我看到了……"和表达情感的交流"我喜欢……"，教师要给予儿童充分的描述和讨论的机会，及时鼓励儿童学习用简单明确的语言表达、描述有关科学发现。关于科学的词汇是极其丰富而又精确的，儿童在表达的时候往往由于用词不当而影响其观察的质量，从而影响其掌握知识的科学性。如大班幼儿观察"水的三态变化"，当水烧开后，茶壶里冒出了热气，当幼儿描述这一过程说"水烧开以后，就冒烟了"时，教师就要及时纠正幼儿的说法，说"水烧开了，就冒出了水蒸气"，幼儿从这一活动中就掌握到了"水蒸气"一词。由此可见，只有当幼儿掌握了足够的词汇后，才能更准确地描述对物体和现象的认识。教师要在科学教育活动中，在幼儿充分感知物体和事物的现象基础上，随机丰富幼儿的词汇，逐步要求幼儿用完整、连贯、通顺的语句表达，以提高科学教育的质量。

3. 在音乐活动中随机渗透语言教育

生活中处处有音乐，语言和音乐有着非常密切的关系。根据一串串音符、节奏以及旋律的变化，儿童能编出不同的故事。凭着儿童对音乐的特别情感和特殊领悟力，可逐渐在中班、大班的音乐教育活动中加入听音乐、学语言的内容。这种活动应在儿童充分感受音乐、理解体验音乐形象的基础上进行。如歌曲《小乌鸦》，主要讲述一只小乌鸦每天急忙赶回家，把捉来的虫子一口一口喂妈妈的事情。学习这首歌曲后，教师要求儿童根据歌词内容把它改编成一个故事，以提高儿童的音乐欣赏能力和语言表达能力。

4. 在美术教育活动中随机渗透语言教育

儿童的世界到处充满着美的色彩，他们爱画、爱玩、爱制作，教师可以在美工活动中，抓住孩子这一特点，让他们对自己的作品进行讲述，也可以在绘画和手工活动中，加进孩子喜闻乐见的儿歌形式，提高儿童学习的兴趣。如教儿童用橡皮泥塑苹果，教师可以配合手工的操作步骤即兴编一首儿歌："搓搓搓，搓成一个小圆球，上下轻轻压个坑，中间再插一根柄。"通过念儿歌，做手工，使儿童动手又动脑，既能顺利完成美术教学任务，又能使儿童受到美的熏陶，提高表达能力。

5. 在体育教育活动中随机渗透语言教育

在体育活动中儿童的活动量往往比较大，兴趣很高，有时不能控制自己的情感。根据这一特点，在爬、跳、跑等一系列活动中，应先让儿童观看教师的示范动作，请儿童讲述并讨论教师的动作要领及注意事项，然后请一名儿童模仿教师的动作进行活动，再请这名儿童讲一讲他是怎样做好这一动作的。这样，既注意了活动的动静交替，又使儿童通过自身的体验，讲出了各种活动的特色，发展了儿童的语言能力。

思考与练习

1. 幼儿园语言教育的总目标、活动分类目标及年龄分类目标是什么？
2. 任选一个年龄段、一种教学活动，根据该年龄段幼儿语言教育目标，选择合适的教材，尝试制定教学活动目标。
3. 幼儿园语言教育内容选择的依据有哪些？
4. 学前儿童语言发展的特点是什么？
5. 早期阅读的内容包含哪几个方面？
6. 如何在日常生活中渗透语言教育内容？
7. 幼儿园语言教育的方法一般有哪些？
8. 如何在教学实践中较好地运用视、听、讲、做结合法？
9. 运用示范法要注意哪些问题？
10. 为什么说专门性语言教育是实现语言教育目标的有效途径？
11. 论述渗透性语言教育的特殊意义。

拓展阅读文献目录

[1] 张明红. 学前儿童语言教育 [M]. 上海：华东师范大学出版社，2006.

[2] 周兢. 幼儿园语言教育活动设计与组织 [M]. 北京：人民教育出版社，1996.

[3] 赵寄石. 幼儿园课程指导丛书——语言 [M]. 南京：南京师范大学出版社，1996.

[4] 周兢. 学前儿童语言教育 [M]. 南京：南京师范大学出版社，2000.

第四章

学前语言教育组织设计实施

▶ 情境导入

小崔挂出漂亮的画《礼物船》，活动室里也摆满了气球、彩带，十分喜庆。小崔选择这幅画作为大班谈话活动的题材，是因为画本身具有丰富的拓展余地，可以提高孩子的观察力，启发孩子的想象力，锻炼孩子的语言能力。小崔给出了一些问题：是谁要过生日？哪些小伙伴把礼物装上去了？都装了些什么？小熊得到礼物之后心里感到怎么样？会说什么？启发以后，小崔让几个孩子根据画的意思和自己的生活经验加以发挥，讲述完整的故事，并引导其他小朋友认真倾听。活动结束后，前来听课的老师们却评议说，小崔将"谈话"与"讲述"这两种不同类型的活动混淆了，这两种活动的目标、情境创设的原则与方法、教师的引导策略以及借助物的使用要求等，都是不同的。你知道如何区分各种语言教育活动类型，并准确把握各种活动的结构要素，设计与实施好这些活动吗？

▶ 学习内容提要

幼儿园语言教育活动的类型有多种，包括文学学习活动、谈话活动、讲述活动、听说游戏活动、早期阅读活动等。每一种活动都有其特定的设计理念，以及特定的设计实施的基本结构。本章在每一节中都列举了一些教学案例与设计方案，试图使学习者能更直观地从理论与实践的双向层面上深入了解学前语言教育的组织设计，提高教育设计能力。

▶ 学习目标

1. 掌握文学学习活动的基本特征、主要类型、设计与实施的基本结构以及教学方法。
2. 掌握谈话活动的基本特征、主要类型、设计与实施的基本结构以及教学方法。
3. 掌握讲述活动的基本特征、主要类型、设计与实施的基本结构以及教学方法。
4. 掌握听说游戏活动的基本特征、主要类型、设计与实施的基本结构以及教学方法。
5. 掌握早期阅读活动的基本特征、主要类型、设计与实施的基本结构以及教学方法。

▶ 重点和难点

1. 了解与区分幼儿园语言教育活动的不同类型，并根据各自的特征进行设计与实施。
2. 各类活动中教学方法的灵活运用。
3. 联系日常教学实际，掌握各类活动中教师的指导方法。

第四章 学前语言教育组织设计实施

第一节 文学作品学习

学习目标

了解文学作品学习的基本特征、文学作品学习的主要类型，掌握文学作品学习设计与实施的基本结构以及各种教学方法。

重点、难点

掌握文学作品学习中各种教学方法的灵活综合运用。

学习提示与建议

1. 掌握儿童文学学习活动设计和组织的基本结构。
2. 对儿童文学欣赏活动和文学创造活动的具体教学形式和方法有深入了解。
3. 联系教学实际，反思现今幼儿园文学学习活动的现状。

儿童文学学习历来是儿童喜闻乐见的一种学习活动，有着巨大的教育潜能。儿童文学伴随着人类一起诞生。因为有人类就有儿童，有儿童就会有他们自己的文学需求。母亲为了哄孩子入睡，会给孩子娓娓动听地讲述故事、儿歌；大人为了让幼儿安静下来，也时常会讲述有趣的童话故事转移他们的注意力。儿童文学的教育功能，有人认为是导思、染情、添趣，有人认为是认识生活、教育思想、开发智力、训练语言。无论哪一种说法，都说明文学作品的教育功能是多方面的。而就文学作品的审美特质来说，其他教育功能的实现，必须建立在文学审美活动的基础上。儿童文学作品具有一般文学作品的特点，但它更是以具体的形象、艺术语言的感性形态存在于时空之中，以能激发人们的感情、情绪为最大特点，与学前儿童的认识心理和情绪特征相吻合，它不仅能够陶冶幼儿的性格，提高审美趣味，催发想象力，发展感受力，给幼儿以美的感受，同时又能让幼儿开阔视野，增长知识，了解和感受丰富多彩的大千世界，帮助幼儿增强识别真假、善恶、美丑的能力，净化心灵，完善气质，给幼儿以思想道德的启迪和教育。文学作品学习是学前教育机构语言教育的一个十分重要的方面，以学前儿童文学作品为基本教育内容而进行的文学教育活动，也是学前教育机构语言教育活动一种不可缺少的类型。

一、文学作品学习的基本特征

儿童文学作品是指那些与0~6岁儿童的心理发展水平及接受能力和阅读能力相适应的各类文学作品的总称，包括寓言、童话、儿童故事、儿歌、儿童诗、谜语诗、绕口令、儿童散文、儿童小说、儿童科学文艺等多种体裁。作为儿童学习的内容，它具有以下特征：

（一）围绕文学作品展开学习活动

学前儿童文学学习活动的主要特征之一，就是从文学作品入手，围绕作品教学开展系列活动。在幼儿园文学活动中，幼儿学习的内容是具体的文学作品。我们知道，文学作品是语言艺术的结晶体，每一个具体的儿歌或故事都含有丰富而独特的语言信息。这些语言信息丰富而独特，表征着幼儿已知及未知的人、事、物概念，综合呈现幼儿所需要和渴望了解的社会生活现象。如《三只蝴蝶》《狼和小羊》《三只小猪》，都向幼儿展示了一个个丰富有趣的情境事件。与其他语言教育活动相比，文学活动中幼儿所面临的活动对象有着形象生动、信息丰富的特点，而幼儿在活动中与活动对象交互作用的首要任务，就是学习理解文学作品。文学作品呈现的是书面的语言信息，幼儿需要有一个中介方式将书面语言信息转化为口头语言信息，需要通过聆听、诵读、阅读图画、观看动画等方式接受理解文学作品所传递出的信息。因此，任何一个文学活动都必须从文学教育入手，围绕一个具体的作品开展活动，让幼儿完全理解文学作品含蕴的丰富、有趣的信息。

（二）包含感受、理解与表现的审美目标

文学是一种用语言塑造文学形象的艺术。文学作品作为艺术品，首要的是审美价值——语言美、形象美、心灵美、意境美，其次才是认识价值、娱乐价值等。儿童诗及儿歌，情感洋溢、想象丰富、语言含蓄而凝练，并集中体现了文学语言的形式美的特征，如节奏感、韵律感、音乐性、形象性、对称、均衡或错落有致的整体结构。故事、童话有引人入胜的情节，有拟人、夸张、象征的表现手法，一般都是美的形式和真、善、美的内容的高度统一，如《丑小鸭》《小马过河》《小红帽》等。由此，文学作品学习活动的主要目标应是培养儿童的审美能力和文学理解能力、想象力，而不仅是达成进行知识教育和道德教育的目标。文学作品学习活动是一个包含感受美、理解美、表现美以及表达自己对文学作品的理解和想象的系列、多层次的审美教育活动，仅仅通过一次活动就完成一个文学作品的学习，那只能说是没有从实质上理解文学作品的特点，将文学作品学习与普通的语言教育、知识和道德教育混为一谈。

（三）整合相关的学习内容

幼儿园的文学活动从文学作品教学出发，常常整合与其相关的其他学科内容的活动，使得幼儿有更多的机会认识某一个文学作品中表现的社会与自然生活内容，促进他们对作品的感知理解。这是幼儿园文学活动的另一个基本特征。

一首儿童诗或一则童话，对幼儿而言，往往意味着不同方面的学习。文学作品表现了一定的社会与自然生活内容，幼儿在学习各种文学作品的同时，实际上是借助文学作品来认识周围的世界。因此，仅仅向幼儿讲述故事、诗歌等作品内容是不够的，有必要在幼儿接受一个具体作品的内容后，进一步开展与这一具体作品内容相关的活动。就以童话《金色的房子》为例，在幼儿熟悉了故事内容之后，可以开展表演游戏活动，让幼儿体验、理解作品人物心理，继而让幼儿画一画"我的房子"，谈一谈"如果我有一座金色的房子"。毫无疑问，这些相关的活动将有利于幼儿感知和理解文学作品，也有利于幼儿语言以及其他各方面能力的提高。

文学作品本身是社会知识、认知知识和语言知识的结合物，任何一个文学作品的学习，都对幼儿这三方面的知识提出一定的挑战。我们在设计组织文学活动时，根据具体的文学作品整合相关学习内容，就为幼儿提供了在这三方面协调扩充经验的机会，帮助幼儿完成整个语言学习的调整。当然，在文学作品教学中整合相关的学习内容，是从语言角度进行的，必须以文学作品为基本出发点去开展活动，坚决摒弃那种表面热闹、无目的、胡乱拼凑的"拼盘式教学"。

（四）提供多种与文学作品相互作用的途径

儿童发展是通过与外界环境相互作用而建构起来的，并且需要通过自身的操作活动与外界环境相互作用。儿童的语言发展，也是通过个体与外界环境中各种语言和非语言信息交互作用逐步实现的。因而，幼儿园的文学活动，应当着重引导幼儿积极地与文学作品相互作

用，在这一过程中通过多种操作途径让幼儿得到发展。

用活动的形式来组织幼儿文学作品教学过程，意味着幼儿可以在动手、动嘴、动眼、动耳、动脑等各种途径学习中获得亲身经验。仍以《金色的房子》为例，幼儿不仅听了故事、看了图画，而且还表演了人物角色，体会故事中人物的情感、心理，再想一想、画一画"我的房子"，说一说"如果我有一座金色的房子"，这样幼儿获得多种与文学作品相关的交互作用的机会，也获得多种操作语言及非语言信息的经验。于是，动作表征、形象表征和概念表征三种水平上的练习，可以促使幼儿更有兴趣、更积极主动地投入到学习过程中去，也可以更好地帮助幼儿掌握学习内容，同时给幼儿发展提供更为广泛的机会。

二、文学作品学习的主要类型

学前儿童文学作品学习活动主要包括文学欣赏和文学创造两种类型。

（一）文学欣赏活动的设计与实施

文学欣赏活动是对作品再现的生活及作家在作品中表现的审美认识进行再创造和再评价的过程，是一种能动的反映活动。科学研究表明，儿童在学前期已经具备学习欣赏的基础。我们可以通过欣赏活动帮助儿童逐渐学习品味作品的形式和寓意，可以说文学欣赏是让儿童通过想象将作品的语言材料转换成他们头脑中的视觉、听觉的表象（画面）的过程。这类活动的设计与实施基本步骤如下：

1. 文学作品的传递

文学作品的传递是文学欣赏活动得以开展的第一步，教师要选用适合的方式将作品呈现在孩子们面前，以达到调动儿童学习兴趣的目的。

文学作品的传递方法有以下几种。

第一，成人口述作品。有些文学作品内容浅显易懂或者是儿童具有一定的相关生活经验，教师可以直接口述，让幼儿倾听、理解，没有必要再去寻找和运用教具等辅助教学材料。例如中班儿歌《小妞妞》："小妞妞，下楼来，帮妈妈，拿牛奶。双手抱住牛奶瓶，好像抱着小乖乖。两个好乖乖，长得一样白。"

小孩子帮助大人做事情的可爱渗透在字里行间，每个孩子对此都有心理体验和生活经验，诸如此类作品就完全可以直接传递。

第二，结合教具演示。有些文学作品的内容具有较强的知识性，恰恰儿童在这一经验上比较欠缺，对作品内容的理解就形成了障碍，此时，教师就必须要为孩子提供一些直观材料，如木偶、图片、磁性教具、立体活动教具等，增强孩子的感性认识，以帮助儿童更好地把握和理解内容。例如，大班散文《雨中的森林》是一篇意境优美的散文，文章用诗一样的语言，勾勒出一幅动物与环境和谐一体的画面。文章充分发挥想象力，将雨中的森林拟人化，使植物和小动物都充满了人情味，且意境相当优美，可以培养幼儿对美的理解与认识，非常适合大班幼儿欣赏。教师可以利用美丽的森林背景图和形象的小动物活动图片，帮助幼儿深入感受作品的意境美和内容美。

例：大班散文欣赏活动

雨中的森林

一、活动目标

1. 让幼儿初步理解散文的内容，培养幼儿大胆在集体面前讲述，发展幼儿的口语表达能力。
2. 通过听、说培养幼儿感知美、表现美的能力。
3. 激发幼儿喜爱小动物的情感。

二、活动准备

1. 幼儿对雨的了解和认识。
2. 森林背景图（各种各样的树，包含芭蕉树），活动教具：小青蛙、七星瓢虫、松鼠、小鸟、刺猬、小蜘蛛等。

三、活动流程

1. 导入活动

（1）"你们喜欢下雨天吗？为什么？"
（2）"如果遇到下雨天，你又没有带伞，你会到什么地方躲雨呢？"
（3）"小动物会到什么地方躲雨呢？"

2. 基本活动

（1）聆听欣赏，让幼儿大致了解一下散文的基本形式和内容。
"小朋友知道散文的题目是什么吗？"让幼儿知道散文的题目是"雨中的森林"。
（2）第二遍欣赏散文。帮助幼儿理解散文的内容。
教师事先提出问题：
①"哪些小动物跑到森林里去躲雨了？"
②"都是谁帮助了这些小动物？是怎样帮助的？"
③"雨中的森林真美，小动物在森林里躲雨真开心，它们还做了一些什么开心的事呢？"
教师利用图片，根据幼儿的回答逐一出示小动物的形象。让幼儿自由讲述散文中他觉得最美的语句。
（3）第三遍配乐散文欣赏。

3. 延伸活动

教师提问"哎呀！又下雨了，又有谁到森林里去躲雨呢？"来引出这一环节。我们下次自己来编一篇散文。

第三，播放录音、录像和情景表演。录音、录像或情景表演的手段，可以通过视、听文学作品在儿童的头脑中形成知觉表象，由文学作品的具体形象唤起儿童的情感体验和情感反应，这种传递作品的方法在教学中也是经常采用的手段。

2. 多通道参与，相互作用

学前儿童在学习文学作品时，由于他们的动作还没有完全内化，还做不到仅凭倾听语言符号对文学作品进行深入感知，这在4岁之前尤其如此。因此，成人需要借助一些手段，使儿童的视觉、听觉、动觉同时与作品发生作用，对作品进行动态加工，在动中求思、育情。

第四章 学前语言教育组织设计实施

主要有以下几种方法：

第一，作品欣赏与教学媒体相结合。帮助幼儿理解作品是幼儿园儿童文学作品教学活动中的重要环节，也是深层学习的前提。但由于一些作品文体结构与内容的局限，使其具有抽象与跳跃的特点，幼儿难以理解。这就需要教师在幼儿和作品之间搭建平台，通过这个平台，让幼儿直接面对作品，感受、体验、理解作品。为此，可尝试运用多媒体技术中图像、声音、视频能同步设置的优势来处理作品，使文本具有可视又可动、新颖又独特的特点，以此来引发幼儿学习的兴趣与动机，帮助他们进入作品中较难想象的情境，凸显作品中的重要细节和时空跨越上的巨大幅度，为幼儿多角度地感受、理解作品提供条件。例如作品《花房子》（小班）：

小兔盖了一间房子，它把种子拌在泥浆里，刷在房子上。春天，种子发芽了，绿油油的，房子藏在绿叶里，狐狸看不见。夏天，小树开花了，红艳艳的，房子藏在红花里，灰狼看不见。秋天，小树结果了，金灿灿的，房子藏在果子里，老虎看不见……小兔住在房子里，又安全，又舒服，好快乐呀！

这篇散文中有两点让小班幼儿难以理解：一是植物的生长过程，二是房子随植物的生长变成绿房子、花房子、果房子，并因此逃避了猛兽的袭击。为此，教师用 Flash 动画软件将散文制作成动画，让幼儿看到房子上的种子是怎样一点点地发芽、长大、开花、结果，怎样盖住泥房子，变得绿油油、红艳艳、金灿灿，怎样让狐狸、灰狼、老虎扫兴而归。幼儿看后印象深刻，再配以同步的朗诵，就非常容易理解作品，感受到作品中诗一样而又生动的语言，体验到作品中小兔子的房子不断变化以抵御敌人的意趣，基本把握住了小兔机智的形象特点。

第二，作品欣赏与音乐活动相结合。经常用音乐作背景，或者让文学作品作为音乐背景出现，从无意识进入意识区域，音乐的介入为幼儿感知和理解文学作品提供了如同"催化剂"的作用。如散文《月牙儿，一晃一晃》：

月牙儿，一晃一晃，
北方的娃娃说，那是一盏冰灯，挂在天空高高的屋檐下，
星星，是冰灯滴落的水花；
月牙儿，一晃一晃，
南方的娃娃说，那是一只小船，在天湖里采菱，
菱角，就是那闪亮的星星；
月牙儿，一晃一晃，
星星又怎么说呢？
哦，那是星宝宝睡觉的摇篮，又是睡醒后宝宝爱荡的秋千。

在孩子们静静地欣赏钢琴曲《星空》的音乐声中，教师缓缓地朗诵散文，此时背景音乐渐渐由高至低，散文的语言与音乐换位，把儿童带进诗情画意的境地。在其他的文学与音乐配合的活动中，如讲述我国著名作家冰波的童话《梨子提琴》时，老师讲述的故事与小提琴音乐轮流出现，给幼儿以充分的美的感受。

一、活动目标

1. 引导幼儿安静地倾听故事，理解故事内容。
2. 重点复述故事第一部分，根据要求合理展开想象，并随音乐朗诵。
3. 感受音乐带来的美好生活，体验故事中温馨、宁静、友好的情感。

二、活动准备

实物小提琴一把、图片、配乐《梦幻曲》、录音机。

三、活动过程

1. 出示小提琴，引出课题。
（1）教师提问：这是什么乐器？看起来像什么？
（2）想听听用小提琴演奏的音乐吗？
2. 播放舒曼的《梦幻曲》，为故事的讲述创造氛围，让幼儿感受小提琴曲的美。
听了刚才这段音乐有什么感觉？音乐让你想到了什么？
3. 教师配乐完整地讲述故事，体验故事的情感。
你喜欢这个故事吗？听了这个故事你有什么样的感觉？
4. 教师出示挂图，再次配乐完整地讲述故事。
（1）小松鼠用什么做了一把小提琴？为什么？
（2）小松鼠用这把梨子小提琴演奏出了怎样的音乐？（故事里是怎么说的？）
（3）狐狸听到优美的琴声，它对小鸡说了什么？
（4）狮子听到优美的琴声又是怎么做的呢？
（5）狐狸和狮子为什么不捉小鸡和兔子呢？
（6）如果没有音乐，森林会是什么样呢？

另外，音乐活动的内容还包括歌舞韵律活动，因此作品欣赏还可以与歌舞结合。如学习儿歌《云》，儿童在音乐声中身披薄纱学云舞蹈，边跳边听："云儿云儿真美丽，我把云儿摘下地，云儿云儿真听话，我把云儿变小鸡。"当老师念到："摘"时，幼儿就伸手上举摘云，"云"摘下后，就蹲在地上学小鸡的动作，每个孩子可以用肢体动作表现出不同的形象。

上述方法都能有效地帮助儿童走进文学作品，与作品形象交融，产生整体形象及体验。随着年龄的增长，儿童动作将逐渐内化，心灵操作逐渐增加，直至养成静听、静思的习惯。

第三，作品欣赏与游戏结合。很多儿童文学作品受到幼儿欢迎，那离奇的情节、特定的动作在幼儿看来就像是一场超级游戏。他们可以不受时空的限制，完全沉浸在最本真的游戏动作中，并从中得到现实生活中得不到的情感、幻想和愿望的满足。因此，将文学作品欣赏与游戏结合，可以把孩子尽快带入故事情境。如《小猪奴里》的欣赏，老师一开始就把自己当作猪妈妈，把幼儿当作小猪，故事中的对话由老师和幼儿分别担任，即使幼儿初次听这个故事，也会配合默契；在组织角色言语极少、动作感强、情节有趣又便于操作的童话作品教学活动时，可以放开手脚，让幼儿根据自己对作品的理解，去尽情游戏，在动作中体验、理解作品。如作品《神奇的蓝色水桶》（大班）：

宝宝有一只蓝色小水桶，在宝宝的一次次心念中变成了洗脚的大水桶、洗澡的大澡盆、有小鱼嬉戏的小河、有许多鲨鱼的大海，当宝宝在大海中逃避鲨鱼的追击时，大海决堤了，蓝色的大海变回蓝色的小水桶。

幼儿听完故事后非常兴奋："这桶真好玩。我们也要变一个。"他们自由选用了绳子、纸棒、皮筋、旧挂历等材料，嘴里喊着"变变变，变成×××"，和同伴变成小水桶、大水桶、大澡盆、小河、大海，变成宝宝、小鱼、鲨鱼，他们在变出的桶里洗脚，在盆里洗澡，在小河里和小鱼（幼儿同伴）一起玩，在大海里躲避鲨鱼（幼儿同伴）的追杀……幼儿在整个游戏中虽没有多少言语交流，但他们在"变"的动作中进一步理解了作品，体验到作品带给他们的惊喜和快乐。

幼儿园语言教育的首要任务是帮助幼儿成为积极的语言运用者。在下面这个小班语言教学活动中，为了引起幼儿运用语言的主动性和积极性，教师创设了"带领鸡宝宝到小狗家去做客"的游戏情境：一起寻找小狗的家其实就是故事的主要情节，这样幼儿在游戏中理解了故事的内容。在这个基础上，让幼儿完整地欣赏故事，幼儿就能充分感受到语言的丰富和优美，从而有利于培养他们参与语言活动的兴趣。

小班语言学习活动

门上的画

一、活动目标

1. 创设情境，让幼儿在游戏中练习礼貌用语：你好、再见。
2. 鼓励幼儿尝试用普通话大胆表达自己的想法。
3. 培养幼儿参与语言活动的兴趣。

二、活动准备

小鸡头饰，小白兔、小猫、小狗图片，三扇可以开的门，门上分别画有鱼、萝卜、肉骨头，欢快的音乐。

三、活动过程

1. 开始部分

老师扮演鸡妈妈，幼儿扮演小鸡。在音乐的伴奏下，一起快乐地游玩。

2. 创设情境，理解故事

师：今天我要去小狗家做客，可我不知道小狗的家在哪里，你们愿意和我一块儿去找小狗的家吗？

（在音乐的伴奏下，和幼儿一起开着汽车去找小狗家）

（1）来到了门上画着鱼的家门口。

（2）这扇门上画了什么？这是小狗的家吗？

（敲门）（出示门后的小猫）引导小朋友和小猫有礼貌地打招呼。

小猫为什么要在门上画上小鱼呢？

（3）开汽车再去找，来到了画有萝卜的家门口。

这是小狗的家吗？为什么？

（出示门后的小兔）你们猜对了吗？

（引导幼儿向小兔有礼貌地打招呼，再见）

（4）开着汽车再去找，来到了门上画有肉骨头的家门口。

这是小狗的家吗？为什么？

3. 欣赏故事：门上的画

我把刚才发生的事编成了好听的故事，我们一起来听一听。

第四，欣赏作品与美术活动相结合。这种策略的运用是非常普遍的，教师根据文学作品的内容和情绪色彩，可以通过教师自身的美术作品传递和幼儿美术表现的方式将对文学作品的感受、理解用已有的美术经验表达出来，以达到进一步理解作品、深入体验作品的目的。如幼儿初次聆听了《西瓜船》的故事后，教师为了让幼儿想象创编出故事中小老鼠如何乘坐西瓜船过河的情节，就引导幼儿将自己想象的情节先用简笔画的形式描画出来，然后根据画面内容进行语言的表述。这种方式能够将幼儿的语言先通过美术的形式加以呈现，为幼儿语言的操练做好了充分的准备。

3. 通过形象的解释帮助儿童理解作品

儿童作品一般都突出人、境、物的形象，并不需要作过多的语言解释，但是在大班，成人可以利用形象的语言，解释一些难度较大的作品，通过解释帮助儿童产生作品形象，形成作品的审美意象，同时对文学语言的凝练、含蓄、拟人、比喻、象征等表现手法有更多的感受，有助于儿童对文学词语形成审美感受。如唐代孟浩然的《春晓》一诗："春眠不觉晓，处处闻啼鸟。夜来风雨声，花落知多少。"教师可以这样解释："春天的夜晚，我睡得多么香甜，不知不觉已经到了天亮。是小鸟的啼鸣，把我从睡梦中唤醒。猛然想起昨夜的风雨声，有多少花瓣已经落下了啊？"如果能在欣赏古诗之前，观察与欣赏春天里鸟语花香、春雨绵绵的景象，那么，在儿童欣赏时，随着朗诵和解释，在儿童的头脑中就会浮现出作品的画面。

4. 采用适宜的提问方式

适宜的提问是针对教学目标和内容提出的，适宜的提问目的在于通过有针对性的提问帮助幼儿准确深入地理解文学作品的内容，为达到教学活动的目的起到服务和桥梁的作用。

在学前儿童语言教育活动中，教师的适宜性提问方法一般包括以下几种：

第一，针对儿童经验的提问。这种类型的提问往往答案是确定的，也就是说是显而易见的。如"故事或诗歌的题目是什么？""作品里有谁？""谁对谁说了什么"等。一般来说，针对理解、想象和情感的提问，其答案会渗透儿童的理解、记忆、情感体验和想象创造的成分。如听完故事或诗歌后，让幼儿谈谈听到了什么，成人可及时了解到他们能记得和懂得什么，忘记了什么，新增加了什么，这些都是进行深入提问和欣赏的依据。儿童故事中，经常只交代人物的所作所为，而对人物的心理描述较少提及。成人可就人物的心理动态进行提问，如"谁是怎么想的？""他可能会说什么？"让幼儿组织自己的经验，猜测作品内容，填补作品空白。成人可从中了解不同儿童的思维想象能力和语言运用能力。

第二，针对细节的提问。这种类型的提问，儿童必须复述细节，这往往能激发儿童的情绪，因为细节描述既可以讲，也可以作出表情或动作。如在《小猫钓鱼》中，教师先问：小猫第一次钓到鱼了吗？为什么没有钓到鱼？猫妈妈是怎么对小猫说的？第二次小猫钓到鱼了吗？为什么？再请幼儿把小猫钓鱼的两次不同行为进行表演。通过讲述和表演，突出了小猫开始三心二意、后来一心一意的前后对比，给予幼儿深刻的感受与体验。在平时的教学中，幼儿往往在回答教师提问时会出现答案笼统的现象，此时，教师也可以用有针对性的细节提问来启发幼儿把问题展开。如在《鼹鼠的皮鞋车》中幼儿讲道："小兔子看见这只破皮鞋，走开了。"老师就可以追问："小兔子看见这只破皮鞋，会怎么说？破皮鞋听到小兔子的话又会怎么想？你是从什么地方知道破皮鞋很伤心？"通过这样的追问，可以引导幼儿充分从作品中发现、体验角色的情绪以及变化的心理活动，这些细节可以从小让孩子感受到人类情感世界细腻、复杂、丰富多变的内容。

第三，针对作品主题或情节的提问。如喜欢故事里的谁？喜欢他什么？为什么喜欢？在小班只要求用操作的经验或以自我为中心的回答，中班、大班就可要求情境或非情境的，比较客观的、具有社会意义的回答。

第四，针对作品中语言的提问。文学语言的学习是文学欣赏活动重要的活动目标之一。教师在活动中，应请幼儿把作品中自己喜欢的词找出来。在小班或中班初期，一般可以先由教师示范、暗示为主，如："五颜六色""满头大汗""弯弯曲曲"这些词好听吗？引起幼儿对文学语言的敏感性和浓厚的兴趣。随着年龄的增长可以让幼儿自己寻找作品中成熟的语言，并讲一讲好听的原因。

第五，针对生活原型与作品形象进行比较的提问。如幼儿欣赏了动画片《猫和老鼠》之后，教师为了让幼儿进一步分析角色的特征，就有以下提问：故事里的小老鼠与我们平时看到的小老鼠有什么不一样？你觉得我们中间谁比较像故事里的小老鼠？这样的提问就利用作品角色与生活原型进行比较，从而使幼儿更加深刻地体会到作品中的角色特征，它引导幼儿的感知、理解、想象、情感等心理功能与作品展开全方位的相互作用。但并非所有的作品都需要这么做，教师需要根据教学目标、作品、班级、幼儿现实水平等灵活设计运用。

（二）文学创造活动的设计与实施

根据儿童的水平，将儿童对文学形象的再创造，也就是自外向内的文学再加工过程中的表达活动和自内向外的文学创作实践，都归并为文学再创造活动。儿童文学创造活动的主要形式和设计与实施的方法如下：

1. 复述和朗诵

复述和朗诵是建立在感受体验基础上的艺术形象创造的活动，是欣赏过程在大脑中产生的作品意象的表达或表现。故事复述有全文复述和细节复述两种形式。用于全文复述的作品大致需要具备以下特征：篇幅短小，结构比较工整，语言和情节有适当反复，词语优美爽朗，通俗易懂，形象富有童趣。有些作品篇幅长、难度大，但是作品中部分内容描述人物或者对话特别有意思，可以让幼儿在欣赏的基础上学习复述某一段或几段，如童话《金鸡冠的公鸡》。儿歌或儿童诗的篇幅都特别短，而且整体形象感特别强，基本上都可以学会全文朗诵。

发出声音的复述和朗诵，一方面是儿童对作品语言的语音、语调、音量、语气、韵律、节奏的玩味，另一方面，玩味必须受语义的控制。出声操练语言的过程，是寻找特定音响与文学内涵相契合的过程。由于经常性的欣赏和朗诵讲述的双重练习，儿童就能对各语言层次如语音、语感、语义、语法、修辞以及各语言单位如词、词组、句子和篇章结构等具有的特征产生较强的直觉敏感性。与具体作品结合时，就能自发地进行声韵的自我调整，找到自己喜欢的感觉。所以，要进行有美感的复述和朗诵，而不是简单的、背书式的机械重复。

教师如何来帮助幼儿进行有效的复述呢？可尝试以下做法：

第一，有变化地反复欣赏同一个文学作品。

第二，参与和作品有关的系列活动，如绘画、手工制作、参观、观察、歌舞、劳动等。

第三，积累不同语境中的表达经验。教师可以帮助幼儿找到声音特征与情感的关系，如提醒幼儿仔细观察倾听同伴的话语，猜测他此刻的心情，也可以问说话的幼儿刚才说话时是否高兴；教师还可以帮助幼儿找到声音与场合的关系，如上课发言时声音需要响亮，个别交谈时应该轻轻讲话。多通过开展"说悄悄话""打电话"等语言游戏，有效地培养幼儿对语言强弱、高低、快慢的控制能力，年龄越小，游戏的方法越有效。

第四，成人的语言榜样。成人抑扬顿挫、声情并茂的朗诵和讲述，既带给幼儿语言美的享受，又激发他们模仿的愿望。

第五，在音乐伴奏中学习朗诵。朗诵时的声音不知不觉地受到音乐的调节而富有韵律感和节奏感。长此以往，只要告诉幼儿像唱歌一样朗诵，韵味就出来了。

第六，在日常生活中自由分散地利用玩具和道具练习复述和朗诵，互相评议、互相模仿。

在过去的语言教育活动中，复述和朗诵往往是让幼儿在集体面前轮流练习，靠机械重复、死记硬背整篇作品，无论是念的人还是听的人都是有声无情，谁也吸引不了谁，经常是念到后来幼儿注意力分散、人心涣散。现在组织这类活动时，我们提倡幼儿相互欣赏，把自己最好的感觉、最好听的声音表现出来，大家就会感到一种愉悦的享受，而不是枯燥的重复，幼儿的注意力自然就被艺术活动所吸引了。朗诵或复述的主动性、能力、自信都会在相互模仿学习、自我调整中得到不断提高。

2. 表演

表演一般由复述自然转入。从文本的复述到表演，从语言到动态形象的表达，是早期的戏剧创作实践活动，非常具有创造性。而且，幼儿十分喜欢作品表演活动，教师完全可以利用一个作品尽可能地扩大教育效益，凡学会复述的作品都可以组织儿童进行表演。

表演可以分层次地进行：

第一，情境对话；

第二，根据作品或自创作品进行出声或不出声的表演，包括个人的哑剧表演；

第三，主要人物形象的立体动态塑造；

第四，作品段落的表演；

第五，作品完整形象的表演。

第一至第四层次的表演，可以在欣赏和朗诵活动中穿插进行，可以在学会复述作品后即兴开展。在大班，教师还可以让幼儿自己确定表演的角色，选择表演的片段内容，并学习与同伴合作表演。第五种表演一般需要在学会复述的基础上进行，这样效果会较好。因为幼儿不必再为了回忆语言而分散注意力，就可以将注意力集中在动作、表情以及彼此的相互关系上。

表演需要个人的天赋，同时也需要在日常积累相关的经验，其中吸收他人或周围媒体中的表演经验是很好的途径。当今的艺术传播媒介相当丰富，电影、电视、录像中有许多儿童喜欢的形体动作和语言的艺术性表现图式，这些都可以被儿童在潜移默化中内化积淀，当有实践机会时，这些积淀就会一触即发。

3. 创编

儿童的作品创造是作品与儿童各种经验的结合。这些经验包括：认识经验（直接经验和间接经验）、情绪经验（兴趣和其他内部情感）、语言经验（音、词、语法）、作品经验（结构图式）、儿童的文学制作实践经验等。但是，这种组合是一种儿童心理内化后的组合，并不是诸多经验的简单相加,因此,还需要有情感和动机的激励。儿童进行创编必须具备两个条件:一是经验,二是动机(制作动力:对文学语言的好奇心和自发的探索兴趣、对文学作品的迷恋),教师应帮助他们获得这些经验和动机。

儿童文学作品创编大致可以分为四种类型:

第一,扩编和续编。这类创编活动都是和欣赏、朗诵、复述结伴而来的,是对原作开放系统的拓展,是儿童对更大的艺术空间的填补。它是建立在儿童理解童话和故事作品的体裁特点,积累大量知识经验的基础上的创造活动。扩编是通过想象和联想,对原作的某些部分进行扩充。教师通常是通过提问来激发幼儿的想象和联想,例如问:小熊还会把萝卜送给谁?谁又会把它怎么样?(《萝卜回来了》)续编是让儿童根据故事的开头和发展编出结尾或者情节高潮部分。不同年龄阶段的儿童编构故事有不同的要求,小班编构故事的重点是故事的结局,中班编构的重点是编构故事的高潮部分,大班则是编构完整的故事。例如:

大班语言活动

故事火车

一、活动目标

1. 学习根据故事的首尾关联,运用想象创编故事中间部分情节;
2. 初步感知故事的基本结构,对编构故事产生兴趣。

二、活动准备

故事《鼹鼠的皮鞋车》插入式图片(见图4-1)、卡片、记号笔、音乐、录音机等。

三、活动过程

1. 欣赏故事火车,发现特别、感知结构

(1)请幼儿欣赏一列"特别".的"故事火车"。(讲述故事的首尾内容)

(2)提问:什么地方很特别?

(3)引导幼儿以火车的结构来感知故事的结构:

车头——故事的开头　　车厢——故事的过程　　车尾——故事的结尾

2. 创编主要情节,交流讨论、体验乐趣

(1)提问:中间的车厢里到底藏着什么呢?

(2)分组讨论,创编故事的中间情节。(配乐、幼儿简笔画)

(3)集体分享小组的创编成果。

(4)师生共同讲述故事,分享完整的"故事火车"。

3. 延展故事火车,再认结构,萌生创新

(1)提问:故事火车到底有多长?

(2)欣赏老师的故事火车,留下空白的车厢,激发幼儿的创编欲望。

第二,仿编。仿编活动是儿童在文学欣赏、理解文学作品内容及构成的基础上的一种创造性学习活动。要求幼儿仿照某一篇作品的框架或某一个段落,调动自己个人经验进行扩展想象,编出自己的文学作品或段落。这种想象往往是在文学欣赏活动的基础上进行的,对发展儿童的想象力及创造性地学习作品大有裨益。仿编活动设计和实施有其基本结构:一是做好仿编前的准备,包括对仿照作品要充分熟悉和理解,对其中的内容和形式有所认识,需要有一定的知识经验、一定的想象力和语言表达能力;二是组织幼儿讨论仿编中比较关键的问题，教师进行示范仿编；三是启发幼儿在此基础上开展仿编；四是要求教师对幼儿仿编的内容进行串联和总结。

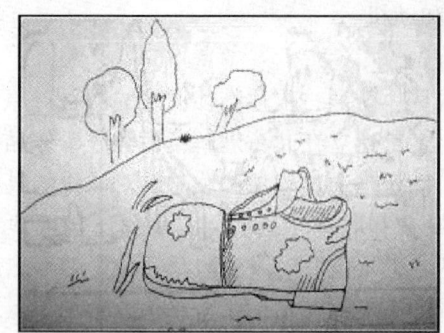 

图 4-1 鼹鼠的皮鞋车

不同年龄的幼儿，仿编有不同的重点。小班仿编的重点要求在原有画面的基础上更换某一个词汇，通过换词来体现文学作品画面的变化；中班的重点是要求幼儿更换一个词汇而构成句子的变化；大班仿编的重点是要求幼儿对原来文学作品的结构进行部分变动。例如：

大班文学活动

仿编诗歌《春雨》

一、活动目标

1. 在了解诗歌画面内容和相关事物的基础上，鼓励幼儿说出与别人不同的事物。
2. 激发幼儿热爱大自然的情感。

二、活动准备

春景图、录音机、磁带、词卡（春雨、种子、麦苗）。

三、活动过程

1. 教师以谈话的形式导入课题。

讨论：春天来了，你看到了什么？他们在干什么？

2. 感受诗歌的意境，学会句式："××说，下吧下吧，我要……"

（1）欣赏诗歌《春雨》，了解诗歌的内容。

（2）语言提示：下雨的声音是怎样的？诗歌里说了谁？他们都说了什么？心情是怎样的？

3. 观察周围生活，引导幼儿用自己的语言描述仿编部分内容。

（1）引导幼儿用适当的词替换诗歌中的词。如柳条说："下吧下吧，我要发芽。"

（2）通过反复出现的词："说""我要"让幼儿能够熟悉仿编部分内容。

4. 引导幼儿把几个段落串起来，形成一首较长的题目为《春雨》的诗。

教师小结幼儿编出的诗歌段落后，串成一首完整的诗。

附诗歌

春　雨

滴嗒，滴嗒，下雨啦！下雨啦！
种子说："下吧，下吧，我要发芽。"
梨树说："下吧，下吧，我要开花。"
麦苗说："下吧，下吧，我要长大。"
小朋友说："下吧，下吧，我要长大。"
滴嗒，滴嗒，下雨啦！下雨啦！

第三，转换编构。转换编构是指根据提供的语义内容（乐曲、声音、绘画、图片、表演及其他儿童化情境）转换成描述和叙述性的语言（故事、诗歌等）。教师可以安排将艺术符号相互转换的活动，将画面或乐曲转换成故事或诗歌，如根据自己的绘画作品编故事，用木偶编故事，听音乐编故事，根据看到的舞蹈编故事等。

第四，独立完整编构。这类创编不凭借语义和作品，只凭借想象和联想独立构思完整的文学作品，如同绘画中的意愿画。一般可以分为两种类型：一是根据题目进行口头创编，类似于成人的命题作文；二是让幼儿先把用来编构故事的事件画成图画，再根据图画编构故事。它可以避免幼儿"前讲后忘"的现象发生，使故事的内容和幼儿的语序趋向稳定。

三、文学作品学习设计与实施的基本结构

文学作品学习活动的目的是引导幼儿积极主动地学习文学作品，感知语言文学作品，提高创造性地运用所学语言的能力。教师要想贯彻文学教育的基本理念，组织好教育过程，就需要了解某种规范性的活动结构，把握好以下几个步骤：

（一）初步感知文学作品

将文学作品传递给幼儿，这是文学学习活动的首要环节。作品以何种形式传递给幼儿，我们在前面已经有了了解。在这个环节中，教师的教学重点应该放在幼儿对作品的感受和理解上。但也要注意不要在第一次接触作品时过多地重复讲述作品，以免降低幼儿对作品的学习兴趣。

（二）理解、体验作品

在学习作品内容的基础上，教师需要进一步引导幼儿去理解作品、体验作品，尤其是让幼儿通过亲身感受去体验作品中人物的情感历程和心理世界。教师可以围绕作品内容设计和组织几个相关的活动，如观察走访、观看图片、动画片、情景表演，组织认识自然和社会的活动，采用绘画、手工等艺术创作手法，引导幼儿讨论、表达和表现文学作品内容。不管采取何种方式，都必须紧紧围绕作品内容引导幼儿理解和思考。

（三）迁移作品经验

在帮助幼儿深入理解作品的基础上，教师还要进一步引导幼儿迁移作品的经验。因为文学作品向儿童展示的是建立在儿童生活经验基础上的间接经验，这种经验让他们感到既熟悉又新奇有趣。但是，仅仅让幼儿的学习停留在理解这些间接经验还是不够的，还不能充分地将这些间接经验与幼儿的直接经验联系起来。因此，需要进一步组织与作品重点内容有关的操作、游戏、角色扮演等活动，使幼儿能将文学作品经验迁移到生活中，并与幼儿的经验和

体验有机结合，这样就能使幼儿进一步加深对作品的理解和体验，又可以扩展幼儿的生活经验。

(四) 创造性想象和语言表述

教师可以进一步创设条件，让幼儿扩展自己的想象，并创造性地运用语言表达自己的认识和想象。在这一步骤中，教师可以让幼儿续编故事，也可以让幼儿仿编诗歌，还可以围绕文学作品内容想象、讲述。

通过这样的创造性学习，让幼儿尝试进行语言材料的想象和创造，培养幼儿对语言艺术的敏感性，激发幼儿的艺术思维和创造潜能。主要可以从三个方面着手培养：一是指导幼儿艺术地再现文学作品；二是指导幼儿学习仿编文学作品；三是指导儿童创编文学作品。

综观本节所述，初步了解和掌握儿童文学作品学习活动的基本特征、主要类型以及文学作品学习活动设计与实施的基本结构之后，要设计和组织好一次有效的文学学习活动，还需要教师不断深入思考，尤其要注意灵活而整合地运用各种教学方法，机智地调整和重组活动的结构。例如前面大班语言活动《故事火车》，它是一个比较典型的文学创造活动，教师还可以对这个活动的设计进行更为深入的加工和优化，用"形象的火车"来给幼儿暗示"故事的结构"，并赋予其"音乐"的外衣，使平时幼儿耳熟能详的故事给予他们更多新的吸引，提高活动的审美性和趣味性。

大班语言活动

音乐故事火车

一、活动目标

1. 学习根据故事的首尾关联，运用想象创编故事中间部分情节；初步感知故事的基本结构，对编构故事产生兴趣。
2. 运用比较欣赏的方法尝试为故事的首尾选配适宜的乐曲。

二、活动准备

插入式图片、卡片、记号笔、音乐、录音机等。

三、活动过程

1. 欣赏故事火车，发现特别，感知结构

(1) 请幼儿欣赏一列"特别"的"故事火车"。(讲述故事的首尾内容)

(2) 提问：什么地方很特别？

(3) 引导幼儿以火车的结构来感知故事的结构：

车头——故事的开头　　车厢——故事的过程　　车尾——故事的结尾

2. 创编主要情节，交流讨论，体验乐趣

(1) 提问：中间的车厢里到底藏着什么呢？

(2) 分组讨论，创编故事的中间情节。(配乐、幼儿简笔画)

(3) 集体分享小组的创编成果。

3. 对比欣赏乐曲，尝试选配乐曲，完整分享

(1) 欣赏两段不同性质的乐曲。

(2) 尝试根据故事首尾的情绪色彩，选配相应的乐曲。

(3) 师生共同讲述故事，分享完整的"音乐故事火车"。

4. 延展故事火车，再认结构，萌生创新
（1）提问：故事火车到底有多长？
（2）欣赏老师的"音乐故事火车"，留下空白的车厢，激发幼儿的创编欲望。

第二节 谈　　话

学习目标

了解幼儿园谈话活动的基本特征、主要类型，掌握谈话活动设计与实施的基本结构以及各种教学方法。

重点、难点

掌握设计与实施幼儿园谈话活动的基本结构及教师的指导方法。

学习提示与建议

1. 掌握幼儿园谈话活动的基本特征和类型。
2. 对幼儿园谈话活动设计和组织的基本结构以及具体教学形式和方法有深入了解。

谈话是帮助学前幼儿学习在一定范围内运用对话问答的语言与他人进行交流的活动。在各种类型的语言教育活动中，谈话具有独特的促进幼儿语言发展的功能。幼儿园的谈话活动，是一种有目的、有计划地组织幼儿学习的语言教育活动，这种活动旨在创造一个良好的语言环境，帮助幼儿学习倾听别人谈话，围绕一定话题进行谈话，习得与他人交流的方式、规则，培养与人交往的能力。

一、谈话活动的基本特征

近年来有关幼儿语言发展的研究，尤其是对幼儿语言运用能力发展的研究，使我们逐渐认识到，谈话活动是幼儿园语言教育不可缺少的一种类型，与幼儿园其他语言教育活动相比，在形式、内容、方法以及实施途径等方面，具有其自身的特征，其作用是其他语言教育活动所不能替代的。

（一）谈话活动应拥有一个幼儿感兴趣的话题

谈话活动是教师有目的、有计划、有组织的一种语言教育活动。在引导幼儿集中关注并用语言进行交流时，一个全体参与、谈话者共有的中心话题限定了幼儿交流的范围，主导了幼儿谈话的方向，使幼儿的交谈带有一定的讨论性质。一般地说，谈话活动应该围绕一个具体、有趣、贴近幼儿生活经验的话题而进行。例如：谈话活动"我爱吃的水果"，将幼儿的谈话范围限定在每个人喜爱的水果上，幼儿的交流便随着教师的引导，围绕"自己喜欢吃的水果"层层深入，不会游离"水果"的话题。

这种"有趣的中心话题"往往包含了三个特性：一是经验性。幼儿对中心话题具有一定的经验基础，这样容易使幼儿有话可讲，完全陌生的话题是不可能引起谈话的兴趣的。二是新奇性。话题必须具有新鲜感，能够引发幼儿强烈的好奇心，使幼儿感兴趣的话题是那些新颖的生活内容，曾经反复提起和谈论的话题，很难引起幼儿的强烈关注。三是趣味性。有趣的话题常常与幼儿近日生活中共同关心的事件或事物有关，幽默、轻松的话题更加能够让

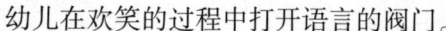

幼儿在欢笑的过程中打开语言的阀门。

（二）谈话活动注重多方的信息交流

幼儿园的谈话活动强调幼儿运用对话问答的语言与他人进行交流，这是谈话活动与讲述活动的主要区别之一。讲述活动是发展幼儿的独白语言，而谈话活动则注重幼儿的交往语言或对白语言，侧重于师生间、同伴间的信息交流与补充。从语言信息量来看，当幼儿围绕中心话题进行交谈时，他们的思路是呈辐射状向外发散的，而不同个体的经验也多种多样，因此在谈话中每个幼儿获取的信息量都比较大。从交往对象来看，谈话活动可以是幼儿与其他同伴交谈、与老师交谈，也可以是幼儿在集体面前讲述，由此构成了幼儿与教师、教师与幼儿、幼儿与幼儿交谈的三种基本模式。

（三）谈话活动拥有宽松、自由的交谈气氛

在谈话活动中，幼儿可以围绕自己感兴趣的中心话题，自由地表达个人见解。无论幼儿原有的经验如何，无论幼儿用什么样的表达方式谈话，他们都可以在这个范围里将自己想说的话说出来。例如：在"我爱吃的水果"谈话活动中，幼儿可以根据个人的经验感受，谈论自己带来的水果、自己喜欢的水果，并说出一定的理由。有的幼儿喜欢吃香蕉，因为香蕉弯弯地像只小船；有的幼儿喜欢吃西瓜，因为西瓜有很多水分，很解渴，等等。由此可见，幼儿在谈话活动中能够畅所欲言。

谈话活动的宽松气氛，主要体现在两个方面：一是不要求幼儿统一认识，允许幼儿根据个人感受发表见解，并针对谈论主题说自己想说的话，说自己的独特经验。二是不特别强调规范化语言。谈话活动鼓励幼儿愿意交谈、积极说话，善于表达个人想法，但不要求他们一定使用准确无误的句式、完整连贯的语段。谈话活动的主要目的是激发儿童用语言主动与人交流信息。

（四）谈话活动中教师起间接指导作用

教师是谈话活动的设计组织者，但是在谈话活动中，教师的指导作用以间接引导的方式出现。他们往往以参与者的身份参加谈话，给幼儿以平等的感觉，这也是创造谈话活动宽松气氛的一个重要构成因素。有的教师在谈话活动中充分考虑这种平等的谈话氛围，因此打破原有的幼儿两排坐或半圆形面向教师的座位安排方式，用教师和幼儿在干净的地上坐成一圈的方式来开展谈话，更好地体现了教师平等参与的特点，也有利于教师对幼儿接下去的谈话进行有效的掌控和指导。

教师在谈话活动中以参与者的角色出现，并不表明这场谈话成为任意的无计划交流。教师在设计组织谈话时，仍然需要按照预定的目标，紧扣谈话的中心话题，有效地影响谈话活动的进程。

谈话活动中，教师的间接引导可通过两种主要方式得以体现：一是用提问的方式引出话题，引导幼儿谈话的思路，把握谈话活动的方式。二是教师用平行谈话的方式对幼儿做隐性的示范。教师通过谈论自己的经验，如自己喜欢的水果及原因等，向幼儿暗示谈话时组织交流内容的方法。应当说，教师在谈话中的指导方法不同于其他语言教育活动，因而也成为这一类活动的独特之处。

二、谈话活动的主要类型

要了解谈话活动的类型，我们必须分析它的实质。由上所述我们不难看出，谈话活动的

实质是通过一定的话题引发多方的言语交往活动。原则上说凡是符合此特征的言语交往活动都应列入谈话活动的范畴，但是我们也要认真考虑谈话活动与科学教育"总结性谈话""观察后谈话"之间的界限，两者之间的侧重点不同。谈话活动侧重于言语表达和言语交流；而"总结性谈话"与"观察后谈话"比较侧重于全面、深刻地认识某一方面事物，如"秋季总结性谈话""观察蚯蚓后的谈话"等。因此，我们不能笼统地将科学教育中的谈话内容划入到语言教育的谈话活动中去。

（一）日常生活中的谈话

日常生活中的谈话是谈话活动中的一种重要形式。随着语言教育改革的不断深入，人们越来越深刻地意识到，日常生活中的谈话是发展幼儿口语的重要途径，它带有极大的情境性和感情色彩，交谈的话题极其丰富，交谈的对象经常变化，交谈可以在任何情况下开始或结束，不受时间、空间、年龄对象的限制。这种谈话活动在三个年龄班都适用。主要有两种形式：

1. 日常个别谈话

在一日生活的各个环节，如晨间来园、晨间活动、盥洗、游戏、活动过渡的间隙、离园等时间内，教师都可以利用这些零散的时间与部分幼儿就某个话题进行交谈。但这种交谈并不是随意进行的，而是经过了一定的计划和准备的，教师要考虑好本次谈话要与哪些幼儿交谈，谈什么，在交谈中发展他们的哪些言语技能和态度。教师应该把这部分内容列入一日活动计划中。例如，早晨来园时，教师计划与班上较内向、语言能力相对较弱的4名幼儿交谈，话题有两个："来园的路上都看到了什么？""昨天我最高兴的事。"通过与幼儿交谈，培养他们主动、大胆地与人交往的能力以及主动表达的积极性。交谈过程中，教师可以与一个或同时与4个幼儿交谈，幼儿可以随时参加或退出谈话。日常交谈中的个别交流，主要目的在于增强个别幼儿的自信心，调动他们参与活动的兴趣和积极性。

2. 日常集体谈话

与日常个别谈话相比，日常集体谈话的话题更自由，可以同时有多个话题。形式更活泼，可以是师生间的谈话，也可以是同伴间的谈话或是师生、同伴间的讨论等。这种谈话也遵循着"自由参加"的原则，幼儿可以参加谈话活动，也可以从事其他活动。例如，在每日散步时，教师可以就园内的花草树木或其他的环境变化与幼儿进行交谈和讨论。教师可以问："滑梯旁新添的轮胎秋千可以怎么玩？你们猜一猜是谁把它搬到这儿来的？我们要怎样爱护轮胎秋千？"等。通过这样的日常集体谈话，教师既可以经常为幼儿提供机会锻炼他们的表达能力，又可以培养幼儿的观察力和注意力。

（二）有计划的谈话活动

这类活动是教师制定一定的计划和教育活动方案，依据事先确定的话题，有目的地组织幼儿进行的。谈话的话题可以各式各样，凡是幼儿熟悉的或是与他们的生活紧密相关的，都可以加以选择。这些题目可由教师拟定，在大班也可以请幼儿参与拟定。主要话题有：我最喜欢的……（人物、动物、玩具、图书、衣服等）；我和周围的人（爸爸妈妈、爷爷奶奶、老师及同伴等）；我和节日（六一儿童节、国庆节、春节、三八妇女节等）；我参加的一些活动（春游、参观、访问、旅游、探亲访友等）；周围环境的变化（花草树木、建筑物、道路、居住环境等）。

由于这类活动需要事先进行精心设计和准备，因此在指导活动过程中，教师要注意以下两点：一是要努力创设良好的语言环境，鼓励每个幼儿都能积极地发表自己的看法和见解。二是要增加幼儿语言交往的密集度。活动过程中，教师不仅要让幼儿自己说，还要让他们积极地与同伴交谈，与教师交谈，在交谈中学习他人有用的经验，不断提高语言运用能力。由于有计划的谈话活动对幼儿的有意注意、有意记忆及言语能力的要求较高，因此不太适合小班初期的幼儿，可以从小班下学期开始进行。

（三）开放性的讨论活动

讨论活动是一种特殊的谈话活动形式。说其特殊，是由于它在话题形式、语言交往和教师的指导上都有其开放性的特点。讨论活动的话题一般都是开放性的问题，同时讨论所涉及的事物应该与幼儿已有的生活经验相符合，但对幼儿来讲又有一定的难度。例如，讨论的话题是"假如你有一朵七色花，你最想做的事是什么"，这个话题可以让幼儿自由想象，随意发挥，没有固定的答案。

讨论活动是一种开放性的语言交往活动。在讨论中，幼儿可以就自己的观点去与他人进行充分的语言交往。幼儿既要清晰地向对方表达自己的看法，又要善于倾听他人的见解并进行分析、反驳或接纳，从而使语言交往延续下去。这种语言交往对象可以是一一对应的，也可以是在小群体中进行的。可见，讨论活动对幼儿的语言能力、思维能力都提出了很高的要求，因此一般在中班以后才适合开展这项活动。

教师的指导态度要开放。与讨论的问题相对应，教师对幼儿提出的看法也应采用开放的态度。不要一味地从成人的角度去评判幼儿的某些看法合不合理。教师要将指导的重点转向幼儿的语言交往能力，而对幼儿的某些富有想象力和分析力的想法采取接纳和鼓励的态度。例如，幼儿说："人不会飞是由于人没有翅膀，但人可以从小天使那儿借到一双翅膀，这样就可以像小鸟一样飞在高高的蓝天上了。"这样的答案教师不但要接受，还要在评议时给予积极的鼓励，引导其他幼儿能像这个孩子一样，勇于创新、富于想象，并大胆地在集体中表述出来。

三、谈话活动设计与实施的基本结构

任何一种语言活动都有其自身的结构，但各种活动的结构又有其特别的规律。谈话活动的目标、对象、活动方式的独特性，在活动设计与实施的结构中得到充分的反映。

（一）创设谈话情境，引出谈话话题

设计和组织谈话活动的第一步，是创设谈话情境，引出谈话话题。其目的在于引出谈话和讨论话题，使幼儿在活动之初就能被吸引到活动中来。

教师在谈话活动的开端，通过一定的情境激发幼儿的兴趣，启发幼儿对话题有关经验的联想，打开言语表达编码的思路，做好谈话的准备。这是谈话活动不可缺少的一个环节，教师要做到以下两点：

1. 营造一个宽松自由的谈话氛围

这是针对开展谈话活动的心理环境提出的。如果教师在活动开始时非常严肃或大声地斥责幼儿，那么整个活动室里都会弥漫着紧张不安的气氛，相信这时即使话题再有趣，也调动不了幼儿的积极性。因此，在活动开始时教师一定要让周围的气氛轻松、自然，可以让幼儿唱唱歌、做做游戏等，以使幼儿的情绪稳定，将注意力迅速地集中到教师的身上。

2. 创设生动、有趣的谈话情境

谈话情境的创设，主要有以下三种方式：

第一，用实物或直观教具创设谈话情境。通过挂图、幻灯、墙饰布置、玩具、录像等各种不同的实物，向幼儿提供与话题有关的可视现象，启迪幼儿谈话的兴趣和思路。例如：在谈话活动"我喜欢的糖果"开始的时候，教师引导幼儿观察用糖果及有关物品布置的糖果角，就起到了这种作用。

第二，用语言创设谈话情境。教师通过自己说一段话、提一些问题来唤起幼儿的记忆，调动他们的经验，以便幼儿顺利进入谈话情境。同样，在设计和组织"我喜欢的糖果"这一活动时，教师也可以采取用语言创设情境的办法。教师可以这样向幼儿展示谈话的情境："小朋友，你们一定都吃过糖果吧，你们吃过什么样的糖果呢？你们大家一定记得食品商店的糖果柜台，那里有多少糖果啊！每个人都会在那里找到自己喜欢吃的糖果……"用语言来创设谈话情境，同样可以达到引出谈话话题的作用。

第三，用游戏或表演的形式创设谈话情境。通过开展一些游戏或表演活动，来提供一些与谈话内容有关的情境，以引起幼儿表述的愿望。如中班谈话活动"发生在公共汽车上的事"，教师先请几个大班小朋友分别扮演司机和乘客，进行情景表演。当他们表演到没有人给老奶奶让座时，教师提出这样的问题："如果你和爸爸妈妈也在公共汽车上，你会怎么做？"运用这些形式创设谈话的情境，很容易调动幼儿的积极性和兴趣，引起他们对所谈内容的回忆，为下一步骤奠定良好的基础。

在第一步骤的活动设计和组织方面，教师应当注意下列问题：

首先，注意创设谈话情境的方式。无论以实物的方式还是以语言的方式创设谈话情境，都必须以有利于幼儿谈话为前提。教师应充分认识到，创设谈话情境的目的在于开启幼儿谈话愿望、激发幼儿谈话的兴趣，创设什么样的谈话情境取决于幼儿谈话的需要。一般来说，对幼儿已经具备比较丰富的经验的话题或幼儿新近关注较多的话题，可以不采用实物方式创设情境，因为这些话题幼儿不需要借助眼前可视的形象来思考和谈话。对幼儿谈话难度大的话题，则要考虑创设实在具体的谈话情境。例如大班谈话活动——我喜欢的冬天运动，教师一开始就是让幼儿在户外进行体育锻炼，为幼儿创设了一个具有实际体验的即时谈话环境。

大班谈话活动

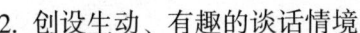

我喜欢的冬天运动

一、活动目标

1. 培养幼儿不怕寒冷的勇敢精神及对冬季体育活动的兴趣。
2. 提示幼儿专心倾听别人谈话，学习别人谈话的经验。
3. 引导幼儿能大胆地说出自己喜欢的冬天活动及理由。

二、活动准备

冬天，小朋友在室外参加各类体育活动——滑雪、滑冰、登山等的挂图。

三、活动过程

1. 教师："孩子们，我们出去做运动，好吗？"
2. 教师带领幼儿开展丰富多彩的户外活动，如跳绳、跑步、玩球、玩沙包、跳房子等。活动达到一定程度，请幼儿放松一下，然后带入室内。

3. 请幼儿谈谈活动前后的不同感觉，了解运动的好处。

教师：刚才我们出去做运动，现在，小朋友们感觉怎么样了？（暖和）那运动有什么好处呢？（幼儿自由回答）

4. 请小朋友两人或分小组讨论冬天喜欢的活动和理由，提示小朋友学习倾听别人的谈话。

5. 教师出示挂图，引导幼儿拓展谈话范围，使谈话内容更丰富、连贯。引导幼儿说出滑雪、滑冰、登山等运动。给幼儿讲解爱斯基摩人的生活情况。

6. 教师和幼儿小结谈话内容，注重鼓励幼儿不怕寒冷，并能积极参加冬季的体育活动或其他有意义的活动。

四、活动延伸与生成

给幼儿讲故事：《不怕冷的大衣》。

其次，要注意创设的情境与谈话话题之间的关系。谈话情境的创设是为引出话题服务的，应避免出现两种情况：一是避免许多与谈话内容无关的摆设，要紧扣谈话的中心话题；二是避免过于热闹以致喧宾夺主的现象，时间分配上不宜占用过多的比例，3~5分钟即可。谈话的情境创设应尽可能地简单明白，以便直接连接话题内容。过于花哨、复杂的情境有可能分散幼儿的注意力。教师在创设谈话情境时，必须记住情境是谈话话题的"助手"，应以达到引导谈话话题的目的为基本标准来衡量情境创设的量和度，既要充分利用谈话情境启发引导幼儿，又要尽快导入话题引发幼儿谈话。

（二）鼓励幼儿围绕话题自由交谈

在幼儿就谈话话题开始谈话之后，教师接下来要向幼儿提供围绕话题自由交谈的机会。这一步骤的目的在于调动幼儿个人有关谈话中心话题的知识储备，运用已有的谈话经验交流个人见解。比如：在"我喜欢的糖果"这一谈话活动中，教师让幼儿分成几个小组或两两结伴边吃糖果边谈论糖果，使每个幼儿都有机会参与谈话、表达自己的观点。

设计和组织这样的活动时，有几个基本的方法可供参考：

第一，应当放手让幼儿围绕话题自由交谈。在幼儿分组或一对一自由交谈时，应当允许幼儿说任何与话题有关的想法。此时，只要幼儿的谈话围绕话题进行，教师就不需要做示范，不给幼儿提示，不纠正幼儿说话时用词造句的错误，让幼儿充分运用已有谈话经验说出自己想说的话。

第二，鼓励每位幼儿积极参与谈话，真正形成双向或多向的交流。

当幼儿分成小组时，教师可让幼儿自己选择交流对象。这些三三两两自由结合的小组，或是一对一的小组，更有利于发挥每位幼儿的积极性，使他们有更多的机会交谈，也可保证谈话的气氛更加宽松、融洽。

第三，适当增加幼儿"动作"的机会。

谈话是口头语言操作，也是动脑的操作。但根据幼儿活动的特点，在谈话活动中适当增加一些其他方式的操作活动因素，将更有利于调动幼儿的兴趣，增进他们说话的积极性。例如：在"我喜欢的糖果"活动中，教师在"幼儿自由交谈"这一步骤设计了让幼儿边吃糖果边谈论糖果的内容。这样的安排使幼儿的谈话更加饶有趣味。因此，在各种谈话活动中，均可根据话题内容，适当增加幼儿"动作"的机会。

第四，注意自由交谈中的个别差异。

自由交谈虽给幼儿提供了开口说话的大好机会，但有些语言能力较差的幼儿却恰恰在这个环节中得不到很好的锻炼，他们常常表现出光听不说。因此，教师在坚持"交谈对象自由选择"的原则时，要有意识地将语言能力较差和语言能力较强的幼儿安排在一起，让他们互相促进、互相作用。此外，教师还要重点倾听语言能力较弱的幼儿的谈话，提醒其他幼儿在说完自己的感受后，注意倾听这些幼儿的话语，经常给予他们充分的鼓励，以增强他们的自信心。

另外，当幼儿进入围绕话题的自由交谈时，教师不能袖手旁观，不能将幼儿自由交谈视为一种"放羊"的时机，让幼儿随便谈话而自己去做与谈话无关的事情。在这个活动阶段，教师的职责和任务主要表现在三个方面：一是教师必须在场。当幼儿看到教师在场时，即使教师并未说话，幼儿也能够感觉到自己说的话的价值，增进说话的积极性。可以说，教师在场意味着活动的正常进展，能够对幼儿产生潜在的影响。二是教师参与谈话。教师可以采取轮番巡视的方式参与各组的谈话，到每一组都听一听幼儿的谈话，用微笑、点头、拍手等体态语言给幼儿以鼓励，也可用皱眉、凝视、抚肩等体态暗示那些未能很好进入谈话的幼儿。教师还可以简单发表个人见解，或是对幼儿说话给予一定应答，或用自己的语言对各组幼儿谈话作出反馈，这样能产生一定的积极影响。三是教师要观察记录幼儿谈话情况，了解他们运用原有谈话经验进行交谈的状态，明了幼儿谈话水平的差异，为下一阶段活动的指导做进一步准备。

（三）引导幼儿围绕中心话题逐步拓展交谈内容

在幼儿运用已有的知识经验充分地交谈后，教师要适时地将幼儿集中起来，以提问或启发的方式帮助幼儿学习新的谈话技能和谈话规则，掌握正确的谈话思路和方法，使幼儿的谈话水平进一步提高。这一过程是谈话活动的重点内容和核心。

1. 中心话题的拓展是逐步进行的

一般来说，中心话题是沿着这样的顺序拓展的：对话题对象的描述和基本态度—为什么会有这种态度—对话题对象的独特感受。仍然以"我喜欢的糖果"为例，在活动的第三阶段，教师通过提问的方式，引导幼儿在集体范围内谈话。教师提出了三个要求：请幼儿说一说自己带来的糖果有什么特别的地方，请幼儿谈一谈自己最喜欢哪种糖果，为什么。请幼儿谈一谈自己觉得哪种糖果最有趣，为什么。在每个问题提出之后，教师都组织幼儿围绕这个问题谈论。于是，我们发现，教师的提问和引导，是沿着"我喜欢的糖果"这个话题，逐层开拓、发展着幼儿的谈话内容，给幼儿提供了学习运用新的谈话经验的机会。

再如大班谈话活动"我喜爱的图书"，教师设计的中心话题拓展顺序是：幼儿从描述图书种类、对图书的基本态度，到谈论为什么会有这种态度，到最后谈论对图书的独特感受。用这样的方式设计话题的拓展，可以帮助幼儿拓展思路或唤起更多的回忆和内心体验，在此基础上再帮助幼儿学习新的交谈经验。而对中大班幼儿来说，这种话题拓展模式也给他们提供一种谈话的思路，这种宝贵思路的习得无论对他们有条理地讲述还是今后的读、写都是非常有意义的。

2. 正确地看待谈话技能、态度和规则的学习

谈话技能、态度和规则是需要经过一定的阶段才能逐渐培养起来的。教师在引导幼儿学习新的谈话经验时，不要有急于求成、立竿见影的思想。因此，如果教师在谈话活动中，让幼儿机械地反复练习某一交往技能，甚至让幼儿将某些交往词语背诵下来，这种做法本身就

违背了谈话活动话题不断拓展、活动氛围宽松自由的要求,哪怕在活动中幼儿"掌握"了许多交往词语或技能,从实质上来讲也是失败的。每一次设计谈话活动时,都应当根据语言教育的要求和谈话活动的特点,寻找本次活动目标与新的语言经验点,力图从大的方面帮助幼儿整理谈话思路,掌握一定的谈话规则,获得一些适用于谈话的交往方式。具体而言,每一个谈话活动向幼儿提供的新的语言经验,必须注意两点:一是针对每个年龄班幼儿的谈话水平,应在幼儿原有谈话经验的基础上进一步扩展他们的经验范畴。例如:培养幼儿倾听谈话的意识、情感和能力,在小班、中班和大班都应有不同的要求,落实到每一次活动中,应逐步加入新的倾听经验要求。二是各个谈话活动设计的新语言经验要有所侧重。这次谈话活动重点帮助幼儿学习围绕中心话题谈话,下次可能是重点学习围绕中心话题深入拓展小话题,再之后的谈话活动中还可能让幼儿自己提出话题谈话,等等。另外,还应该明确一点,教师在此阶段向幼儿展示的新的谈话经验,不是用示范、指示的方法说给幼儿听的,而是通过深入拓展谈话范围将这种经验逐步传递给幼儿。教师用提问、平行谈话的方法,将新的谈话经验引入,让幼儿在谈话过程中不知不觉地沿着新的思路去说,潜移默化地应用新的谈话经验,最终学会这种新的谈话经验。

(四) 教师隐性示范新的谈话经验

在逐层深入拓展幼儿谈话内容的基础上,教师可以通过隐形示范向幼儿提供谈话范例,帮助幼儿掌握新的谈话经验,使幼儿的谈话水平进一步提高,如"我喜欢的图书",教师可以谈一谈自己喜欢哪一本图书,喜欢的原因是什么。如:"我喜欢这本《科学小常识》。因为它告诉我蝴蝶是怎样从小虫转变而来的,原来蝴蝶穿着美丽的外衣在花丛中传播花粉之前,是一只专吃植物叶子的害虫。我从这本书中学到了新知识,所以我喜欢并爱护这本书。"教师的示范可以给幼儿提供模仿的样板。经过让幼儿围绕话题自由交谈的活动阶段之后,教师要集中引导幼儿逐步拓展谈话范围。在此阶段,教师通过逐层深入的谈话,向幼儿展示并帮助他们学习运用新的谈话经验,使幼儿的谈话水平进一步提高。

教师在组织第一步骤的谈话活动时,应当特别注意思考自己"说什么"和"怎么说",因为此时教师说话的内容和方式,直接关系到幼儿有关新的谈话经验的学习。在这一阶段谈话过程中,倘若教师准备不够充分,出现信口开河、随便说话或干巴呆板、无话可说的局面,都将直接影响这次谈话活动的教育质量。

教学设计举例:大班谈话活动

有用的绳子[①]

一、活动目标

1. 引导幼儿用连贯的语言,围绕"有用的绳子"进行谈话。
2. 帮助幼儿学习用轮流、修补的方式进行自由、有序的交谈。
3. 激发幼儿谈话的兴趣,大方地向同伴、老师表达自己的想法。

(评析:会用轮流、修补的谈话方式,是启发幼儿围绕话题谈话的重要手段之一,要让幼儿在这次活动中乐于、善于用轮流、修补的方式谈论绳子的用处。让幼儿用玩的经验去生动地认识、体验绳子的用途是重要的一环。因此,我们运用了多感观参与的方法让幼儿充分

---

① 案例摘自华东师范大学 ESEC 儿童语言研究中心网页 http://www.childes.cn/。

地去玩弄绳子,以达到"用连贯性的语言大方地向同伴谈谈绳子的用途"的目的。)

二、活动准备

1. 各种绳子(毛线、尼龙、扎头的发带)若干。
2. 幼儿每人自带一根绳子。

三、活动过程

1. 通过"故事"引出谈话话题。

(1) 教师讲故事:有一个糊涂人,常常忘事,他就用绳子打结帮助自己记事,大事打大结,小事打小结,结果呀……

(2) 与幼儿讨论如下问题:在哪里看过绳子?绳子可以做什么用?找一找,自己身上有没有绳子。

(评析:用讲故事的方式引入,可以提高幼儿的积极性,引起幼儿都来思考"我用绳子干了什么?")

2. 用"玩一玩,说一说"的方法,让幼儿自由地交谈。

(1) 让幼儿自由组合,将自己带来的绳子创造性地玩一玩,说一说它的作用。在这一过程中,教师可与幼儿共同活动。例如:将绳子圈在椅子上跳、爬,把绳子放在地上,在绳子上面走,玩蹦蹦绳游戏。

(2) 教师指导幼儿边玩边说。通过插话,帮助那些只玩不说的幼儿与同伴进行交谈。

(评析:这一环节有两个作用。一是给幼儿充分体验、表达的机会,因为全班几十个孩子,不可能每个幼儿都有在集体面前谈话的机会。通过玩耍和自由两两交谈,使每个幼儿都享受了谈话的权力。二是通过集中谈话,可以了解幼儿对轮流、延续谈话方式的掌握情况,以帮助幼儿更有效地捕捉别人谈话的信息进行对话。)

3. 运用假设,拓展谈话范围。

教师推出假设:假如我们的身体是一根绳子,躯干是根粗绳子,四肢是根不粗不细的绳子,手指脚趾是根细绳子,头发是根细细的绳子,它们又能干什么用?启发幼儿围绕这些假设,有兴趣地与旁边的小朋友进行交谈,也可以用集中谈话的方式进行有趣的谈话活动。

(评析:在"拓展谈话范围"这一过程中,教师提出一连串有趣的假设让幼儿进行谈话,可以激发幼儿无限的想象,还可以引导幼儿将绳子的用途向着生活需要、自我保护等方面去拓展。这样,又可以引出更多、更有趣的谈话。)

小班谈话活动

我 的 爸 爸

一、活动目标

1. 引导幼儿围绕主题谈话,学会用简短的语句介绍自己的爸爸。
2. 鼓励幼儿养成安静地听同伴谈话、轮流交谈的习惯。
3. 使幼儿增进对自己爸爸的了解,培养幼儿关心和热爱父亲的情感。

(评析:"我的爸爸"是幼儿比较熟悉的话题,容易引发幼儿积极而有趣的交谈,基本符合小班幼儿的年龄特点和他们已有的经验。这个谈话活动目标全面,也符合谈话活动对小班幼儿的具体要求。其中有培养幼儿倾听他人谈话能力方面的要求,有帮助幼儿学习围绕话题表达个人观点方面的要求,也有帮助幼儿学习口语交谈规则方面的要求。)

二、活动准备

1. 事先请幼儿观察自己爸爸的日常生活，了解爸爸在家做些什么事。

2. 每人带一张自己爸爸的照片。

三、活动过程

1. 教师用语言引出话题。建议老师这样说："我们每个人都有一个爸爸，各人的爸爸都不一样。今天请小朋友来说说：你的爸爸是什么样子的？他在家里会做些什么事情？"

2. 将幼儿分成几个小组或要求幼儿两两结伴，拿着自己带来的照片向同伴作介绍，要求幼儿清楚地说出爸爸的长相，在家做些什么事。教师轮流参与幼儿的小组谈话，了解他们的谈话内容，间接引导幼儿围绕主题谈话。

3. 引导幼儿集体谈"爸爸"。幼儿自由交谈后，教师请个别幼儿在集体面前谈自己的爸爸。要求围绕以上两个问题，大胆地讲出自己对爸爸的认识。教师对幼儿的谈话给予赞许和鼓励，对认真、专心听同伴讲话的幼儿也给予鼓励。

4. 通过提问拓展谈话范围。如"你喜欢你爸爸吗？""为什么喜欢他？""你愿意为你爸爸做些什么事情？"在幼儿谈话过程中，教师用平行谈话的方式，为幼儿提供新的谈话经验。如：我的爸爸是老师，爸爸的工作很辛苦，每天晚上都要看书，写文章。他会说很多有趣的故事。我常和爸爸在一起整理图书，还帮爸爸做其他事。我喜欢我的爸爸……

5. 教师小结。引导幼儿想一想：爸爸都很爱孩子，希望我们的小朋友成为好孩子。小朋友也应该关心爸爸，爱爸爸。

6. 欣赏歌曲《好爸爸，坏爸爸》，结束活动。

（评析：这个谈话活动设计的结构合理，符合谈话活动的结构要求，包含了三个步骤：第一步，教师通过语言和照片实物创设谈话的情境，引出谈话话题，第二步，要求幼儿借助照片围绕话题在小组和集体面前自由交流对"我的爸爸"的认识，第三步，教师通过三个提问"你喜欢你爸爸吗？""为什么喜欢他？""你愿意为你爸爸做些什么事情？"启发、引导幼儿逐步拓宽谈话的范围，使幼儿在谈话过程中不知不觉地学到新的谈话经验。）

第三节 讲 述

学习目标

了解幼儿园讲述活动的基本概念、基本特征和主要类型，掌握讲述活动设计与实施的基本结构以及教育要求。

重点、难点

进一步了解讲述活动与谈话活动的区别，联系教学实际掌握讲述活动设计与组织的方法。

学习提示与建议

1. 掌握幼儿园讲述活动设计和组织的基本结构。

2. 对幼儿园讲述活动和幼儿园谈话活动两者的异同点有深入了解。

3. 联系教学实际反思现今幼儿园讲述活动现状。

讲述活动是学前儿童语言教育的一种重要组织形式，在幼儿语言教育中占据重要地位。

讲述活动以培养学前儿童独立构思和表述一定内容的语言能力为基本目的，给幼儿提供积极参与命题性质的实践机会。已有的研究认为，讲述活动是发展幼儿独白语言的教育方式，对幼儿言语的目的性、独立性、创造性和连贯性，对幼儿的思维、记忆、想象等方面都有很好的促进作用。在幼儿园语言教育改革中，我国的幼儿教育工作者根据新的教育观念，重新思考了讲述活动的特点以及活动目标，重点探讨了讲述活动组织的过程，力图使这种类型的语言教育活动更符合幼儿语言发展的需要。在这样的基础上，幼儿教育工作者认识到，幼儿园的讲述活动为幼儿创设一个相对正式的语言运用场合，要求幼儿依据一定的凭借物，使用比较规范的语言来表达个人对某事、某物或者某人的认识，进行语言交流。可以说，讲述活动对于培养幼儿的语言表达能力具有特别的作用。

一、讲述活动的基本特征

（一）讲述活动需要有一定的讲述对象

与谈话活动不同，讲述活动需要针对一些讲述对象来开展活动。因为幼儿在活动中讲述的对象，决定了他们讲述的内容范围和指向，这些讲述对象主要包括讲述活动中教师为幼儿准备，或者幼儿自己参与准备的对象，如图片、情景、实物等。在讲述活动中，一定的讲述对象往往成为幼儿讲述的客体，对他们的讲述起着重要的作用。不同年龄阶段幼儿讲述活动的对象是存在区别的。小班幼儿由于其语言能力和认知能力的局限，主要是进行实物讲述或简单的图片讲述，只要他们能将实物或图片的主要特征描述得清楚、完整即达到要求。而对中班、大班的幼儿来说，不但要针对实物、图片、情景进行充分的讲述，还要学习在此基础上进行创造性的讲述，即在对象本身原有内容意思的基础上，运用想象力创编出超越其原来内容的故事情节、事件，如人物的心理状态、对话、内在动机等。

（二）讲述活动是培养独白语言的主要途径

讲述活动的语言交流有别于其他类型的语言活动，它要求幼儿使用独白语言，是培养、锻炼幼儿独白语言的特别途径。独白，顾名思义，就是需要说话的人独自构思和表达对某一方面内容的完整认识。这是一种复杂、周密的口头语言表达形式，它需要幼儿用完整、连贯的语言将内心的感受和体验准确无误地表达出来，并能得到他人的理解。讲述活动是幼儿语言交际的一个场合，幼儿要学习的讲述是一种独白语言。在谈话活动中，幼儿的语言交流是双向或多向的，交谈的对象是明确的，交谈的话语是简短并相互紧扣连接的。而在讲述活动中，幼儿的语言交流对象是不明确的，往往由一个人讲给多人听，话语相对较长，彼此所说的一段话并不需要上下紧扣，而是相对独立、各成篇章的。

讲述的独白语言特性要求幼儿的口头语言表述经历这样一个过程：从独立完整编码到独立完整发码。所谓独立完整编码，即幼儿按照所要表达的内容选择词语、组成话语。[①] 讲述活动的独白是要求幼儿独自完成一段完整话语的过程。例如：在讲述"快乐的星期天"时，幼儿要依据图片确定先说什么、后说什么，大致要打一个"腹稿"。同时幼儿还要在活动中独立完整地发码，即通过自己的发音器官，以口头语言的方式将自己构思的讲述内容说出来。以现代信息论看待讲述的言语交际过程，完整编码在于把认知的信息变换成一连串有意义地联系在一起的语言符号，发码又是将这些成串成段的符号准确无误地发送传递出去。这

---

① 此处观点参考张明红：《学前儿童语言教育》，214 页，上海，华东师范大学出版社，2006。

个过程对于幼儿是有一定难度的。因此，讲述的语言要求比谈话的语言要求高，并且建立在一般交谈的语言基础之上。在幼儿园里，幼儿要在谈话活动和日常交谈中发展自己运用语言与人交往的能力，也要逐步具备一定水平的讲述能力。讲述活动是培养、锻炼幼儿独白语言的特别途径，它有别于其他各类语言教育活动，有它存在的独特价值。

（三）讲述活动具有相对正式的语言情境

与宽松、自由的交谈不同，讲述活动为幼儿提供的是一种相对正式、规范的语言运用场合。它不仅要求幼儿能在小组中发表自己的见解和观点，还要求幼儿能在集体面前用规范语言大胆地表达自己的认识。这种正式主要表现在：一是语言规范。幼儿需要使用较为完整、连贯、清楚的语言进行表达。二是环境规范。一般是在专门的教育活动中和正式的语言学习环境中开展活动。实际上，讲述活动正是通过这种经过精心设计和准备的语言环境，鼓励幼儿运用已有的经验，使用较为规范的语言来表达个人对某人某事的认识，进而培养起那种清楚连贯地在集体场合表达自己见解的能力。

幼儿在讲述活动中不能像谈话活动中那么宽松自由地交谈，要慎重考虑后才能发表个人见解；幼儿说话不能有很大的随意性，应该经过较完善的构思，有头有尾地说出一段完整的话来；在用词造句方面，要尽量注意正确性、准确性、合乎规则。例如：同样是说与春天有关的内容，在谈话活动中幼儿可以随便地谈论"我看到小草发芽了，才露出一点点绿的颜色，嫩嫩的，有一点好闻。"而在讲述活动中，幼儿则要根据图片内容说："春天来了，冰雪融化了。小草透出了一点点绿色，柳树发出了新芽。春风轻轻地吹过……"总之，讲述活动必须根据语言环境要求，针对具体的言语凭借物的实际，组织口语表达的内容和方式，运用正规的语言风格说话，这是讲述活动的一个重要特点。

（四）讲述活动中需要调动幼儿的多种能力

讲述时，幼儿需要感知理解一定的对象，借助对这一对象的认识和已有的生活经验，构思组织自己的独白语言，从独立完整地编码到独立完整地发码，而且，不同讲述内容有不同的思维方式，也有不同的逻辑顺序，这对幼儿的观察力、记忆力、想象力和思维能力的要求都很高。如果幼儿缺乏这些能力的配合，那么讲述的水平也不会提高。我们以看图讲述为例。如图片《下雨了》，幼儿要将图画的内容清楚、有条理地描述出来，首先要完整仔细地观察图片，了解图片的人物、事件，这就需要幼儿运用观察和分析综合能力。然后要理解图画的主要内容，要描述人物和事件的主要内容，这就需要幼儿借助已有的生活经验加以联想、综合并作出判断。最后要深入地反映画面本质、深刻的意义。幼儿还要思考人物的内心世界和对话，他们必须对画面进行综合性的推想，涉及画面的人物、背景、事件等诸多因素之间的联系，反映出思维的深刻性和间接性。可见，只有多种综合能力互相配合，才能保证讲述活动顺利、有效地开展下去。

二、讲述活动的主要类型

（一）从讲述内容来分类

1. 叙事性讲述

叙事性讲述就是把人物的经历、行为或事情的发生、发展、变化用口头语言讲述出来。它要求幼儿说清楚人物、事件、时间、地点和为什么，并且要求说明事情发生、发展的先后顺序。学前阶段只要求幼儿简洁、清楚地按顺序讲述事件就可以。一般情况下，教师可以利用幼儿生活中发生和经历过的事件作为让幼儿讲述的材料,如春游、玩滑梯、做汤圆等刚刚发生的事件,也可以是已经发生但有一段时间的事件,如寒假里的春节趣事、暑假里到北京旅游等,这些就需要幼儿回忆、再唤经验进行讲述了。叙事性讲述也称"经验讲述"。在组织经验讲述时,教师为了引起幼儿的回忆,再唤他们的经验,可以利用图片或照片等辅助材料,如图4-2所示。

图4-2 经验讲述《热闹的除夕》的配图

2. 描述性讲述

描述性讲述即用生动形象的语言,把人物的状态、动作或物体以及景物的性质、特征具体描述出来。在学前阶段,幼儿学习描述性讲述的重点在于初步尝试使用具体、生动、形象的词语说话,同时抓住事物的主要特征进行描述。如讲述"一张照片",要求幼儿具体描述照片上的人物是什么样的,正在干什么,他们的表情如何,自己看了照片以后的感觉等。

3. 说明性讲述

用简单明了的语言,把事物的形状、特征、用途等解说清楚的讲述形式就是说明性讲述。如讲述"我喜欢的玩具",要求说明玩具是什么样的,什么材料做的,怎么玩法等。

4. 议论性讲述

议论是讲道理或论是非。议论性讲述通过摆观点、摆事实来说明自己赞成什么或者反对什么。学前阶段,因为幼儿的逻辑思维水平不高,议论能力还不强,因此只能进行初步的议论性讲述。如讲述"我喜欢夏天还是冬天",幼儿可以结合自己的生活经验及个人的喜好来讲述。这种讲述对于培养幼儿的语言逻辑水平、发展他们的逻辑思维能力极为有益。幼儿教师可以通过组织幼儿进行"辩论"的方式,帮助幼儿积累这方面的讲述经验。

(二)从讲述对象的特点来分类

1. 看图讲述

在讲述活动中使用图片来帮助幼儿讲述,是人们所熟知的看图讲述。在这类活动中教师所提供的图片,可以是印刷出版的图片,可以是教师自己绘制的图片,可以是半成品的边讲边绘画的图画,可以由幼儿画图后讲述,也可以是用教师提供的人手一套的图来自由讲述。讲述的对象都是图片,即平面的具体画面。这类凭借物表现的是情景静止瞬间的暂停现象,在指导幼儿观察、理解并进行讲述时，需要帮助他们联想图片之外活动的形象和连接的情节。看图讲述根据图片的运用和对幼儿语言上的不同要求，还可以分为描述性的看图讲述、创造性的看图讲述、排图讲述、拼图讲述、绘图讲述等。

第一，描述性的看图讲述。这种讲述要求幼儿不仅能观察到图片上的对象和现象的主要特征，而且能观察到细节部分、事物之间的关系和联系，并能恰当地运用语言进行细致的描述，讲清楚图片上表现的是什么内容，还要求幼儿根据画面描述对象的心理状态。

第二，创造性的看图讲述。创造性的看图讲述要求幼儿不仅要讲出图片的主要内容，而且要根据图片上提供的线索，编成简短的、有情节的故事。另外，教师还应该引导幼儿根据自己的想象，再编出超出画面的内容，并用连贯性语言表述出来。如能够编出画面内容发生之前和发生之后的情节，编出无法在画面上反映的内容，如为什么（原因、动机）、怎么想的（心理活动）、情绪情感等。教师在日常开展此类讲述活动时，选择适合的讲述对象是非常重要的。除了一般的图片外，可以寻找一些幼儿生活中常见的带有图片的物品，如文具盒、书包、卡通餐具、包装袋等，这些物品上一般都印有鲜艳、漂亮的图画，有的还具有一定的故事情节，因此可以作为幼儿进行创造性讲述的材料。

例：大班讲述活动

铅笔盒上的故事[①]

一、活动目标
1. 学习按照铅笔盒上的图画，通过想象讲述一个有情节的故事。
2. 发展想象力以及语言组织能力。

二、活动准备
1. 幼儿人手一个铅笔盒（必须带有图画）。
2. 实物投影仪一台，教师准备一个铅笔盒。

三、活动过程
1. 引导幼儿观察多彩多样的铅笔盒
"今天大家带来了铅笔盒，我们一起来观察一下，看看铅笔盒上有什么？"
"讲讲你最喜欢或者印象最深刻的铅笔盒。"
教师引入课题："这些漂亮的铅笔盒里，每个都藏着动听而美丽的故事，你们谁能编一编，讲给大家听？"

（评析：教师在活动一开始就创设了一种轻松、自由的气氛，以活动法导入课题，过渡自然，调动了幼儿参与讲述活动的兴趣和积极性，给幼儿创造一个想说的语言环境，符合《幼儿园教育指导纲要（试行）》中提出的理念。）

2. 幼儿讲述自己铅笔盒上的故事
第一步：单个讲述
（1）教师运用投影仪，边操作边讲述故事，然后提出要求。
幼儿认真观察自己铅笔盒上的图画，例如图4-3，运用想象，讲一个有情节的故事。要求故事有始有终，内容引人入胜，时间不要太长。

---

① 此案例根据徐州丁红、朱金华设计的活动"铅笔盒上的故事"改编。

(评析：实物投影仪的恰当演示和引导，充分激发了幼儿潜在的想象和创造欲望。)

图 4-3　讲述的图画

（2）幼儿观察、思考，先讲给小组的同伴听。

教师巡回指导策略：仔细倾听幼儿讲述，帮助幼儿组织语言。注意启发并捕捉幼儿每一个富有创造和想象的情节，帮助幼儿拓展自己的灵感。

（3）鼓励幼儿在集体面前讲述自己的故事。

教师有意识地请几名语言组织较完整、想象奇特的幼儿先上来讲，再鼓励其他幼儿大胆在集体面前表述。（教师为幼儿操作实物投影仪）

引发幼儿讨论：谁讲得最好？好在哪里？

第二步：两个讲述

图 4-4　两个讲述的图画

"我们试试将相似图案的铅笔盒连起来讲一讲。"例如图 4-4。

幼儿相互寻找自己的讲述搭档，热烈地商量、讨论并讲述。

"用什么情节或方法把两个铅笔盒上的内容连起来？"

教师巡回倾听，提示并启发幼儿如何将两个铅笔盒连贯自然地讲述出来，注意帮助幼儿编出合理而简洁的结尾。

幼儿集体、分组讲述后，教师请突出的幼儿到前面来操作，并讲述。（两人合作）

第三步：多个讲述

图4-5 多个讲述的图画

提问：还可以怎样连图讲故事呢？例如图4-5。

（评析：从单个讲述—两个讲述—多个讲述，分层次的讲述使整个讲述由易到难，遵循了幼儿的学习心理特点，并注重在教学过程中自然地培养他们的合作意识和能力，幼儿在整个讲述过程中充分联想、密切合作，语言与思维的归纳综合能力得到很好的锻炼。）

3. 拓展激励

在区域活动里，我们可以把更多小朋友的铅笔盒连起来，编出更长的故事。

（评析：教学活动的结束并不意味着教学活动目标的完全达成，尤其语言的运用和学习是需要在平时日积月累的。教师最后的拓展激励，就是为幼儿继续学习与创造提供了平台。）

第三，排图讲述。排图讲述是训练幼儿判断和推理等思维能力的一种看图讲述形式。它主要是通过给幼儿提供一套无序号的图片，让幼儿根据画面的内容，结合自己的理解与想象，按照画面中所呈现出来的简单情节可能发生的顺序，将无序的图片排出一定的顺序，构成一个完整、连贯的情节，并将故事的内容讲述出来。同样的图片由于幼儿理解与思维的结果不同，可能会排出不同的序列，所编构的故事也就千差万别，还可以采用平铺直叙、插叙、倒叙等多种讲述方法。由于这种讲述方式对幼儿的语言能力、思维能力的要求较高，因此比较适合大班幼儿。

例：大班语言活动

排图讲述：乌龟和蜗牛

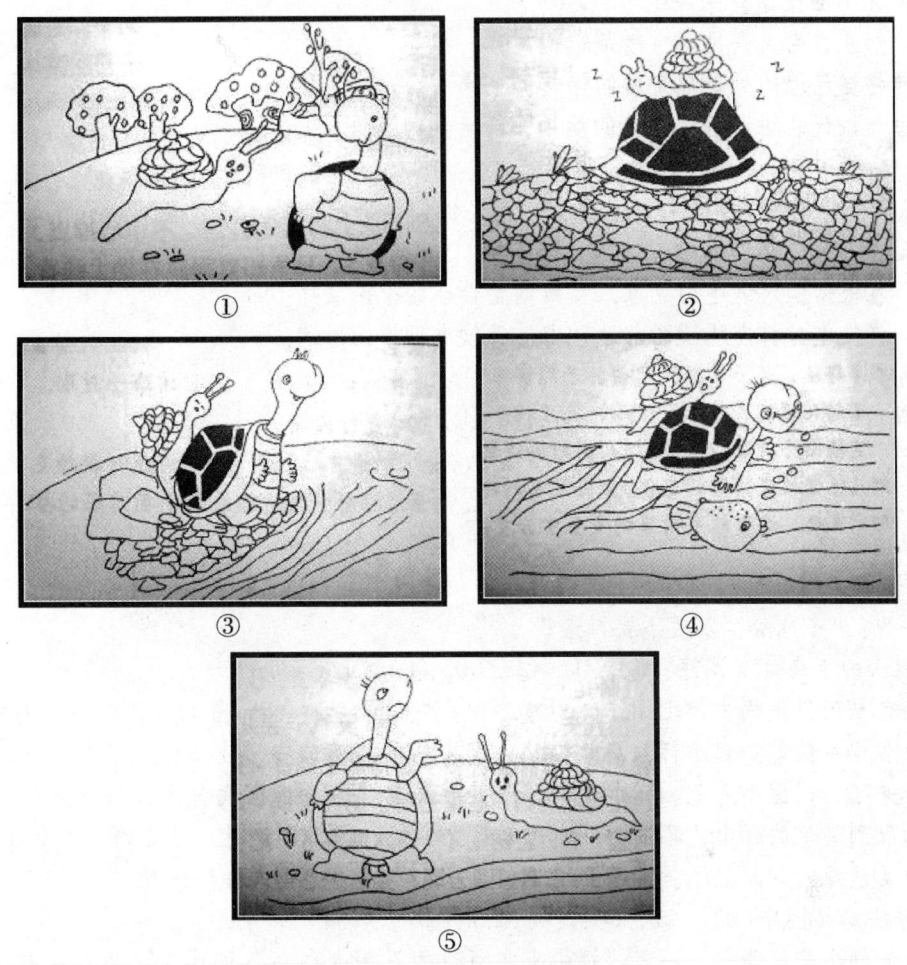

图4-6 排图讲述活动用图

一、活动目标

1. 能根据自己的见解进行排图，并大胆讲述图片的情节。

2. 懂得遇事要互相谦让的道理。

二、活动准备

1. 知识经验准备：幼儿已熟悉图片内容。

2. 物质准备：大图片5张（见图4-6）、小图片（5张）人手一份、插图底版人手一张（可插入小图片）、实物投影仪等。

三、活动过程：

1. 观察图片，初步了解角色

（1）提出问题：图片上有谁？他们在什么地方？（观察教师的大图片）

（2）再次提问：乌龟和蜗牛之间到底发生了什么事情呢？（观察每人的小图片）围绕问题师生共同讨论。

（3）教师小结：小朋友想得很好。今天老师想请小朋友同样利用这5幅图，按照不同的顺序来排，你想怎么排都可以，但结果是要编出一个好听的故事来。

2. 幼儿排图操作，并讲述

（1）幼儿自由讨论排图，教师巡视观察、指导。

（2）将自己编的故事与组内同伴交流分享。

3. 每组派代表讲述自己创编的故事，师生共同评价

师：现在每组派一个代表来说说你们是怎么排的，乌龟和蜗牛的故事到底怎样？其他的小朋友认真听听别人是怎么排的，怎么讲的，他们讲得好不好，好在哪里？不好在哪里？

4. 延伸

（1）可根据他人讲述的故事，重新调整自己的排图顺序。

（2）将操作材料投放于区角活动中，继续进行排图讲述。

讲述参考

1. 懒惰的小蜗牛（图序：①、②、③、④、⑤）

一天，乌龟和蜗牛去旅行，乌龟累了就趴在地上睡着了。懒惰的小蜗牛却悄悄地爬到乌龟的背上。乌龟醒来，找不到蜗牛，以为蜗牛早走远了，就急急忙忙地往前赶。蜗牛在乌龟背上舒服地睡着了。走着走着，乌龟看见前面有条河，他想洗个澡，就爬到了河里。蜗牛也被带到了河里，他一看情况不妙急忙大叫："救命啊！救命啊！"乌龟连忙把他救到了岸上，对小蜗牛说："多危险，以后不要再懒惰了。"

2. 粗心的小乌龟（图序：⑤、①、②、③、④）

小乌龟从河里把蜗牛救上了岸，对蜗牛说："对不起你了。"乌龟为什么要向蜗牛道歉？原来乌龟和蜗牛约好一起旅行，乌龟见蜗牛爬得很慢，就趴在地上等他，不知不觉睡着了。蜗牛赶上来了，叫醒小乌龟。乌龟说："你爬得太慢，干脆趴在我背上，我驮着你走。"蜗牛高兴地爬到乌龟的背上，不一会儿也睡着了。这时，小乌龟看见一条小河，就高高兴兴地爬到河里去洗澡，却忘记了背上不会游泳的小蜗牛，差点把小蜗牛给淹死。

3. 好朋友（图序：①、⑤、④、③、②）

乌龟和蜗牛是好朋友。一天，蜗牛坐在河边的石头上和乌龟说话，不小心掉进了河里。乌龟连忙救起蜗牛，将昏迷的蜗牛背往医院。蜗牛得救了，乌龟却累得趴在地上睡着了。

4. 谢谢你，小乌龟（图序：④、⑤、③、②、①）

……

第四，拼图讲述。拼图讲述是教师不直接提供讲述的对象，而是向幼儿提供各种拼图材料，如贴绒图片、磁铁图片七巧板、立体图片，其中有人物、植物、花草树木、天气状况及不同的场景等，以及一张大的背景图，幼儿根据一定的主题自由构思，将这些图片摆放在背景图上，拼出各种各样的画面，然后展开丰富的想象，构成一个个完整的、有情节的故事，并将它们清楚地表达出来。在培养幼儿口语表达能力的同时也锻炼了幼儿的创造性思维能力。教师可以为幼儿选择多种拼图，开展不同类型的拼图讲述活动，而且在各年龄阶段提供的拼图在数量和画面的复杂程度上都应有所不同。比如，小班的幼儿由于方位知觉和动手能力都较弱，教师就应该提供单幅的、内容简单而且拼合的块数不能超过4片的拼图；而到了大班，幼儿的空间知觉能力逐渐增强，手眼协调水平也提高了，教师就可以给他们多幅的、每幅拼组数量较多的拼图了。

第四章 学前语言教育组织设计实施

案 例

片段一：这星期语言区新放了几盒拼图，目的是让幼儿根据图片内容创编、讲述情节简单的小故事。今天星星走进语言区，选择了拼图讲述。他拿起一盒《小熊旅游》的拼图，看了看盖上的图案，先将同一色块的几片图放在一起，然后对照着图案将小熊拼好，接着又很快拼完了小熊旅行袋的物品及周围背景。完成后，他并没有讲述，又拼了另一张图，拼完后向旁边的同伴炫耀他的成果。我期待星星把拼好的图片内容讲述出来，但他并没有这样做，我很失望……

（分析：以上是一位教师对语言区角活动的记录片段，从中我们可以发现拼图讲述的活动除了在集体活动中可以开展外，在区角活动中进行也是一条不错的途径。但是，在区角活动中开展此类活动，由于教师的控制、指导减少，幼儿的学习就更加需要一种内在的兴趣支持和隐性的指导。从教师的记录中我们发现，星星小朋友把拼图拼完后并没有按照教师预先设立的规定进行讲述。分析其中原因就是在区角里他缺少讲述的欲望，他的注意力完全集中在"拼图"这一基础目的上，而忽略了"讲述"的主要目的。）

片段二：今天的语言区中，我把家里带来的复读机放在拼图边上。在区角活动开始之前，我简单地告诉孩子们："今天语言区里有个神奇的宝贝，它可以把你编的故事藏起来，还可以播放出来呢！"我看见星星的眼睛里发出亮光，在一番"竞争"之后，星星又如愿以偿地进入语言区游戏。他像那天一样，很快拼完了《小熊旅游》的拼图，然后就拿起那个复读机，戴上耳机，按了开关，对着机器绘声绘色地开始讲拼图的故事……

（分析：一个简单的复读机，却具有可以将孩子的声音"藏起来"的本领，这无疑对幼儿具有很强的诱惑力。幼儿讲述故事的兴趣就是通过这样实际的物体被激发出来了。由此可见，教师在设计拼图讲述活动时，需要通过有效策略引导孩子的兴趣点，使之停留在讲述而不是拼图之上。）

第五，绘图讲述。所谓绘图讲述，从广义上讲是将绘画、泥工、折纸等手工活动与讲述结合起来的一种活动。与拼图讲述不同的是，绘图讲述是幼儿自己制作讲述的材料，然后将这些材料组合成一个有情节的内容并讲述出来。① 而拼图讲述则注重"拼"，幼儿把老师提供的各种材料拼成一个完整的画面并讲述，幼儿的讲述材料仍然有一定的参照物，而绘图讲述是没有相应参照物的，它要求幼儿根据自己的生活经验，结合自己掌握的有关知识，独立绘图，独立构思，对幼儿的想象力、创造力、绘图能力、编构故事的能力都有一定的要求。它既保留了拼图讲述"动手、动口、动脑"的优点，又发展了幼儿独立思考、创造性思维的能力，使幼儿在动手操作和讲述中体验到自由创造的乐趣。

由于绘图讲述由幼儿自己制作，因此刚开展这种活动时，可以分两次进行。第一次活动绘制材料，如绘画、捏泥等；第二次活动安排讲述。幼儿对这种活动形式熟悉后，可以将二者有机地结合在一次活动中。如幼儿在捏完小兔和糖葫芦后，就可以开展讲述活动，编出"小兔子拿着心爱的糖葫芦，蹦蹦跳跳地到草地上玩……"这样一个主题为"有物品与大家

---

① 此处观点参考张明红：《学前儿童语言教育》，217页，上海，华东师范大学出版社，2006。

共享"的故事。但要注意的是,对不同年龄的幼儿应有不同的要求。小班幼儿允许他们先绘图后讲述,中班可以边绘图边讲述,大班则应培养幼儿先讲述后绘图的能力。

2. 实物讲述

实物讲述是以实物作为凭借物来帮助幼儿讲述的一种活动,具有真实可信的特点。实物包含真实的物品、玩具、教具、动植物、日常生活用品和外在的自然景物等。指导幼儿感知理解实物并进行讲述时,最主要的是帮助幼儿把握实物的特征。在观察中或观察后,要求幼儿将实物的基本特征、用途、使用的方法等多方面的内容清楚地描述出来。但值得注意的是,实物讲述活动一定要与科学教育活动区分开。与科学教育活动相比,实物讲述更侧重于描述、倾听实物的有关特征、用途等语言方面的目标,而不是着重于认识这种实物。也就是说实物讲述应在已经熟悉这种实物的基础上进行,如大班"小型家用电器用处大"的讲述活动,就应该在幼儿对小型家用电器具有一定了解的基础上进行,否则幼儿讲述中由于缺乏生活经验而使内容空洞,教师不得不花费大量的时间让幼儿认识小型家用电器,这将影响语言方面的教育目标的实现,出现"本末倒置"的现象。

3. 情景表演讲述

情景表演是教师在组织很多活动中经常采用的一种教学手段,而情景讲述是要求幼儿凭借对情景表演的观察与理解来进行讲述的一种活动。它要求幼儿在观看情景表演后,在教师的引导帮助下,将表演中的情节、对话和内容较完整、连贯地表达出来。在具体实施这种讲述活动时,提供给幼儿讲述的表演形式可以多种多样,如真人表演的情景,用木偶表演的情景,真人与木偶共同表演的情景,或者是通过录像或电脑展示的一段情景,它们都体现了"角色表演"和"连续活动"的特点。幼儿在观看完表演后要马上把内容讲述出来,这要求他们在表演中集中注意力进行观察,讲述中还要有一定的记忆力,不仅要记住人物和情节,还要记住人物的对话、动作,事件的发展过程,另外还要有一定的想象力和思维能力,要能感受人物的内心情绪、情感和心理动态,并准确地讲述出来。由于这种讲述难度较大,因此一般在小班后期或中班早期才开始进行。

三、讲述活动设计与实施的基本结构

讲述活动的类型虽然多种多样,但由于其拥有共同的特点,因此在设计和实施时必然存在一个相对固定的结构,遵循一个稳定的规律,它是讲述活动设计和实施的基本步骤和展开顺序。

(一)感知、理解讲述对象[①]

感知、理解讲述对象,主要是通过观察的途径来进行。这里所说的观察,大部分是通过视觉获取信息,通常看图讲述、实物讲述、情景表演讲述,都是先让幼儿仔细观察图片、实物、情景表演来感知理解讲述对象,这主要是通过视觉通道获得的。但也不排斥从其他感觉通道去获得认识,如听觉、触觉、味觉、嗅觉等。例如听录音讲述"热闹的马路",教师先让幼儿听一段录音,让幼儿分辨出录音中的各种声响,如汽车的喇叭声、自行车的铃声、交警的口哨声、洒水车的歌唱声等。通过听录音将各种声音联系起来,想象马路上的环境以及发生的事情,这就是非常典型的通过听觉途径去感知、理解讲述对象的一种方式。另外,通

---

① 注:此处观点参考张明红:《学前儿童语言教育》,217页,上海,华东师范大学出版社,2006。

过触觉感知讲述对象也是一种容易激发起幼儿好奇心和讲述欲望的方法,如让幼儿触摸实物讲述"神奇的口袋",就可以请幼儿闭上眼睛,并从口袋里摸出一样实物,通过触摸感觉物体的特征,猜出物体的名称并讲述物体的形状与其他特性。

教师在这一步骤中的重点是指导幼儿观察、感知、理解讲述对象,以便为接下去的讲述打好认知上的基础。教师要依据讲述类型的特点引导幼儿去感知、理解讲述对象。如叙事性讲述应重点感知、理解事件发生的过程顺序以及人物在其中的作用。描述性讲述应重点观察物体或人物的状态、动作、特征以及像什么等,只有从这样的角度把握住讲述对象才能为讲述做好准备。另外,也可以依据讲述对象的特点引导幼儿去感知、理解讲述对象,还可以依据具体活动要求引导幼儿感知、理解讲述对象。每一次活动的目标要求是不一样的,有时要求幼儿学习有中心、有重点地讲,有时要求有顺序地讲。教师的任务是根据活动的具体要求,指导幼儿观察。

(二) 运用已有经验自由讲述

在幼儿感知、理解讲述对象的基础上,教师指导幼儿运用已有的经验进行讲述。这一步骤教师要尽量放手让幼儿自由讲述,给他们以充分的讲述机会,保证足够的讲述时间。它是幼儿讲述自由发挥的阶段,教师要改变过去讲述活动几个人讲、多数人听的被动、单调的局面,幼儿自由讲述对活跃活动气氛,帮助教师了解每个幼儿的讲述水平,提高幼儿参与活动的积极性都起到重要作用。

组织幼儿运用已有经验自由讲述的方式很多,主要有集体讲述、分组讲述、个别交流等。教师在指导这一活动时需要注意:一是让幼儿自由讲述之前,教师要交代清楚讲述的要求,提醒幼儿要围绕感知理解的对象进行讲述。二是在幼儿自由讲述的过程中,教师要注意倾听幼儿的讲述内容,及时发现幼儿讲述的"闪光点"以及存在的问题。在活动中,教师不要过多地指点幼儿讲述,不要急于告诉幼儿什么,而是要注意倾听,最多以插问、提问等方法引发幼儿讲述,以免干扰幼儿的正常讲述,降低幼儿讲述的积极性。在设计和实施讲述活动中,这一步骤不可缺少,否则会影响讲述活动的效果。

(三) 引进并学习新的讲述经验

新的讲述经验是每次讲述活动学习的重点。通过前两个层次的铺垫,教师可以根据本次活动目标要求,帮助幼儿学习新的经验。

新的讲述经验主要是指讲述思路与讲述方式。

1. 讲述思路的指导

教师在示范新的讲述经验时,很重要的一点就是帮助幼儿理清讲述的思路,使整个讲述有较强的顺序性和条理性。如看图讲述"捉迷藏"(见图 4-7),教师可以按照这样的思路来讲述:小兔来草地上干什么?——后来谁来了?——他们一起做什么?——在捉迷藏过程中发生了什么事?——后来怎么样了?等。帮助幼儿理顺讲述的思路是非常重要的,它可以帮助幼儿将讲述的基本内容讲述出来,避免遗漏重大事件、重要人物或没有围绕事件发生的顺序来讲述。教师可以示范新的讲述思路,就同一讲述对象发表教师个人的见解。但教师的示范绝不是幼儿复述的样板,否则会降低幼儿讲述的积极性和创造性。

图 4-7 捉迷藏

2. 讲述全面性的指导

在讲述中，教师要帮助幼儿认识到讲述的基本要素：人物（动作、对话和内心感受）—地点—事件（开始、过程、结束）—结果。幼儿在讲述中往往会遗漏其中的某一方面内容，使讲述缺乏完整性和连贯性。因此教师要让幼儿掌握这些基本要素，准确地将要表述的内容完整全面地讲述出来。教师可以用提问或插问的方式引导幼儿一起讨论新的讲述内容，可以从某一个幼儿的讲述内容入手，与孩子们一起分析其讲述的内容是否全面、完整，在讨论达成一致意见的同时，孩子们也就学习了新的讲述经验。

3. 讲述基本方式的指导

讲述基本方式包括观察、感知、理解讲述对象的哪些部分是重点内容，要多讲，哪些是次要部分，可以略讲或少讲。这种讲述方式对幼儿分析、概括等思维能力的要求较高，因此一般在中班后期开始采用。

在讲述活动中，无论是看图讲述还是实物讲述，每种类型的讲述都要培养幼儿按照一定的顺序进行讲述的能力。这种顺序包括从上到下、从左到右、从大到小、从近及远、从表面到本质。所有这些基本的讲述方式都有助于幼儿清楚、有条理地进行讲述。

活动设计举例：大班语言活动

添 画 讲 述

一、活动目标

1. 初步学习用形容词修饰所描述的事情，提高语言质量。
2. 对线条图展开想象，发展幼儿的空间思维能力和创造性想象能力。

二、活动准备

尚未完成的线条画若干，水彩笔若干，范例一张。

三、活动过程

1. 小小魔术师引出课题

(1) 出示尚未完成的线条画，小小魔术师把它变变变，变成一幅漂亮的画。
(2) 幼儿尝试把线条画变一变，说说能把它变成什么。
2. 教师示范讲述添画好的线条画。
3. 幼儿尝试添画，编故事，引导幼儿用上好听的词语。
4. 请个别幼儿把自己添画好的线条画讲述出来，教师及时肯定其中的精彩语句。
5. 幼儿大胆向教师讲述自己的创意作品。

大班看图讲述

图4-8 气球飞起来了

气球飞起来了

一、活动目标
1. 仔细观察每一个画面，如图4-8所示。理解图意，并能用较完整的语句讲述图片内容。
2. 利用多种形式激发幼儿的讲述欲望，培养幼儿的口语表达能力和与同伴交往的能力。
二、活动准备
1. 多媒体展台，讲述图片一套。
2. 幼儿人手一套与教学有关的讲述图片。
三、活动过程
1. 活动导入
(1) 教师带幼儿随欢快的音乐学小兔子跳进入活动室，教师手里拿着一串气球，引出主题。
(2) 问：气球有什么本领？(会飞) 很多气球在一起，能有多大力气？(幼儿讨论) 能带小兔子飞起来吗？
2. 逐幅观察图片，掌握讲述方法。
观察图4-8(a)，提问：(1) 图上有谁？(2) 他们会说些什么话？
观察图4-8(b)，提问：(1) 发生什么事情了？为什么他会飞起来？(2) 小兔子心里会怎么想，会怎么做？

观察图 4-8（c），提问：（1）谁看见了？他会跟小兔子怎么说？（2）小兔子得救了吗？

观察图 4-8（d），提问：（1）谁也看见了？他想干什么？（2）小兔子得救了吗？

观察图 4-8（e），提问：（1）最后是谁救了小兔子？（2）小兔子得救后会跟小鸟说什么？

3. 教师完整示范讲述图片内容。

4. 幼儿看小图片自由讲述。

5. 请个别幼儿讲述图片内容。

6. 为图片内容起名字。

7. 幼儿集体边表演边讲述图片内容。

8. 教师小结：朋友有危险，我们应该主动去帮助他。

四、活动延伸

1. 如果你的朋友有危险，你会怎么去帮助他？

2. 如果是其他的小动物看见了小兔子，会怎么去救他？

第四节 听说游戏

学习目标

了解幼儿园听说游戏的基本特征、主要类型，掌握听说游戏设计与实施的基本结构以及各种教学方法。

重点、难点

初步掌握听说游戏的各种教学方法的灵活、综合运用。

学习提示与建议

1. 掌握听说游戏活动设计和组织的基本结构。

2. 对听说游戏与游戏的概念有清晰的了解。

3. 了解听说游戏的主要特征和基本类型。

一提起"游戏"，人们便不由自主地想起那些儿童常玩的"娃娃家""积木"等，听说游戏显然与此有较大区别。严格地说，听说游戏不是儿童自发组织的游戏，是由教师设计组织的、儿童有兴趣自愿参加的教学游戏。听说游戏是一种特殊形式的语言教育活动，其活动的目标是以培养幼儿倾听和表述能力为主，活动的内容主要集中在听和说的理解和表达方面。它是用游戏的方式组织幼儿进行的语言教育活动，含有较多的规则游戏的成分，能够较好地吸引幼儿参与到语言学习的活动中去，并在积极愉快的活动中完成语言学习的任务。用听说游戏的方式来实施语言教学，并不是一件全新的事情。过去在幼儿园传统的语言教育活动中，无论是以"语言教学游戏"还是用"智力游戏"的名称出现在语言活动中，使用游戏的方式来开展语言活动都能产生良好的效果，因为它能满足幼儿的学习需要，深受幼儿的喜爱，并产生事半功倍的教育效果。

一、听说游戏活动的基本特征

作为一种特殊形式的语言教育活动，听说游戏主要具有以下基本特征：

（一）在游戏中蕴含着语言教育目标

听说游戏有明确的语言教育目标，每一个听说游戏都包含着对幼儿语言学习的具体要求。教师通过对听说游戏活动的设计和实施，将近阶段根据幼儿语言发展水平和语言学习需要所提出的语言教育目标，内隐于听说游戏活动的内容和过程中，落实到幼儿接受理解和尝试掌握的教育过程中去。

第一，听说游戏包含的语言教育目标具有具体性的特点。一般而言，听说游戏对幼儿提出的语言学习要求非常具体，给人单一和细微的感觉。例如：小班幼儿 zh、ch、sh 和 z、c、s 的发音经常混淆，教师用听说游戏的方式来帮助幼儿学习正确发音，这种活动便将发准 zh、ch、sh 三个翘舌音作为具体的目标任务。但它仍然能够对幼儿的语言学习产生多方位的影响。因为在幼儿参与听说游戏，学说 zh、ch、sh 的过程中，他们需要听懂教师的要求，需要想象自己扮演的动物角色，需要理解别人的语言和动作，以明了游戏的进程，需要按照游戏的规则说话行动。可以说，在幼儿参与听说游戏的过程中，他们的语言理解和表达能力获得多方面锻炼的机会，因此，在听说游戏中包含的单一而具体的语言教育目标，实质上却对幼儿语言能力有多方面的培养、提高的作用。

第二，听说游戏包含的语言教育目标具有练习性的特点。听说游戏往往不对幼儿提出某个新的语言学习任务，更多的是根据近阶段幼儿语言学习的重点需求设计游戏活动，让幼儿在游戏中复习巩固已学的语言内容，掌握一定的语言知识，真正获得这一方面的语言运用能力。仍以小班幼儿有关 zh、ch、sh 发音的听说游戏为例，这种游戏的进行与幼儿该阶段语言发展水平以及语言学习需要有关，也与对幼儿学习普通话的要求有关。显而易见，如果在两岁的托儿班进行 zh、ch、sh 的听说游戏，由于幼儿尚未对 z、c、s 和 zh、ch、sh 音的区别产生敏感性，他们无法参与这样的游戏；而在大班开展此游戏，因大班幼儿已经基本掌握了 zh、ch、sh 的卷舌发音规则，所以也不需要。只有小班幼儿正处于对这几种音敏感的时期，又处于学习发卷舌音的阶段，开展有关的听说游戏便给他们提供了练习的机会，让他们在生动活泼的游戏活动中复习巩固已学的内容，真正掌握正确发出 zh、ch、sh 卷舌音的方法。

第三，听说游戏包含的语言教育目标具有含蓄性的特点。其他的语言教育活动一般都开宗明义，将学习任务直接呈现在幼儿面前，而听说游戏则将教育目标贯彻在游戏活动之中，让幼儿边玩边说，不知不觉地完成学习任务，达到本次教育活动的要求，这是听说游戏独有的优势。听说游戏是一种其他语言教育活动所不能替代的活动形式。

（二）将语言学习的重点内容转化为一定的游戏规则

凡是听说游戏，都带有一定的游戏规则。教师在设计听说游戏时，根据具体的教育目标，选择适当的语言学习内容，并将本次活动的语言学习重点转化为一定的游戏规则，游戏的规则可能是竞赛性质的，也可能是非竞赛性质的。当幼儿参与听说游戏时，他们必须遵守一定的游戏规则，按照规则进行游戏，并在活动中锻炼听说能力。如小班"商店里的东西"游戏中教师制定的游戏规则是："顾客"一定要对售货员说清楚要买什么商品，售货员才能将商品卖给他。如果发音不清楚，暂时不卖，直到说对了再卖给他。这就要求幼儿必须发准

"柿（shì）""石（shí）""车（chē）"等音，才能顺利地买到自己需要的"商品"。

听说游戏活动的游戏规则按照性质可分为两种类型。

第一种是竞赛性质的游戏规则。游戏中幼儿如果听准了、说对了，达到学习要求，便成功到达胜利的彼岸。当幼儿用正确的语言内容和形式说出形容某一事物的话来，锁便打开，自己就可以与别人交换角色。否则便要继续扮演同种角色，重新经历相仿的学习过程。这种竞赛性质的游戏规则在听说游戏中产生激励效应，可以促使幼儿更主动积极地投身于游戏活动。

另一种听说游戏的规则不具有竞赛性质，但同样能产生激励效应。如小班听说游戏"小白兔吃青草"，教师扮演兔妈妈，带小白兔们到外面去吃青草，幼儿边跳边念儿歌："小白兔，跳跳跳，一跳跳到草地上，吃吃吃，吃青草，吃吃吃，吃个饱。"反复念后，一只大灰狼跑出来大吼一声"大灰狼来了"，扮演小白兔的幼儿必须跑到妈妈身边蹲下，表示回到家受到了妈妈的保护，否则就会被大灰狼吃掉。这样的听说游戏，也可以对幼儿产生很大的吸引力。虽然游戏规则看似不直接与幼儿说什么有关，但幼儿知道念儿歌之后会有大灰狼跳出来，然后追逐逃跑，念儿歌与后面的追逐活动密切连接在一起，因此，游戏规则便激励幼儿全身心投入活动，幼儿会饶有兴趣地反复玩这个游戏，最后达到语言学习的效果。

（三）在活动过程中逐步扩大游戏的成分

听说游戏活动兼有游戏和活动双重性质，从活动组织形式上看，具有从活动入手，逐步扩大游戏成分的特征。由于听说游戏活动带有明确的学习任务，活动开始时，教师需要帮助幼儿理解活动的内容，交代游戏的规则，并且示范游戏的玩法。然后教师带领幼儿开展游戏，在幼儿熟悉并逐步掌握游戏规则后，再放手让幼儿独立进行游戏。应当说，听说游戏活动开始时以活动的方式进入，而最后以游戏的方式结束，教师的主导作用在开始时体现得最为明显，而后随着幼儿熟悉水平的提高而逐渐减少，直到幼儿完全自主地进行游戏。

听说游戏活动的组织兼有活动和游戏的双重性质，并且在活动过程中出现了逐步扩大游戏成分的现象。实际上，听说游戏存在以下三种由活动逐渐向游戏过渡的转换。

第一，由外部控制向内部控制转换。听说游戏刚开始时，由教师主导创设游戏情景，交代游戏规则，幼儿只是被动观察、听讲、思考，当他们产生兴趣时，不由自主地跟随教师参与游戏，在掌握规则之后，尝试自己游戏，最终完全主动积极地投入到游戏中去。这一过程实际上是由外部控制转换为内部控制的过程。

第二，由真实情景向假想情景转换。无论教师如何提供游戏的场景，在听说游戏刚开始时，幼儿所处的仍然是真实情景。教师向幼儿交代活动内容，解释活动规则，甚至示范游戏玩法，此时幼儿均以旁观者的身份进行观察思考，所有的一切对他们仍然是真实的环境。随着幼儿自己参与游戏，他们开始扮演某一角色，并想象可能有的情节、动作、物品、语言，于是幼儿所处的环境便发生了变化，成为假想的情景，听说游戏活动因此发生由真实情景向假想情景的转换。

第三，由外部动机向内部动机转换。与外部控制向内部控制转换密切相关，在听说游戏活动中，同样有外部动机向内部动机转换的过程。幼儿刚开始参加听说游戏时，和其他教育活动一样，外部动机决定了他们参与的积极性。然而由于听说游戏活动的特点，幼儿在游戏中自主的成分越来越高，他们的主动性、积极性逐渐得以充分发挥。随着他们对听说游戏规则的掌握和游戏内容方式的熟练，他们在活动中保持着越来越明显的内部动机。当然，必须说明，幼儿能否将外部动机转换为内部动机，很大程度上取决于这个听说游戏是否真正具有游戏的特点，是否真正对幼儿产生强大的吸引力，幼儿自己能否真正地玩起来。否则，在活动中，幼儿便无法实现由外部动机向内部动机的转换。反过来说，如果在听说游戏中不能将外部动机转化为幼儿的内部动机，那么这种听说游戏便只能称之为听说活动，甚至是一种蹩脚的听说活动，因为它不真正具有游戏的价值，也不能发挥听说游戏作为一种特殊的语言教育活动所应发挥的作用。

二、听说游戏活动的主要类型

（一）语音练习的游戏

语音练习的游戏是以练习幼儿正确发音、提高幼儿辨音能力为目的的一种活动。它的形式和结构都比较简单。在听说游戏中，着重为幼儿提供练习发音的机会，以利于幼儿学习或复习巩固发音。可以让幼儿着重练习他们感到困难的或容易发错的语音，也可以组织幼儿进行方言干扰音的练习、普通话声调的练习、发声用气的练习等。但每次练习的语音不要过多，以免难点过于集中，影响幼儿的学习效果。如小班幼儿普通话发音的难点主要有 zh、ch、sh、r 四个辅音，教师可以根据幼儿的实际情况，选取这些声母与一定的韵母结合的音节，设计一些游戏活动。如小班听说游戏活动"可爱的小动物"，就较好地利用游戏的形式帮助幼儿掌握这些难发的语音。

例：小班听说游戏

可爱的小动物

一、活动目标

1. 能正确地说出小动物的名称，学习准确地发出"咕、汪、喵、嘎、叽、蹦"等音，并能协调地模仿小动物的动作。
2. 提高参与集体游戏的积极性，并要求他们做到在集体面前说话响亮。
3. 学会倾听教师讲解游戏要求和规则，掌握游戏方法，遵守游戏规则。

二、活动准备

1. 背景图（画有草地、蓝天、白天）
2. 教具：小鸡、小鸭、小花猫、小黄狗、小白兔、小鸽子。
3. 汽车挂件 1 个，汽车方向盘 1 个。
4. 与幼儿人数相等的小鸡、小鸭、小花猫、小黄狗、小白兔等头饰。

三、活动过程

1. 导入活动

出示背景图，教师："今天，有很多小动物要到我们班做客，看看谁来了？"

2. 教师一一出示小动物教具

（1）小鸽子是怎样来到我们班的？（飞来的）怎样飞呢？请个别幼儿表演，小鸽子的本领可大了，能飞到很远很远的地方去送信还能飞回来，不会迷失方向。小鸽子怎样叫？（咕咕咕）

（2）小鸭身上的毛是什么颜色？它的嘴巴长得什么样子？（扁扁的）它有什么本领？（游泳）它喜欢吃水里的什么？（小鱼和小虾）小鸭怎样叫？（嘎嘎嘎）

(3) 小鸡：小鸡的嘴巴和小鸭的嘴巴长得不一样，小鸭的嘴巴长得扁扁的，小鸡的嘴巴是什么样的？（尖尖的）它喜欢吃什么？（虫和米）它会怎样叫？（叽叽叽）

(4) 小花猫：它有什么本领？（捉老鼠）它是怎样叫的？（喵喵喵）

(5) 小黄狗：它喜欢吃什么？（肉骨头）它会怎样叫？（汪汪汪）

(6) 小白兔：它的耳朵长得什么样子？（长长的）眼睛长得什么样子？（红红的）它们怎样走路？（蹦蹦跳跳）

那么多小动物到我们班来做客，我们小朋友非常高兴、特别开心。

3. 教幼儿学习儿歌《可爱的小动物》，知道小动物的名字、叫声和动作

(1) 教师示范儿歌，并配合动作，让幼儿仔细听和看。

(2) 幼儿学习儿歌，并认读"咕、汪、喵、嘎、叽"等字。

(3) 幼儿边念儿歌边做动作。

4. 游戏《可爱的小动物》

(1) 老师说小动物的名字，小朋友模仿小动物的叫声，并做动作。待幼儿熟悉玩法后，适当加速。

(2) 改变游戏玩法，老师模仿小动物的叫声，小朋友说小动物名字，并做动作。老师模仿完后小朋友才能说和做。

(3) 引导幼儿游戏，请个别幼儿上台做小老师说小动物的名字，小朋友模仿小动物的叫声做动作，要求做小老师的小朋友说话声要响亮，吐字要清晰。

（二）词汇练习的游戏

词汇练习的游戏是以丰富幼儿的词汇和正确运用词法为目的的。学前阶段幼儿语言学习的一个重要方面是大量积累词汇，增加口语表达的内容。应该说，学前幼儿的词汇是在日常生活经验的积累过程中逐步地增长起来的，几乎没有一个研究能确切地证明究竟一个幼儿每天能习得多少词汇。用听说游戏的活动方式帮助幼儿学习词汇，是专门考察幼儿对词汇敏感程度的机会，这类集中学习词汇的游戏，着重引导幼儿积累运用词汇的经验。

1. 同类词组词的经验

听说游戏往往让幼儿做用同一类词扩展词汇的练习，鼓励幼儿在听说游戏过程中按照一定的规则去组织扩展词汇。例如"怎样走"的听说游戏，要求幼儿用一定的副词描述怎样走的动作，幼儿可以说"快快地走""慢慢地走""三步并作两步地走""一蹦一跳地走"等。要边说边做动作，既要说对又要做对动作。

2. 不同类词搭配的经验

词汇的搭配通常与语言习惯、经验有关，是一种社会约定俗成的表现，但也有一定的规则。例如，量词有明显的搭配规则，到大班阶段，幼儿对量词开始产生一定的敏感性，在这个时期教师给他们提供听说量词的游戏机会，可以很好地帮助他们掌握一般量词的使用方法。此外还有介词和方位词的学习等，都可以通过听说游戏活动产生良好的教育效果。形容词的学习和运用则在小班就可以开始，从简单地说出"红红的苹果""圆圆的苹果"到"又香又甜的苹果""酸甜可口的苹果"，幼儿使用形容词的经验是需要不断积累的，而这些经验通过听说游戏就可以获得。

为了丰富幼儿的词汇，累积词汇量，可以组织幼儿进行"词语接龙""一字开花（扩词）""说相反（反义词）"等简单而有效的小游戏。

（三）句子和语法练习的游戏

在学前阶段的语言学习过程中，幼儿大量地积累句型，按语法规则组词成句，这是他们语法习得和发展的重要阶段。一般来说，学前幼儿将从说简单句过渡到说复合句的水平。学前阶段后期开始进入理解嵌入句的水平。无论是简单句还是复合句，都有多种类型的句式，要幼儿理解和掌握并且熟悉运用都需要经过一定的练习。学前幼儿在日常生活中可能获得运用句法的机会，而听说游戏是有意识地帮助幼儿练习，可以让他们通过专门的、集中的学习迅速地把握某一种句法的特点和规律，并在尝试运用过程中提高熟练使用的水平。例如中班听说游戏"去兔妈妈家做客"，幼儿通过用"……来……去"的句式学习句型。在游戏中学习句型，有一定的激励机制，幼儿可以产生较高的积极性。这种游戏主要在中、大班进行。

例：中班听说游戏

去兔妈妈家做客

一、活动目标

1. 学习用"……来……去"的句式说话。
2. 培养幼儿大胆表述的能力，能认真听，大胆说。

二、活动准备

1. 各种动物头饰若干（每人一个），藤圈一个，中班语言用书一本。
2. 将活动处布置成兔妈妈的家，桌上有书，茶杯2个，鱼瓶（内有鱼）。

三、活动过程

1. 教师扮兔妈妈，请小朋友去做客，幼儿进入活动室。
2. 兔妈妈招呼客人，引导幼儿用"……来……去"学说一句话。

（1）使水快冷：用两个杯子倒来倒去。

（2）请小朋友看鱼：小鱼在水中游来游去。

（3）请小朋友看书：翻来翻去才找到要找的图片。

（4）请小朋友看兔妈妈家墙上的画，用"……来……去"的句式描述墙壁上的小动物的活动。

3. 请部分幼儿说一说自己喜欢的动物头饰，并做相应的动作，用"……来……去"描述这一动作。

4. 幼儿拿着自己喜欢的动物头饰做相应的动作，并用"……来……去"的句式描述这种动作。

5. 集中幼儿，请幼儿用"……来……去"的句式将自己刚才的活动描述给小朋友听。

6. 结束：兔妈妈带大家到一个好玩的地方去玩，幼儿出活动室。

（四）表述能力练习的游戏

表述能力练习的游戏以训练幼儿用比较连贯的语言，具体形象地描述事物，提高口语表达能力为目的。它要求幼儿语言完整、连贯，具有一定的描述能力。如大班听说游戏活动"金锁银锁"，以让幼儿念儿歌的形式，帮助幼儿学习用简短而有节奏的词语形容和描述一件事物。这种游戏主要在大班中进行。

三、听说游戏活动设计与实施的基本结构

听说游戏活动的设计与实施有其独特的规律,按照下列结构去设计实施活动,可以产生更好的教育效果。

(一)创设游戏情景,引发幼儿兴趣

在听说游戏开始时,教师需要调动一些手段去设置游戏情景,如用物品、动作或用语言创设游戏情景,目的在于向幼儿展示听说游戏的氛围,引发幼儿参与游戏的兴趣。具体的做法是:

第一,用物品创设游戏情景。教师使用一些与听说活动有关的物品,或者玩具、日用品等,布置游戏的情景,制造游戏的氛围,引发幼儿参与游戏的兴趣。

第二,用动作创设游戏情景。教师用动作表演,让幼儿想象出游戏的角色,或者游戏的场所,进而产生游戏情景的气氛。

第三,用语言创设游戏情景。教师通过自己所说的话,直接描述或指出游戏中角色及其所处的环境。比如小班听说游戏活动"水果在哪里",老师直接对小朋友说"秋天里,水果丰收了,我们和小动物一起到果园里去摘水果吧!"教师用语言引导幼儿进入角色,营造游戏的气氛,同样可以达到创设游戏情景的作用。

(二)交代游戏规则,明确游戏玩法

在创设游戏情景之后,教师接着就要向幼儿交代游戏的规则,这一步骤的目的是要幼儿通过教师布置任务、讲解要求,明确游戏的玩法。

教师通过用讲解和示范相结合的方式,引导幼儿理解游戏的规则,如中班"开火车"游戏,教师用积木搭火车,通过这个情景引发幼儿游戏的兴趣。游戏开始后,教师交代游戏的规则,有一人做火车头,其他小朋友都做小火车车厢。游戏开始时,大家一起念儿歌:"点兵点将,点到谁,谁就是我的火车厢",由火车头边念儿歌边用手轮流点小朋友,当儿歌念完后,最后被点到的小朋友站起身,从火车头的包里摸出一张图片,并用量词说出图上的东西。说对的小朋友站在火车头后做一节车厢。说错了,不能做车厢。大家再重新念儿歌,寻找另外一个火车厢。

教师在交代游戏规则时要注意:

第一,用简洁明了的语言讲解。在交代游戏规则时,切忌啰唆、冗长的解释,以免幼儿抓不住要领,不能及时领悟、理解游戏规则,影响游戏的进程。

第二,要讲清楚听说游戏的规则要点和游戏的开展顺序。听说游戏的规则要点一般都是游戏中幼儿要按照规范说出的话,教师应当让幼儿基本明白说什么和怎样说,以便他们能够在参与游戏时付诸实施。同时要帮助幼儿清楚地理解游戏开展顺序,先做什么,后做什么,什么角色做什么。这样他们才能够顺利地开展活动。

第三,教师用较慢的语速进行讲解和示范。教师在交代游戏规则时使用的语言应当是相对慢速的语言。尤其是针对游戏规则回答问题或说一句话时,一定要保证让幼儿听清楚,因为这种语言带有示范的性质。

(三)教师指导幼儿游戏

教师带领幼儿开展游戏,是一种以教师为主导指导幼儿游戏的过程。在这一段时间内,教师在游戏中充当重要的角色,可以主宰游戏的进程。此时,幼儿可以部分地参与游戏过

程，即一部分幼儿参加游戏，实行轮换，让另一部分幼儿有观察、熟悉的机会。也可以是全体幼儿参加游戏的一部分，待幼儿熟悉游戏的规则和玩法后再全部参加游戏。

教师指导幼儿游戏，有利于幼儿在活动过程中熟悉游戏规则，进一步明确和掌握游戏的玩法，掌握在游戏中运用语言交往的基本思路，从而为独立开展听说游戏做好充分的准备。

（四）幼儿自主游戏

通过前三个步骤的活动，幼儿已经比较熟悉和掌握游戏的规则和玩法，具备独自开展听说游戏的基础。在幼儿自主游戏的阶段，教师可以放手让幼儿自己开展活动。此时，教师已从游戏领导者的身份退出，处于旁观的地位。在观察幼儿游戏时，注意对个别不熟悉规则和玩法的幼儿进行及时的指导点拨，帮助这些幼儿更快地加入到游戏中去。教师还要注意及时解决游戏中可能出现的矛盾和纠纷，以免因角色分配不当或其他问题影响游戏顺利进行。教师对幼儿游戏行为的评价和态度能激发幼儿游戏的积极性，促使幼儿更加主动、积极地活动，圆满地完成听说游戏的教育任务。

教学设计举例：大班听说游戏

改　错　句[①]

一、活动目标

1. 积极参与游戏，能察觉错句，提高对语言的判断能力。同时，培养幼儿的幽默感。
2. 初步学习改错句的基本方法，能够逐步将改错句的基本方法运用到游戏中去。

二、活动准备

活动的磁性教具（小鸟、小鸡、公鸡、母鸡等），秋季的背景图。

三、活动过程

1. 故意"出错"，引发兴趣

（1）活动开始时，教师故意在与幼儿的交谈中说出一句错话，如："现在很多小朋友的眼睛看老师了，可是还有一个小朋友的眼睛听着外面。"

（2）让幼儿听着觉得好笑，再追问："我什么地方说错了？谁来帮忙改正？"引出课题——我们来做个"改错"的游戏，并介绍规则——把别人的错话改过来。

2. 共同讨论，学习方法

（1）出示背景图（秋季），演示教具，幼儿对教师说的话进行改错。

"春天来了，大地一片金黄。"

"小鸭子在天上飞来飞去。"

"公鸡妈妈和小鸡在草地上玩耍。"

（2）幼儿讨论改正错句的方法：

A. 改句子的前半部分或后半部分；

B. 改掉不合适的词、不恰当的词语。

3. 改错游戏，同伴分享

（1）教师提出错句，幼儿改错。

（2）幼儿配对相互出错、改错，要求错句只说一遍。

[①] 本活动设计根据南京市鼓楼幼儿园姜惠老师的原创设计改编。

(3) 请在游戏中玩得好的幼儿在集体面前表演，让同伴分享改错的经验。

（评析：听说游戏是提高幼儿倾听的好方法，改错则是适合大班幼儿训练倾听能力的活动，经常开展改错游戏，不仅能够提高幼儿的倾听能力，还能培养幼儿的幽默感。）

第五节 早期阅读

学习目标

了解早期阅读活动的基本特征及主要类型，掌握各种阅读活动设计与实施的基本结构以及各种指导方法。

重点、难点

联系日常教学实际，掌握阅读区活动的指导方法。

学习提示与建议

1. 掌握早期阅读活动设计和组织的基本结构。
2. 对阅读区活动的具体指导形式和方法有深入的了解。

幼儿园的早期阅读活动，是有计划、有目的地培养幼儿学习书面语言的一种语言教育活动。早期阅读活动主要是为学前儿童提供阅读图书的经验，包括早期识字经验和早期书写经验。从咿呀学语开始，学前儿童就对那些色彩鲜艳、画面形象生动的图书有浓厚的兴趣。随着年龄的增长，儿童在色彩感知、事物辨认、语言能力上有长足的进步以后，他们对图书的兴趣也随之增长。在托儿所或幼儿园里，我们经常会看到孩子们或三五成群或独坐一隅，津津有味地阅读图书。幼儿园教师应有计划、有目的地培养幼儿阅读的兴趣，重视幼儿早期阅读经验的培养。

一、早期阅读活动的基本特征

（一）早期阅读活动需要丰富的阅读环境

早期阅读活动重在为学前儿童提供阅读经验，因而需要向儿童提供含有较多阅读信息的教育环境。早期阅读环境包括以下两个方面：

1. 精神环境

在早期阅读中，教师或家长要为儿童创设宽松、自由的阅读氛围。在一个特定的时间段内，儿童可以自己阅读图书，可以与同伴一起阅读，还可以围坐在老师或家长旁边欣赏有趣的图画故事。宽松、自由的阅读氛围有助于儿童全身心地投入到阅读活动中，在阅读活动中获得无穷的乐趣。此外，教师、家长还要为儿童创设浓厚的阅读气氛。要做到这一点，教师或家长首先自己要为儿童树立良好的阅读榜样。试想如果教师或家长"嗜书如命"，并常向儿童讲述图书中的动人故事，必定会影响儿童，因为儿童是好模仿的，他们会模仿成人看书的样子自觉地阅读，这就使儿童在浓厚的阅读氛围中耳濡目染、潜移默化地养成良好的阅读习惯和阅读能力。

2. 物质环境

教师要努力为学前儿童创设丰富的阅读物质环境，这种物质环境包括为儿童提供阅读的时间和空间两个方面：早期阅读经验仅仅通过几次专门性的阅读活动是不可能获得的，它需要在大量的日常阅读中习得并获得巩固和发展。因此，教师在安排完每月有计划的阅读活动之后，应该在日常活动中保证儿童有一定的阅读时间。这种时间的安排可以是随机的、不固定的。教师可以利用儿童日常生活的各个过渡环节让儿童进行阅读。如晨间来园时，儿童同伴之间可以相互欣赏各自从家里带来的图书或是幼儿园提供的阅读材料，教师也可以充分利用教育活动之间的间隙，如动作比较迅速的儿童可能很快就完成了盥洗、饮水等任务，教师应减少部分儿童等待的时间、鼓励儿童到图书角阅读图书。教师要培养儿童充分利用各种机会阅读图书的习惯，但要提醒儿童阅读时保持安静，不要大声喧哗，以免影响其他小朋友的正常活动。此外，教师还可以利用午睡起床、晚间离园和各个时间段鼓励儿童进行阅读。从日常阅读时间的安排中，我们不仅看出教师对阅读活动的重视程度，还可以了解到教师的教育理论和认识。很显然，与其让儿童闲坐聊天、无所事事，还不如抓住各个时机让他们做一些有意义的事情。

丰富的物质环境还包括阅读的空间，即教师为儿童提供足够多的阅读场所，而且这些阅读场所应含有较为丰富的阅读信息。在幼儿园里，较常见的阅读场所是语言角的阅读区，阅读区内有许多适合儿童阅读的图书，儿童在欣赏完一本图书后可以到语言角，将图书的内容讲述给其他儿童听。此外，教师还应该将活动室看作儿童阅读活动场所的扩展，在大班活动室的各个区域贴上相应的文字和拼音，使儿童在潜移默化中获得有关书面语言的知识。例如，在电灯开关上贴上"开关"，在动手区贴上"小巧手"，在鱼缸边贴上"小鱼""蝌蚪"的文字和拼音等，从而为儿童提供含有丰富阅读刺激和信息的教育。

(二) 早期阅读活动与讲述活动紧密相连

早期阅读活动为学前儿童提供了众多有具体意义、形象生动的阅读内容，儿童在阅读过程中不仅要理解图书的主要内容，还要将图书的主要意思以口头表达的形式表现出来，这是阅读活动的一个主要目标。因此，阅读活动与讲述活动紧密结合在一起，儿童可以边看边说，也可以在看完之后把图书的大意讲述出来。从阅读讲述的组织方式来看，儿童可以独自讲述图书的主要内容，也可以在小组、集体中讲述；可以一个人讲述一本图书，也可以由两三个儿童共同讲述一本图书。儿童讲述的形式可以多种多样，通过讲述儿童不仅学会了深入理解图书的主要内容，而且也发展了他们的语言表达能力、思维的综合概括能力。

但同时要引起注意的是，早期阅读活动不是看图讲述活动，教师应将早期阅读活动的目标与看图讲述活动的目标区分开。看图讲述活动发展的是儿童的独白语言，要求儿童运用正式规范的语言，将图片的内容完整、连贯地表述出来。而早期阅读的重要功能在于让儿童理解图书，理解各画面之间、画面与整个故事之间的关系。因此，早期阅读更着重让儿童理解图书的基本结构，理解图书故事情节的发展，并对图书的结尾进行预测，在此基础上，再将理解后的内容以口头表达的形式表现出来。可见，早期阅读应是先理解，后讲述，早期阅读中包含讲述的内容，但又不等同于讲述活动，教师只有正确地认识早期阅读活动，才可能避免早期阅读活动在设计与实施时走入误区。

(三) 早期阅读活动应具有整合性的特点

早期阅读是一种整合性教育，它贯穿于各种活动中，应与语言教育活动、其他领域教育活动紧密结合起来。例如，阅读活动与美工活动相结合，在儿童阅读完一本图书后，让他们制作图书中的人物头饰进行表演，或让他们模仿图书的基本结构自己制作图书，以此提高儿童参加阅读活动的兴趣和积极性。又如，阅读活动与家园联系相结合，在儿童阅读一本好书的基础上，让他们将图书的主要内容讲述给爸爸妈妈听，或让家长观察儿童在家中看书的情况，并将儿童在阅读中出现的新问题反馈给老师，使家、园配合形成合力，共同促进儿童阅读能力的提高。

早期阅读教育活动的整合性还体现在早期阅读是书面语言与口头语言的结合。阅读活动必定会促进儿童口头表达能力的发展，但同时，儿童在阅读中也会认识一些文字，了解书面语言的特点，获得有关书面语言的初步知识。因此，在早期阅读活动中，可以适当地进行一些书面语言的学习。但要谨慎对待这种学习，教师要记住培养儿童良好的阅读习惯、正确的阅读方法和必要的阅读技能是主要方面，而认识文字及文字结构是次要方面，主次不能颠倒，否则阅读活动就会变成识字课，也就偏离了其自身教育功能的轨道。

二、早期阅读活动的主要类型

（一）阅读区活动

早期阅读除了在有计划的阅读中进行外，还应延伸到日常活动中去，其中最主要的活动是阅读区活动。阅读区应设在活动室光线充足的地方，并应设有便于儿童取放书籍的书橱或书架。阅读区具有以下三种功能：

1. 提高儿童的阅读水平

阅读区中投放的图书应根据年龄差异而有所区别。托儿班和小班一般投放的图书种类不要太多，但同一内容的书要准备充分。这种做法既有利于儿童利用同一本书进行交谈，又可以避免儿童因模仿而争抢图书发生争执。而中班、大班投放的书籍数量和种类要丰富、充足，并且要经常替换和增加新的图书。图书的难度要增大，既可以选择文字较少的图书，又可以选择有较多文字和拼音注释的图书，以利于儿童根据自己的兴趣、爱好来选择图书。

儿童在阅读区活动时，教师要为儿童建立阅读情况记录表，对每个儿童到阅读区活动的次数、阅读图书的种类、阅读的喜好、阅读能力、阅读习惯及讲述水平做详细的观察记录，并以此作为依据，及时调整阅读活动目标、阅读活动的重点和图书角各类图书的设置。例如，当老师观察到有些图书几乎无人问津时，就要思考其被冷落的原因。如果是投放时间过长，图书的内容对儿童已经失去吸引力，那么就要及时撤换旧的图书，放入新的图书。如果是图书内容不吸引儿童，那就要看看这些图书画面人物是否不够突出、色彩是否不够鲜艳、图书的故事情节是否不符合儿童年龄特点和他们已有的知识经验。如果是，那就要吸取这些经验教训，避免类似情况发生。通过以上的方法，教师能较好地掌握儿童阅读区的情况，并通过提醒、鼓励那些很少光顾阅读区的儿童积极参加阅读区的活动，有效地促进儿童阅读水平的提高。

2. 选择合适的图书，为有计划的阅读活动做准备

在阅读区和阅读活动中为儿童选择什么样的图书是至关重要的。只有那些适合儿童阅读经验和阅读水平的图书才能调动儿童阅读的兴趣，保证阅读的质量。为儿童选择图书应以图为主或图文并茂，这是由于儿童识字很少或不识字，若图书画面小而文字多，必然不适于儿童阅读。另外，图书的色彩要鲜艳，画面要生动活泼，背景不过分复杂，情节和形象生动有趣，高潮迭起，而且图书的内容很有启发性，宣扬真、善、美，鞭挞假、恶、丑，对那些暴力邪恶的内容很少加以描述。只有符合上述标准的图书，才能成为早期阅读活动的内容。

由于儿童之间存在年龄差异，因此在选择图书时一定要结合儿童的年龄特点和已有经

验,遵循循序渐进和难度适宜的原则为不同年龄的儿童选取图书。

托儿班和小班应该选择故事情节简单、人物形象逼真、人物动作突出、色彩鲜艳并配有短句或词汇的单页单幅的图书,而在内容上应选择生动有趣的动物、家庭生活故事以及各种与儿童生活经验相符合的图书,如《拔萝卜》《小铃铛》等。中班儿童想象力有了长足的发展,他们一般对新奇的事物比较感兴趣,而且有意注意、有意记忆和思维的分析、推理能力都有了很大的提高。针对中班儿童的这些认知发展特点,我们应该为他们选择情节较为复杂、画面之间关联较明显的单页多幅的图书,内容可涉及那些情节紧张、刺激或具有较丰富的动作的动物故事,也可以是那些有鲜明的善恶报应结局的内容,以及那些能充分发挥儿童想象力的内容,如《小猴出海》《小猫上公园》等。大班儿童思维的分析、概括、判断能力和想象力都有了很大的发展,因此可以为他们选择情节较丰富、复杂的图书。而且,除了那些可供儿童以看为主的图书外,教师可以选择那些以欣赏为主的文字较多的童话故事或名篇名著,这些图书教师可以先为儿童朗读,待儿童对图书基本内容有了一定的了解后再让他们自由翻阅,这样既有利于儿童将文字与画面内容结合起来进行阅读,又提高了儿童对名篇名著的兴趣和欣赏水平。此外,大班还可以选择那些常用字多、独体字较多的单页单幅图书,以培养儿童的识字兴趣。例如,大班图书《小蝌蚪找妈妈》的画面简洁、生动,文字中常用句、重复句多,而最重要的是儿童对故事内容已相当熟悉,在这种情况下,利用这本图书,教师只要稍加提示和点拨,就能有效地培养儿童对文字的初步感知能力,使他们获得识字的乐趣。

阅读区除了投放一些幼儿喜闻乐见的或幼儿从家里带来的图书外,还应该在有计划及专门的阅读活动进行前一周投放本次活动的图书。这样,幼儿可以提前阅读教学活动的教材,从而了解图书中的人物、情节,理解画面和图书的主要内容,既可以避免阅读活动中新图书的新异刺激干扰幼儿的注意力,又能增强幼儿对图书的理解能力,提高阅读活动的质量。

3. 培养幼儿对图书的兴趣

幼儿在阅读区中不仅可以阅读图书,还可以从事一些与图书有关的活动,如制作图书、修补图书等。在幼儿了解了图书的基本结构(封面、中间内容、封底)后,教师就可以让幼儿自制图书。自制图书可以采用两种形式:① 幼儿从破旧图书中选择感兴趣的人物、动物、地点、背景等,将它们剪贴在白纸上,构成一幅或多幅完整的画面,再加上自己绘画的封面和封底,就做成了一本完整的新图书。② 以绘画、折纸等方法表现图书内容。这种制作具有一定主题,但比较复杂,一般幼儿不可能独立一次完成,需要几次完成或几个幼儿共同合作完成。一般地说,第一种形式适合小班的幼儿,第二种形式适合中班、大班幼儿。此外,为了培养幼儿爱护图书的良好行为习惯,教师可以安排幼儿在阅读区里,对那些破损的图书进行修补。通过自己动手修补图书,激发爱护图书的愿望,发展动手操作能力。教师在指导阅读区活动时要注意以下几个方面的问题:

第一,建立必要的活动规则。必要的规则有助于活动的顺利开展。这些规则包括:一是规定阅读人数。一般可以使用"入区卡",当入区卡全部被同伴使用时,后面的幼儿就自动转到其他区域进行活动;二是在阅读区保持安静,不能大声喧哗;三是当两人合作阅读一本图书时,应共同协商阅读的分工,由谁先翻书,谁先讲述;四是书架上的图书阅览后应放回原处,不要随意拿取。以上规则教师不但要帮助儿童建立并监督执行,还要培养幼儿自觉养成良好的阅读规则。

第二，要引导幼儿积极主动地利用图书。阅读区活动开展的好坏决定于图书的利用率，因此，教师要设法让幼儿主动选取书架上的图书阅读。除了定期更换图书外，教师还可以采用以下方法：一是悬念法。教师可以为幼儿讲述一个精彩的故事，当故事情节发展到高潮时戛然而止，然后告诉幼儿阅读区有这本图书，想知道结果的小朋友可以自己去查找。二是新书推荐法。当教师投放了新书后，就应将它们放在书架最醒目的位置，或做一番"广告"，鼓励幼儿积极主动地翻看新书。

第三，培养幼儿养成良好的阅读习惯。在阅读区活动时，教师要注意观察幼儿的阅读习惯，随时提醒他们看书的姿势、翻书的顺序，并带领中班、大班的幼儿修补图书，使他们树立起爱护图书的意识。

（二）有计划的早期阅读活动

有计划的阅读活动可以使幼儿养成良好的阅读习惯和阅读态度，提高阅读的基本技能。这种阅读活动一般以分组形式进行，一组幼儿与教师一起参加本次活动，另一组幼儿则进行与本次阅读活动内容相关的活动，如绘画图书中的人物形象或涂色等。分组可以使每个幼儿都有表现的机会，也有利于教师观察、指导他们的阅读行为。

三、早期阅读活动设计与实施的基本结构

在研究幼儿园早期阅读的时候，有关早期阅读活动如何设计和组织的问题，始终是研究者探讨的重点。因为正如前面所述，幼儿园早期的阅读活动，是有计划、有目的地培养幼儿学习书面语言的教育活动，所以我们对此关注的中心问题是：在幼儿园班集体教育范围内，怎样促使幼儿生动活泼地参与早期阅读学习。幼儿园早期阅读活动按以下几个步骤进行设计和组织。

（一）幼儿自己阅读

在阅读活动开始时，教师首先创设让幼儿自己阅读的机会。这一步骤的主要目的是将阅读活动学习的书面语言展现在幼儿面前，让幼儿自由地"接近"本次活动的学习内容，观察自己的认识对象，获得有关的信息。

例如大班早期阅读活动"象形文字到现代文字"：在活动开始时，教师先出示象形文字的贴绒卡片，告诉幼儿这是我国最早的文字，叫象形文字。然后采用看图片猜谜的形式，启发幼儿认识象形文字日、月、水、木、山、火、目、口、人、田等。再逐一出示相应的现代文字卡片，并排成一排，采用画线连字的游戏方式，鼓励幼儿找出与象形文字对应的现代汉字。通过这样积极的探索活动，让幼儿在观察分析过程中初步认识这些象形文字和现代汉字，并且知道现代文字是从古代象形文字发展演变而来的。

当然，为幼儿提供自己阅读的机会，并不意味着教师可以放手不闻不问。恰恰相反，在幼儿自己阅读的过程中，教师要巧妙而实在地起到引导作用。在前面例举的阅读活动中，教师两次出示贴绒卡片，分别给予幼儿象形文字和现代文字的概念，并且让幼儿用连线的方式来建立两种文字的对应关系。可以说，幼儿是在教师的具体指导下开始观察、认识活动的。有的时候，教师采用提问的方式，用问题引导幼儿的思路，指示他们观察认识的途径。还有的时候，教师向幼儿提出观察的要求，然后教师操作、表演，让幼儿完整、安静地阅读观看。凡此种种，只说明一点："幼儿自己阅读"是给幼儿自己"接近"本次阅读学习内容的机会，但也是在教师指导下观察、认识一定书面语言的开始。

(二) 师幼共同阅读

教师与幼儿一起阅读，实际上是在幼儿自己观察、认识接触到的书面语言信息的基础上，由教师带领幼儿来进一步学习理解这些书面语言信息。

仍以大班早期阅读活动"象形文字到现代汉字"为例：继幼儿自己阅读之后，教师逐一出示现代汉字的卡片，请幼儿认读。然后，教师带领幼儿阅读两遍。在幼儿认读过程中，教师及时纠正幼儿不正确的发音，特别是"山""水"这两个南方口音中容易忽视的卷舌音。同时引导幼儿解释字义，让幼儿了解字的含义，如知道"日"指太阳、"目"指眼睛、"口"指嘴巴等。

应当指出，教师和幼儿一起阅读，创造了教师带领幼儿阅读、指导幼儿阅读的条件。在这一活动环节中，教师按照自己的理解和设想，将要求幼儿掌握的书面语言信息贯穿到阅读的过程中去。教师的作用在于帮助幼儿明确此次早期阅读的内容，并正确地掌握书面语言的信息。值得教师们注意的是，在这一环节的活动中，教师不必着重"告诉"幼儿什么，而是可以采用"平行"的方式，与幼儿平起平坐地共同阅读。换句话说，教师可将自己的指导作用放在"一起阅读"之中，不是告诉幼儿，你们应该学习什么，而是与幼儿一起去学习这些要学的内容。这种方式将有助于幼儿从自由地"接近"阅读信息，过渡到按照教师指导接受阅读的信息。

(三) 围绕阅读重点开展活动

每一次阅读活动均有一定的重点，事先教师应当做到心中有数，并能有计划地在活动中贯彻落实。经过上一步骤"教师与幼儿共同阅读"的活动后，教师可以组织幼儿围绕阅读重点开展活动，着重帮助幼儿深入地掌握学习内容和正确的学习方式。

在大班早期阅读活动"象形文字到现代汉字"中，教师采用了组织幼儿讨论的方式帮助幼儿去掌握重点信息。教师与幼儿一起找出象形文字和现代汉字的相似和不同之处，知道"日""目""口""田"都是全包围结构的字，能够区别和掌握这四个字，并且理解这些字都由象形文字变形转化而来。此外，教师还帮助幼儿学会运用已学的这四个字，通过口头组词练习去丰富词汇，扩展词汇的思路。

除了组织讨论之外，教师在指导幼儿围绕阅读重点开展活动时，还可以灵活地采用其他活动形式，比如表演、游戏等。只要能够引导幼儿深入掌握学习的重点，加深对所学书面语言的印象，各种活动方式都可以在这一环节的活动组织过程中使用。

例如：大班趣味识字活动

虫虫找朋友[①]

一、活动目标

1. 学习生字"蚕""蛋""蜜""蜂"，结合字表达的意思，大胆想象记忆生字。

2. 通过对部分"虫"字旁汉字的比较，初步感知汉字的某些规律，增强对文字符号的敏感性。

二、活动准备

1. 课件《虫虫找朋友》。

[①] 本活动设计由浙江宁波梁英老师提供。

2. 卡片：巩固汉字"虾、蚂、蚁、蚊、蝌、蚪、蝴、蝶、蛹"；新学汉字"蚕、蛋、蜜、蜂"。

三、活动过程

1. "虫虫找朋友"——复习对"虫"字结构的认识。

(1) 演示课件。(出现毛毛虫爬成一个虫字)

师：看，谁来了？毛毛虫爬呀爬，组成了一个字，是什么字呢？谁来找找毛毛虫的"虫"字。

(请小朋友在字卡中找出"虫"字)。

(2) 演示课件(出现"虫"字)，验证幼儿找的"虫"字宝宝。

2. 帮"虫"字宝宝找朋友——复习学习过的带"虫"字的形声字词。

(1) 师："虫"字宝宝要开舞会，看看有哪些朋友来参加？

(教师出示字卡"下、马、义、文、科、斗、胡、甬"，请幼儿来认读。)

(2) 师演示"虫"和"下"合起来成为"虾"字。

师："虫"字宝宝说："下"字宝宝好，我来和你做朋友！

(请幼儿认一认，"这是什么字？")

(3) 用同样的方法来巩固"虾、蚂、蚁、蚊、蝌、蚪、蝴、蝶、蛹"。

请幼儿来操作，把手中的"虫"字卡片放在"马、义、文、科、斗、胡、甬"的旁边，并进行认读。

(4) 巩固"虫"字在汉字中的位置，知道一部分带虫字旁的形声字。

(5) 提问：

①这些字有什么地方一样？"虫"字宝宝都在字的什么地方？(都有虫字，表示这些东西和虫子有一定的关系)

②还有什么地方一样？(教师引导幼儿发现有"虫"字和没有"虫"字他们都念一样的声音，这样的字叫形声字。)

3. 认识新朋友——学习生字"蚕、蛋、蜜、蜂"，结合字表达的意思，大胆想象记忆生字。

(1) 操作课件图，用认识的字组字的方法学习"蚕"字。"这个字的虫字宝宝在哪里？上面是什么字？这是什么字？"

"天"和"虫"合起来是"蚕"字，蚕有什么本领呢？

小结：蚕宝宝会吐丝，丝能织成丝绸，是很名贵的一种衣料。人们觉得蚕宝宝的本领真大，认为它是天上的虫，所以把"天"和"虫"合起来叫蚕。学念蚕，简单组词。

(2) 操作课件图，认识"蛋"字。

这个字的"虫"字宝宝在哪里？上面是什么字？那这是什么字？这个字念"蛋"，谁会生蛋呢？操作课件，和图片比比，谁有好办法记住这个字？

小结："疋"这个字的上面部分是鸡妈妈的翅膀，尖尖的一点是它的嘴巴！这里的一点像眼睛。下面的"虫"字宝宝像鸡妈妈下的蛋！学念蛋。

(3) 操作课件图，认识"蜜蜂"两个字。

它们的"虫"字宝宝在哪里？这个字念"蜜"，谁会采蜜呢？怎么来记这个字？一点一点像什么？

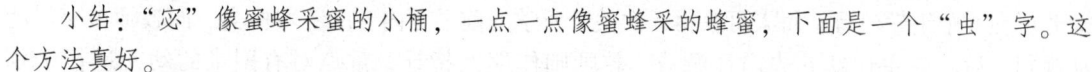

小结:"宓"像蜜蜂采蜜的小桶,一点一点像蜜蜂采的蜂蜜,下面是一个"虫"字。这个方法真好。

小结:"夂"像蜜蜂张开的翅膀,"丰"是它身上的花纹,长长的一竖像它尾巴上的刺。

(4) 操作课件,学习、巩固新学的汉字。

(5) 请幼儿把手上的"虫"字和"蚕、蛋、蜜"的上半部分、蜂的右半部分组合成新的字来做好朋友。

4. 游戏:"找朋友"。

师:虫宝宝真开心,谢谢小朋友用学到的本领为它找了这么多朋友。我们一起来做游戏吧!

(1) 请男孩子找出虫字卡片,请女孩子找出剩下的部分。

(2) 教师讲述游戏规则:听着音乐找朋友,音乐结束,男孩子找女孩子,女孩子找男孩子做朋友,抱一抱。

(3) 游戏第一次,请你们把字拼一拼,认一认,是什么字?

5. 游戏2~3遍结束。

(评析:大班幼儿的抽象思维能力开始发展,他们已经不满足于图片传达的信息,对生活中的文字符号表现出很强的探究欲望。平时看到汉字,喜欢问家长、老师:"这是什么字?"喜欢在报纸上、广告牌上、电视字幕中找自己认识的字。我们知道,汉字造字法,主要有象形、指事、会意、形声四种,教师根据这个规律,通过创设生动、有趣的《虫虫找朋友》的识字语境,调动幼儿已有的识字经验,引导幼儿掌握识字方法,激发幼儿对汉字的兴趣,发展他们的早期阅读能力。在教学活动环节设计中,教师首先利用幼儿现有的文字经验,从"下、马、义、文"等幼儿熟悉的字入手,以找朋友的形式来巩固部分虫字旁的汉字,比较虫字旁在汉字中的位置,初步感知有大部分的汉字是形声字。)

(四) 归纳阅读内容

归纳阅读内容是总结性的活动环节,它的主要作用在于帮助幼儿巩固、消化所学的内容,是整个活动中不可缺少的一个组成部分。

归纳阅读内容的组织方式有下列几种:

第一,是用竞赛性质的活动方式帮助幼儿巩固所学内容。例如:在大班早期阅读活动"象形文字到现代汉字"中,最后将幼儿分成两组,通过教师举字卡—幼儿念字或教师念字—幼儿举字卡的活动方式,开展竞赛。凡是回答正确的一方,就可在黑板上画一个五角星,若有一个人不正确,就不能给这一方添上五角星。最后,评出五角星多的一方为胜利者,集体鼓掌表示祝贺,然后结束活动。这种活动方式使幼儿注意力集中,能够调动他们参与的积极性,激励他们主动地投入已有基础的复习巩固阅读活动之中,比较适合在大班使用。

第二,教师也可通过表演的方式来组织归纳阅读内容。也有的阅读图书活动最后用配乐童话的方式进行,让幼儿跟随音乐做动作,体会图画故事所表现的情节和人物角色心理,加深对故事的理解。

第三,教师也可用游戏的形式组织归纳阅读内容环节的活动。比如大班早期阅读活动"文字的家",采用幼儿循环游戏的方式来帮助幼儿巩固有关田字格与汉字间架结构前书写的学习内容。教师将幼儿分成6组,每组都有不同的游戏材料,包含不同的与学习内容有关的信息。

幼儿可在6个组轮流玩,每人可获得6次关于所学的前书写内容的练习机会。而教师在交代活动规则之后,放手让幼儿去循环游戏,教师则作巡回指导,重点对有困难的幼儿进行个别辅导。

总之,归纳阅读内容的方式多种多样,教师可以创造性地设计和组织这一环节的活动。只要有利于幼儿巩固掌握阅读内容,有利于他们形成正确的书面语言观点,各种活动形式都可以在活动中尝试运用。

例:大班早期阅读活动

影子和我

一、活动目的

1. 结合读本和自身经验,丰富、深化有关影子的认识,特别是人物的活动和影子的变化之间的关系。

2. 理解"也"字如何运用,学习运用句型——"谁在做什么,谁也在做什么。"

二、活动准备

大书《影子和我》、幼儿人手一本小书。

三、活动过程

1. 教师以猜谜的形式引出活动的主题:"人人有个好朋友,乌黑身体乌黑头,灯前月下陪着你,却是哑巴不开口。"(影子)教师提问:你在什么地方看到影子?引导幼儿发散思维。

教师提出本次阅读的主题——影子:今天我们一起来看一本很有趣的书。

2. 教师出示大书:小朋友猜猜这本书在说一个什么故事?引导幼儿说出自己的见解。

(1) 教师翻开大书的第1页,提问:你看到了图上有什么?为什么要有蜡烛?

(2) 教师:请小朋友猜一猜,书上的人会和影子做什么游戏?请幼儿看书的第2页。教师提问:你看到了小朋友和影子在做游戏,你是怎么看出来的?

(3) 出示书的第3页,将人物遮住,教师提问:我看到图上的影子了,但是我不知道书上的小朋友做了什么样的动作,你们知道吗?我们一起来做做吧。请幼儿站起来模仿影子的动作。教师掀开遮住的纸张,并请几个模仿得比较像的幼儿站到前面做动作,和大书中的人物比较一下。教师提问:为什么?

(4) 出示遮住人物的第4页,教师提问:请小朋友说说,这个影子像什么?发散幼儿的思维,引导幼儿说出自己不同的看法。教师提问:你知道小朋友是怎么做的吗?让幼儿比比动作,教师掀开纸张:原来是用手做出了影子的牙齿。

(5) 教师出示遮住影子的第5页,请幼儿说说:墙上的影子会和小朋友做什么样的动作?教师引用原句进行小结。

(6) 出示第6页,教师提问:图上的影子在做什么?小朋友也在做什么?

(7) 教师:我们看看,小朋友怎么啦?影子怎么样了?引导幼儿想象故事的情节。

(8) 出示第8页,教师提问:小朋友发现这页和前面颜色有什么不一样?你发现什么不见了?为什么?引导幼儿说出:影子不见了。原来有光的地方才有影子。

3. 教师:刚才我们一起看了有趣的故事,现在我们完整地看一遍吧,教师指读大书上的文字,将故事完整地讲述一遍。

教师:原来我们身体的各部分都可以和影子做各种好玩的游戏,比如手、脚、嘴等。是不是这个小姑娘做什么，影子也会同样跟着做什么？

小姑娘和她的影子有什么区别？（问题回答方向：影子永远是黑色的，只有轮廓，没有细节。）

4. 教师：我们一起来分享这个有趣的故事吧。幼儿自己拿一本小书，跟着教师进行故事的指读，并注意引导幼儿一个字一个字地进行指读。

教师：现在我们也要和影子做游戏了。

（1）到操场上去找影子，并能告诉老师在什么地方找到的影子。

（2）同伴互相玩踩影子的游戏。

（3）幼儿组合影子的各种造型，请一个幼儿用粉笔将地上的影子画下来。

中班早期阅读活动

小　　鸭

一、活动目标

1. 激发幼儿对游戏识字的兴趣，体验游戏识字的快乐。
2. 理解儿歌内容，欣赏儿歌《小鸭》。
3. 学习词语：小鸭，单字：鱼、虾。

二、活动准备

会玩游戏"开火车""照相""小孩小孩真爱玩"，小红旗一面，图画一张，字卡若干，范文一篇。

三、活动过程

1. 开始部分：出示图画，激发幼儿的活动兴趣。

今天，老师给你们带来了一幅漂亮的画，你们想看吗？

2. 基本部分

（1）鼓励幼儿大胆讲述图画内容，发散幼儿思维：

①你看到了什么？小鸭的嘴巴怎么样？它是怎么唱歌的，走起路来是什么样的？我们一起学学。

②还有什么？它们在干什么呢？

③谁愿意看着这幅图编一个故事？

（2）欣赏儿歌《小鸭》。

欣赏三遍：第一遍教师示范；第二遍幼儿手指字、耳朵听、眼睛看字、不出声；第三遍幼儿手指字、耳朵听、眼睛看字、轻声读。

（3）游戏识字：小鸭，单字：鱼、虾。

①"开火车"　　②"照相"　　③"小孩小孩真爱玩"

④"捉迷藏"

3. 结束部分

幼儿和爸爸妈妈一起和字宝宝交朋友。

大班早期阅读主题设计

图书广场[①]

一、主题设计意图

为使幼儿对阅读产生兴趣，对图书有更深的了解，在生活中懂得自主学习与探索，故设计此主题活动。

二、主题目标

1. 参加阅读活动，萌发思考、积极探究的兴趣，养成良好的听、说习惯和阅读习惯。

2. 了解图书的结构与制作过程，知道图书的几大类别，学习给图书分类。

3. 懂得用简单的语言介绍图书的书名和出版社名称、定价及主要内容，并学习围绕一个主题提问。

三、活动准备

各种图书、图书架、玩具电话、麦克风等。

四、相关活动

活动一：认识图书

1. 请幼儿观察图书，知道图书可以自由翻阅。

2. 围绕这本图书，让幼儿自由提问，可以由师生共同来回答。

3. 幼儿根据观察，说说图书分哪几大部分（书名、封面、封底、目录、文字、插图等），让其了解书的制作过程，引导幼儿观察图书出版社与定价。

活动二：亲子共读

1. 让家长和幼儿共同阅读两本图书，让孩子知道书的书名、出版社、目录、故事内容、定价。

2. 家长与幼儿互相讨论关于书本的有关内容。

活动三：书的种类

1. 在书架上自由选择一本自己喜欢的图书，师生共同把相近内容的书进行归类。

2. 总结书的几大类别：语言类（故事、诗歌、谜语），自然科学类（动物、植物、宇宙），智力类（迷宫、拼图、智力游戏）等。

3. 把书架上的图书分类整理好。

活动四：亲子活动"参观书店"

1. 家长与幼儿参观书店，并引导孩子观察书店内的布局、陈设。

2. 让孩子感知图书的各种类别、名称。

3. 尝试让孩子选择买一本喜爱的图书，并自己到收款处交钱。

活动五：图书广告"图书广场"

1. 能声音响亮地介绍图书的类别与内容，用生动的语言吸引"顾客"购买图书。

2. 大方地与同伴交谈，围绕图书提出各种问题。

3. 购买者要留下"地址""电话"，让书店送书上门。

活动六：图书展览会

1. 模仿书店的形式，让幼儿把图书分类摆放。

[①] 本活动设计改编自广州东方红幼儿园黄艳青老师设计的《图书直销站》。

2. 幼儿扮演图书推销员，向家长、老师推销各类图书。
3. 家长、老师可以向幼儿提出各种有关图书的问题。
（评析：以上是目前主题课程背景下一个比较典型的以早期阅读为主的主题系列活动。整个主题的多个活动既相对独立，又相互联系，传递给幼儿的以图书为中心的多种经验，可以帮助幼儿进一步了解图书的特征以及用途，促进幼儿形成良好的阅读兴趣和习惯。）

思考与练习

1. 试述对儿童文学作品和文学学习活动的基本认识。
2. 试述文学欣赏活动和文学创造活动之间的关系。
3. 试述儿童文学学习活动设计和组织的基本结构。
4. 任选一个年龄段，设计一个幼儿园文学欣赏活动方案。
5. 试述幼儿园谈话活动的概念和基本特征。
6. 试述幼儿园谈话活动与幼儿园讲述活动之间的关系。
7. 试述幼儿园谈话活动设计和组织的基本结构。
8. 任选一个年龄段，设计一个幼儿园谈话活动方案。
9. 试述对幼儿园讲述活动和幼儿园谈话活动的基本认识。
10. 试述幼儿园讲述活动的基本特征。
11. 试述幼儿园讲述活动的主要类型。
12. 试述幼儿园讲述活动设计和组织的基本结构。
13. 任选一个年龄段，设计一个幼儿园看图讲述活动方案。
14. 试述对听说游戏的基本认识。
15. 试述听说游戏和游戏之间的关系。
16. 试述听说游戏设计和组织的基本结构。
17. 根据幼儿园听说游戏活动设计组织要求，围绕《小白兔吃青草》的儿歌，设计一个小班听说游戏活动。设计要求：
（1）制定目标要全面，符合小班幼儿的发展特点；
（2）过程结构完整，体现听说游戏活动的设计组织思路；
（3）简单列出活动过程每一环节的要点即可。
附儿歌

小白兔吃青草

小白兔，跳跳跳，
一跳跳到青草上。
吃吃吃，吃青草，
吃吃吃，吃个饱。

18. 试述对早期阅读活动的基本认识。
19. 试述阅读区的主要功能。
20. 试述早期阅读活动设计和组织的基本结构。

21. 任选一个班级，观察记录幼儿在一天当中阅读图书的时间、次数及内容，并作简单的分析。

本章参考书目

［1］周兢，余珍有. 幼儿园语言教育［M］. 北京：人民教育出版社，2004.

［2］张明红. 学前儿童语言教育［M］. 上海：华东师范大学出版社，2006.

［3］尹坚勤. 幼儿园教育活动案例精选［M］. 南京：南京师范大学出版社，2002.

［4］朱静怡. 幼儿园发展能力课程［M］. 南京：南京师范大学出版社，2003.

［5］广州市东山区学前教育学会. 活动设计百例［M］. 广州：新世纪出版社，2001.

［6］浙江省幼儿园课程指导丛书编委会. 教师资料手册·语言/幼儿园课程指导［M］. 北京：新时代出版社，2003.

［7］《幼儿园教育指导纲要（试行）解读》编委会. 幼儿园教育指导纲要（试行）解读［M］. 南京：江苏教育出版社，2002.

第五章
学前儿童语言教育评价

▶ 情境导入

博爱幼儿园在周三上午安排一次听课活动，内容是小班的语言活动。上课的小童老师心里有些紧张，她早早做出教案，确定活动目标，准备若干张幻灯片，精心设计活动过程。小童老师很年轻，去年接了这个班，但郭园长检查小童老师的备课情况之后，倒也放心了不少，现在她觉得如何客观地、有效地完成这次教育评价，似乎更有难度。郭园长知道，听课的老师多半资历较深，他们对幼儿语言教育评价的方法，如观察评估法、作品分析法、档案评估法等，比较熟悉，把握评价的标准应该没有太大的问题，但是这次评价既是对语言教育活动即这堂课的目标、内容、方法及过程的评价，还涵盖了对这个班的幼儿入学半年多来的语言发展状态做出评价。尤其是后一部分，难度很大，但它对该班以后二年的语言教育的安排与调整意义重大。郭园长反复思考，决定在周一下午请师大教授针对本次听课及评估活动，做专门的指导。

▶ 学习内容提要

教育评价就是衡量教育工作的价值。对学前儿童语言教育的评价不仅包括对学前儿童语言发展状况的评价，还应该包括对学前儿童语言教育的目标、过程、内容方法进行价值的判断。在进行语言教育评价活动时，准确把握评价的标准，灵活应用各种评价的方法，是非常重要的。

▶ 学习目标

1. 认识学前儿童语言教育评价的功能。
2. 明确学前儿童语言教育评价的作用和评价原则。
3. 了解学前儿童语言教育评价的基本方法和途径，正确评价幼儿语言的发展水平和幼儿园的语言教育活动。

▶ 重点和难点

1. 区分并掌握对幼儿园的语言教育活动和学前儿童语言发展水平两种评价的侧重点。
2. 关注学前儿童语言教育评价功能的转变。
3. 各种评价方法使用的针对性与适用性。
4. 评价方法运用中需要注意的事项。
5. 掌握观察记录的主要方法。

第一节 学前儿童语言教育评价的作用和原则

学习目标

明确学前儿童语言教育评价的作用，树立正确的语言教育评价观，理解学前儿童语言教育评价的原则。

重点、难点

语言教育评价功能的转变，正确评价观的形成。

学习提示与建议

结合当前教育评价的新理念，自学《幼儿园教育指导纲要（试行）》解读本等相关书籍，帮助理解、提高自己的思想认识。

所谓教育评价就是判断教育工作的价值。学前儿童语言教育的评价是语言教育整体结构中的一个要素，它通过对其他各要素的评估以及对语言教育整体运行中各个步骤的监测，对语言教育整体效果作出评价。

一、学前儿童语言教育评价的作用

第一，观察、了解学前儿童语言发展的过程与轨迹，鉴定学前儿童语言发展的状态和水平，记录其成长的轨迹，寻求学前儿童语言发展的规律，激励个体展示学习成效，体验成功，从而促进学前儿童语言的良好发展。

第二，研究、监察学前儿童语言教育活动的有效性，改善学前儿童语言教育的实施方案，及时反馈分析、诊断反思、调节增效、总结提高，从而保证学前儿童语言教育的质量。

二、学前儿童语言教育评价的原则

评价是与教育过程并行的同等重要的过程，所以评价要注意遵循以下的原则：

（一）正确的价值观

树立正确的评价观，对评价要有正确、完整的认识，充分发挥评价的鉴定功能、诊断功能、改进功能、激励功能和导向功能，评价不仅仅是为了甄别、检查儿童的学习和发展状况，同时也是为了提供真实的信息，使教师、家长了解孩子语言发展的现状，以便实施有针对性的策略，提高学习效率，促进学前儿童语言的发展。

（二）客观公正的原则

首先要制定或者参照客观公正的评价标准，确定评价方案，事先尽量考虑周全，减少误差；其次评价过程必须规范，要采取实事求是的态度，客观公正，而不能主观武断、掺杂个人的感情或情绪因素，妄加评论和指责。如果评价者不能客观公正地对待评价对象，会产生不良的后果，使评价活动失去其真正的意义。

（三）参照性原则

参照性原则是指制定的评价标准要有依据。幼儿园语言教育活动评价标准的制定，首先要依据国家有关法规性质的文件，这是确定语言教育活动评价标准的根本依据；其次要依据幼儿语言发展的基本规律，根据儿童在每个年龄段应有的水平作出恰当的规定，不可任意提高或降低标准；最后要依据语言教育活动的目标，目标不但是教育活动组织和实施的指南，

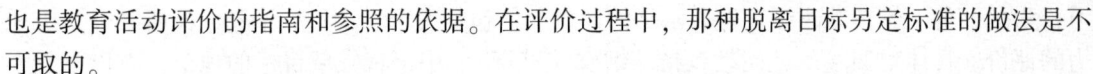

也是教育活动评价的指南和参照的依据。在评价过程中,那种脱离目标另定标准的做法是不可取的。

(四) 连续、全面性的原则

教育实践是一个不断运动、全面发展的过程。教育评价必须要连续不断地对语言教育活动的各个组成部分和各个构成要素进行全面的评价。这就要求评价者既要对学前儿童的语言发展情况进行全面评价,也要对教师的教学活动进行评价;既要对语言教学的目标进行评价,又要对活动的内容、方法进行评价;既要对教具、学具的运用进行评价,又要对师幼互动进行评价等。同时评价的方法和工具还应有连续性,对评价的资料要进行妥善的保存,这样才能保证评价的连续全面,反映出学前儿童语言动态发展的轨迹。

另外还应关注评价个体的差异性、评价主体的互动性、评价内容的多元化等原则。

第二节 学前儿童语言教育评价的内容与方法

学习目标
1. 了解学前儿童语言教育评价所包含的内容。
2. 学习、掌握评价学前儿童语言教育的基本方法。

重点、难点
1. 各种评价方法使用的针对性与适用性。
2. 评价方法运用中需要注意的事项。
3. 掌握观察记录的一般方法。

学习提示与建议
能结合平时工作的实际开展相关的评价活动,运用理论联系实际的方式来促进自己的专业水平提高,学以致用。

一、学前儿童语言教育评价的内容

学前儿童语言教育评价的内容主要包括两方面:一方面是对学前儿童语言发展的评价,另一方面是对学前儿童语言教育活动的评价。

在以往的评价中我们可以发现,不少幼儿园往往偏重于对孩子语言记忆方面的能力考查,如要求背诵儿歌、复述故事,有些甚至考评识字、写字等。诚然造成此状况的原因是多方面的:一来这样的评价便于进行,标准明确易掌握,操作简便易推广;二来也迎合了当前不少家长的心态。中国孩童几千年的古诗词学习不也是如此背诵的吗?而对语言教育活动的评价,教师们往往侧重于语言教育内容上的新颖、形式上的创新,比较关注教师的教,对幼儿的学则关注不够。深入地、系统地追踪型的评价研究那就更加缺少。

目前,我国教育评价学经过几十年的发展已初步形成了学科体系,但是概念、体系有待完善。随着《幼儿园教育指导纲要(试行)》的深入贯彻和实施,人们对语言教育的重要性的认识有了进一步增强,迫切需要形成一套既符合纲要精神又便于实际操作的评价学前儿童语言教育的方案。

(一) 学前儿童语言发展的评价

学前儿童语言发展的评价主要包括:学前儿童语言发展水平的评价和对学前儿童语言学

习行为的评价。学前儿童语言发展水平的评价具体包括发音、词汇、语句、倾听与表达等能力的评价。具体对照《幼儿园教育指导纲要（试行）》中语言领域目标的规定，有以下五个方面：乐意与人交谈，讲话有礼貌；注意倾听对方讲话，能理解日常用语；能清楚地说出自己想说的事；喜欢听故事、看图书；能听懂和会说普通话。在此五个目标中包含着认知、情感与态度、技能和习惯这三个方面。学前儿童语言发展水平的评价也可以说是评判这些目标的达成度。

学前儿童语言学习行为的评价不同于对幼儿语言发展水平的评估，不能简单地把幼儿对某些语音、词汇或句子的掌握情况作为主要评价内容，而是要侧重于语言学习行为变化的过程和结果。对幼儿语言学习行为的评价可以帮助评价者了解在某一活动过程中儿童语言学习状况及其语言发展的某些不足，为有针对性地给不同水平的儿童创设良好的教育机会和环境，为他们在各自原有的水平上得到进一步的发展提供根本的保证，也为调整教育计划与措施，使之朝着预定的教育或发展目标前进并最终达到该目标提供科学的依据。对幼儿语言学习行为评价的内容包括以下几个项目：

第一，幼儿参与活动的积极性。对幼儿参与活动积极性的评价主要用于考查幼儿对活动的情感投入程度，可以从幼儿参与活动的兴趣和注意力情况进行分析。了解幼儿对活动的内容和形式是否有浓厚的兴趣和强烈的学习动机，是否愿意主动举手回答教师的提问，幼儿在活动中注意力是否集中，集中的程度和持久情况如何，幼儿的情绪是否高涨，活动气氛是否活跃。对幼儿参与活动兴趣的评价可分为"积极参与""一般参与"和"不参与"三个等级，对幼儿在语言教育活动中注意力的评价可以分为"大部分时间注意力集中""部分时间注意力集中"和"一点儿也不集中"三个等级。

第二，幼儿在活动中完成语言学习任务的情况。这些任务是由具体活动目标直接转化而来的，可以从三个方面进行分析：其一，了解幼儿是否获得了目标所规定的语言知识，是否掌握了有关的词汇和句型，是否懂得在什么样的语言环境下运用这些词汇和句型。其二，了解幼儿是否形成了耐心倾听别人说话的态度，是否乐意在集体面前讲述自己经历的事或图片内容，是否懂得并遵守语言交往中的一般规则。其三，了解幼儿组词成句的能力和在具体情景中运用语言的能力，是否能根据活动中的具体情景来运用有关的词汇、语法和语调，是否能用连贯的语句说清楚自己想要表达的意思。对幼儿在活动中完成语言学习任务情况的评价可分为"圆满完成""基本完成"和"尚未完成"三个等级。

第三，幼儿在活动中表现出来的独立见解情况。用于考查幼儿对活动目标要求的理解程度以及自己独有的生活、学习经验与该活动中语言学习任务之间相互作用的情况等。需要列出某一幼儿与其他幼儿不一样的具体语言行为表现，如说出"石头还可以用来砸死吓人的毛毛虫"等。

第四，幼儿在活动中创造性运用语言的表现。主要分析幼儿对语言结构的创造性应用，以及在操作、想象等方面的创造性表现。需要具体列出幼儿的行为表现内容，如使用了"因为……所以……"这个句型等。

这四个方面既相互区别又相互联系，共同构成了幼儿在语言教育活动中语言学习行为评价的主要内容。这些学习行为的评价既是对幼儿语言学习的态度评定，也是对幼儿语言学习的能力评估，同时通过对幼儿在活动中语言学习行为的评价也能在一定程度上反映教师设计和组织的语言教育活动的质量。幼儿语言发展评估的内容见表5-1，幼儿园语言发展观察评价的内容见表 5-2～表 5-4。

表 5-1 幼儿语言发展评估表[①]

序号	项目	内容	方法	评分标准					
				1	2	3	4	5	6
1	语言积极性	使用语言表达和交往的积极程度	日常观察	一般用动作而不愿用语言反应	有时愿意用语言回答问题	有时愿意用语言表达和交往	一般愿意用语言表达和交往	经常喜欢用语言表达和交往	积极主动地使用语言表达和交往
2	听的习惯	听语言时安静、专注的程度	日常观察	不能安静地听别人说话	有时能安静地听自己感兴趣的内容	一般能安静地听自己感兴趣的内容	能按要求短时间专心地听	能按要求较长时间专心地听	能在需要时专注地听各种语言内容
3	辨音能力	区别和发出普通话语音的能力	测查	许多语音发得不清楚	能听懂普通话，大部分语音的发音基本清楚	基本能模仿普通话发音，个别语音的发音有困难	日常说话时，发音清晰正确	说普通话，并能注意声调	熟练地说普通话，并能区分普通话和一些方言语音
4	理解指令	理解指令的准确程度	情景观察	听不懂别人的要求	能听懂一定的指令	能理解简单的双重指令	能理解层次较复杂的双重指令	能理解较简单的多重指令	能准确理解较复杂的多重指令
5	记忆力	记忆文学作品并保持一定时间的能力	定期观察	基本能记住简短的儿歌	能准确地记住一些儿歌	能记住简短故事的基本内容	能完整地记住一般故事的内容	基本记住较复杂故事的主要内容	能记住多种文学作品的内容，并保持较长的时间
6	掌握语汇	掌握词的种类和数量	定期观察	掌握常用的名词、动词	掌握较多的名词、动词	掌握常用的形容词、量词	掌握较多的形容词、量词、代词等	掌握常用的反义词	掌握常用的近义词

---

① 王坚红主编：《学前教育评价》，159～160 页，北京，人民教育出版社，1994。

续表

序号	项目	内容	方法	评分标准					
				1	2	3	4	5	6
7	词的使用	用词丰富和恰当的程度	日常观察	词汇贫乏、用词不恰当	用词有时不恰当,主要用名词和动词	用词基本恰当,会用3~4类词	用词比较恰当,词类较丰富	用词恰当且丰富	用词丰富且准确
8	回答问题	回答问题的针对性和反应水平	日常观察	答非所问	有时能针对问题回答	基本能针对问题回答	经常能针对问题回答	能针对问题回答并简练达意	能准确、简练、完整地回答问题
9	表达方式	口语表达的句式	定期观察	用单个词表达	能用一句简单的话表达	能用较完整的单句表达	能用少量复句讲述	能用较多的完整复句讲述	能用多种句式讲述,符合逻辑
10	表达水平	表达意思清楚、准确、完整、连贯的程度	定期观察	常需用动作帮助表达意思	能用简单的语言基本表达意思	能用合适的语言表达意思	能清楚、适宜地表达意思	能准确连贯地表达意思	能流畅、准确、生动地表达
11	理解文学作品	理解和掌握文学作品的能力	日常观察	只知道作品中的一些角色	能理解简单文学作品的主要情节	能理解简单文学作品的内容、词句	能把文学作品的语言迁移到适宜的情景中	能理解文学作品中人、事之间的关系和联系	能理解文学作品的主题思想和寓意
12	阅读准备	对图书的阅读兴趣和理解水平	日常观察	有时对图书有兴趣	能按书的顺序阅读	能边看边讲述图书的内容	认识自己的名字	会写自己的名字	对汉字有兴趣

表 5-2 小班语言领域发展水平评价表

一级指标	二级指标	三级指标	评价方法	备注
倾听理解	倾听习惯	能安静地倾听老师、同伴讲话	日常观察	在晨间谈话或区域活动中，可同时对几个幼儿一起观察，记录其倾听中的表现
	理解能力	基本能听懂普通话，知道简短故事中的主要角色、事件	情境观察	用普通话讲述故事，提问：故事里有谁？（上学期要求） 讲了一件什么事情？（下学期要求）
表达表现	表达能力	乐意用短句较清楚地讲自己的要求、愿望	日常观察 情境观察	除注意幼儿平时的语言表达外，还可结合家长问卷
	表现欲望	喜欢学讲简短的故事、儿歌	日常观察 情境观察	主要看幼儿日常活动（上课、区角活动）的表现
早期阅读	兴趣习惯	喜欢看图画书，会正确拿书，一页一页翻书	日常观察	在图书角观察幼儿，可结合家长问卷
	阅读能力	能看懂单页单幅画面的主要内容	日常观察	在图书角个别观察、轻声提问；（基本内容会讲即可，会自圆其说也行）
前书写	正确姿势	会用油画棒画简短线条且握笔姿势正确	情境观察	建议画"下小雨"或"小篱笆"，主要看握笔姿势（油画棒要求用拇指、食指、中指捏住，转动手腕）

表 5-3 中班幼儿语言领域的发展水平评价

一级指标	二级指标	三级指标	评价方法	备注
倾听理解	倾听习惯	能集中注意力倾听他人的讲话，不随便插嘴	情境观察	指定一个谈话内容，让幼儿分小组交流，观察组内孩子不同的反应情况
	理解能力	听懂普通话，能有序地讲出故事的主要情节	情境观察	选一个较简单的故事，老师讲一遍故事后请幼儿进行简单复述（讲出主要情节即可）
表现表达	表达能力	能用较完整的普通话清楚地表达自己的想法	日常观察	通过日常师幼个别交谈，观察孩子与同伴的交谈
	表现欲望	喜欢表演熟悉的故事，会独立讲故事，朗诵儿歌	情境观察	观察幼儿在语言角的活动情况，语言课孩子的表现，也可组织故事会、朗诵会

续表

一级指标	二级指标	三级指标	评价方法	备注
早期阅读	兴趣习惯	能较长时间地翻阅图书，知道爱护图书	日常观察	在阅览室观察幼儿看书的行为，并作及时记录
	阅读能力	会边看边讲，想象对话，看懂单页4幅画面的内容	日常观察 情境观察	选一单页4幅画面内容，小组观看，与个别孩子交谈，了解情况
前书写	正确姿势	会用水彩笔描画简单图形，握笔、坐姿正确	情境观察	用一张透明纸、一张画有蘑菇的范例、一支水彩笔，要求幼儿在透明纸上印画蘑菇（观察握笔与坐姿）

表5-4 大班幼儿语言领域的发展水平评价标准

一级指标	二级指标	三级指标	评价方法	备注
倾听理解	倾听习惯	在集体中能较长时间地专心倾听他人讲话	情境观察 日常观察	晨间谈话，可组织幼儿讲讲节日见闻，分几次逐组观察幼儿的反应，也可结合幼儿的日常表现
	理解能力	能简要说出故事的主要内容	情境观察	老师讲一个难易适中的故事，请幼儿重述大概意思
表现表达	表达能力	能用完整的普通话较连贯地表达自己的见闻，不离题地参与讨论	日常观察 情境观察	晨谈和区角活动要求幼儿围绕一个主题展开讨论，或命题谈话，观察幼儿的反应
	表现欲望	喜欢改编故事、儿歌，常会借助道具进行表演	日常观察 情境观察	观察语言活动或区角活动时幼儿表演文学作品的兴趣与欲望
早期阅读	兴趣习惯	会手眼一致地独立看书，知道看文字书的方法，对认字感兴趣	日常观察 情境观察	在图书角观察幼儿的阅读方法与阅读习惯
	阅读能力	看懂单页多幅画面内容，想象内心活动，丰富画面情节	日常观察	在图书角与个别幼儿自然谈话，观察其对单页多幅画面的理解程度
前书写	正确姿势	能用铅笔书写自己的姓名，握笔、坐姿正确	情境观察	为每个幼儿提供一个新本子、铅笔，要求幼儿写上自己的姓名（观察幼儿的握笔姿势与坐姿）

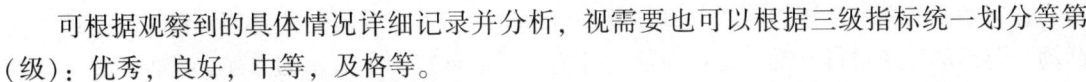

可根据观察到的具体情况详细记录并分析,视需要也可以根据三级指标统一划分等第(级):优秀、良好、中等、及格等。

(二) 学前儿童语言教育活动的评价

学前儿童语言教育活动包括两方面内容:一是正规的语言教育活动,具体包含对语言教育活动的目标、活动的内容、活动的方法和活动的过程评价;二是渗透在日常活动(包括生活活动)中的非正规语言教育活动。因学前儿童的语言教育具有渗透性、积累性等特点,非正规的语言学习也是学前儿童语言发展非常重要的一环,所以还需要评价是否为学前儿童创设了良好的语言学习和语言交往环境,具体包括宽松、自由的语言交往环境,丰富、适宜的文本、读写材料环境,相关系列的、有意义的亲子创意活动等。

对正规的语言教育活动评价,是对教师设计和组织的某一具体语言教育活动效果的直接评价。因此,为了科学、准确地评价某一教育活动的效果,除了评价幼儿在活动中的语言学习行为外,还要对语言教育活动中的教师行为进行评价。对语言教育活动中教师行为的评价,着眼于为教师提供分析、判断教育活动设计和组织的思路,以便他们能更好地认识自己的活动设计和组织的状况,在不断深入理解和把握各种类型语言教育活动设计、组织要求的基础上,提高他们的自我调节能力。语言教育活动中教师行为评价主要涉及活动的目标、内容、组织方法和形式、教学辅助材料的利用以及教师与幼儿之间的互动等。具体包括以下几个项目。

第一,目标的达成程度。语言教育活动旨在有目的、有计划地为幼儿提供语言学习机会,具有明确的教育目标。各种类型的语言教育活动含蕴着不同的语言教育目标,起到促进幼儿语言循序渐进地向着完整语言方向发展的重要作用。语言教育活动目标不仅是教育活动设计和组织的重点思考所在,也是进行语言活动评价的首要方面。对语言教育活动目标的达成程度的评价一般从认知、情感和能力三方面分为"完全达到""基本达到"和"未达到"三个等级。该项目与幼儿完成学习任务的情况有着内在的必然联系,只不过后者是对个别幼儿在活动中的表现进行评价,而前者则需要对全班幼儿进行总体评价,是看全体幼儿或绝大多数幼儿对语言学习任务的完成情况。

第二,活动内容和形式的适合程度。在评价教育活动的内容时,主要分析教师对教育活动内容的选择与目标要求是否一致,活动内容是否符合科学性和思想性,内容的分量是否适当,有无过多或过少的情况,内容的安排是否分清主次或突出重点、难点,是否抓住了关键内容,内容的布局是否合理,各要点之间的衔接是否自然流畅,活动内容与幼儿原有的语言、认知和社会经验是否相对应等。在评价教育活动的组织形式时,主要分析在活动展开的过程中,教师是否考虑了根据不同的内容组合或变换不同的活动形式,是否适当地开展了集体、小组或个别活动,有没有考虑到因材施教的问题;在分组组织时,是否考虑到幼儿之间的关系(包括合作或冲突)以及幼儿的情感因素,是否考虑根据当时幼儿的兴趣特点和认知发展水平或者某一具体活动内容采用实物演示、现场表演或谈话等方式创设活动情景,引起幼儿的注意等。对活动内容和形式适合程度的评价可分为"完全适合""部分适合"和"不适合"三个等级。

第三,活动内部要素的协调程度。语言教育活动是教师、幼儿、语言环境、活动材料等要素之间相互作用的过程,所以在评价语言教育活动内部各要素的协调程度时,需要从幼儿与语言环境之间的互动情况、材料的利用情况和教师与幼儿之间的互动情况三个方面进行分析。在对幼儿与语言环境之间的互动情况进行评价时，重点观察幼儿是否积极、主动地参与活动，与活动环境进行互动，是否对活动环境和活动材料产生浓厚的兴趣，是否愿意主动操作活动材料。在评价教师对材料的利用情况时，主要考察教师所提供的环境和材料是否是活动所必需，教师在指导幼儿学习时是否充分利用了这些材料，是否出现了材料提供不足或过剩而对幼儿的学习兴趣和学习效果产生影响。在评价教师与幼儿之间的互动情况时，主要了解在活动过程中教师对幼儿学习的指导与幼儿主动学习之间的协调关系，了解是否出现了因教师指导不足而影响教育活动目标的达成或者因指导过度而干扰幼儿学习的主动性等现象。

第四，效果分析。在考查上述几个方面的基础上，评价者还需要进一步对本次语言教育活动的效果进行总体评价，包括对活动的总体印象进行简单的描述，总结、分析活动设计和组织中的得与失及其原因，特别是分析教师设计和组织活动中存在的不足之处，并就其中的不足提出改进的建议，为教师以后的活动设计和组织提供参考。

二、学前儿童语言教育评价的方法

学前儿童语言教育评价的方法，是指通过一定的手段收集语言教育活动系统中各方面的信息，依据一定的客观标准对学前儿童语言发展和教育活动及其效果作出客观的衡量和科学的判定。学前儿童语言教育评价是语言教育实施过程中的一个不可缺少的环节，其主要目的在于建立一种积极反馈信息的途径，从而形成有效调节和改善语言教育过程的机制。对学前儿童语言发展和语言教育各个方面进行评价，需要采用多种方法，设计多种工具，并且要综合运用构成整体，才能充分发挥评价功能。

（一）学前儿童语言发展评价的主要方法

学前儿童语言发展评价的主要方法有观察评估法、作品分析法、谈话法、档案评估法等。

1. 观察评估法

观察是收集信息并解释信息的过程，是获取学前儿童语言发展和语言教育资料的主要方法。教师可以通过游戏活动、生活活动、探索活动、教学活动、娱乐活动、体育活动等各项活动，对孩子在日常生活中与同伴或成人的语言交往进行观察记录，来评定其发音、词汇、倾听、表达等能力，了解幼儿语言发展的实际水平，使评估工作渗透在日常活动之中。这种评价方法因为是由教师自己亲自观察，从中获得幼儿语言发展的第一手资料，也有利于教师有的放矢地实施针对性的教育，可节省教师和幼儿的时间和精力，提高效益。一般而言，自然状态下的日常观察对幼儿的干扰少，更易得到幼儿真实的发展水平。在评价中经常采用的观察记录方法有：日记描述法，实况详录法，等级评定法（对观察对象进行三次以上观察后，用等级评定量表对所观察的行为事件的特征加以评定）。当然对于日常不易观察到的内容，教师可以根据评价指标设计专门的活动，创造相应的条件，如把专门的语言测查与语言游戏结合起来，促使幼儿自然地表现其发展状况。

（1）语音测查。我国关于幼儿语音的测验，多以《汉语拼音方案》中规定的声母、韵母发音为标准音，通过跟随成人按音素逐个发音，以及独自背诵儿歌、绕口令等手段来进行。记录幼儿发对（错）某个音素的次数，然后进行统计处理。

（2）词汇测验。《皮博迪图片词汇测验》（PPVT）既可作为智力测验，也可作为词汇测验，这是现有的被广泛运用的个别词汇测验之一。主试给儿童看4张图片，同时说1个词，要求儿童指出正确的图片。记录儿童的得分，然后根据常模计算出儿童词汇发展和智力发展的心理年龄。

（3）语言理解能力测查。

对答法：问幼儿一句话，要求他抓住问题的要领回答。如问：你最喜欢做的事是什么？你最喜欢的人是谁？

找图片法：对幼儿说一个词或一句话，让幼儿根据对词或句的理解，找出相应的图片。如让幼儿找是哪张图上的事：红红到了幼儿园，小刚正走向学校。

改错法：说一些有错误的句子，让幼儿指出并修改。如说："我有两个图书，可好看了！""妈妈被明明抱到医院去了。"

（4）语言表达能力测查。

看图唱名法：向幼儿呈现实物图片，让他说出物品的名称。

组词造句法：给幼儿几个孤立的词，让他连词成句。例如，"桌子、饼、老鼠""爸爸、姐姐、弟弟"。

说反义词法：对幼儿说出一个词，让他说出这个词的反义词。如"大、快、甜、热、少"。

讲述法：如看图讲述、故事接龙等，用于评价学前儿童的语言表达能力。

其实，教师在实际的评价中运用的方法还有很多。

2. 作品分析法

教师和学前儿童合作收集学年中不同时期具有代表性的阅读、描述等作品，如参观访谈的记录单，叙述自编故事的录音带，幼儿自创的书写符号，成人记录幼儿讲述的故事或事件等，把这些作品与教师的文字说明放在一起，可以帮助教师看出学前儿童的发展形势，确认孩子的进步情形。

3. 谈话法

谈话法是通过与幼儿面对面地交谈收集评价信息的方法，可分为直接问答谈话、选择答案谈话、自由回答谈话、自然谈话等多种。教师在运用谈话法时可采用录音记录的方式保存资料，也可用图夹文的方式将谈话的内容记录下来。根据这些资料再对照一定的标准，然后对孩子进行语言发展的分析评价。

4. 档案评估法

档案评估法是一种综合性的评价方法，它融过程与结果为一体，兼容了多种具体评价方法，如观察记录法、作品分析法、谈话法等。幼儿发展档案里主要是孩子活动的实际成品，呈现了一段时间内幼儿学习的历史。教师将一些观察记录的资料，如讨论的对话、制作的成品等收集整理后，进行评价。

幼儿语言发展的记录分析评价实例：

命 题 谈 话

一、参观花展后的谈话　3月27日　小班第二学期

老师：谁说说今天去参观花展的事情？

陆×：女，4周岁左右

今天我和小朋友一起去奥力孚花展参观。我是和徐家威手拉手一起走的。我们乘9路车

来到花展,在花展里面,我看见了太阳花,花瓣是一瓣一瓣的。老师还叫我们一起念小兔的儿歌。回到幼儿园,大家开开心心地睡觉了。

教师评价:该小朋友能把事情的经过叙述得比较清楚。语言的连贯性发展也较好,同时,在她的叙述当中还运用了一些词汇,如"开开心心""一瓣一瓣"等。

二、晨间谈话:谁能告诉大家星期天去什么地方游玩过?中班第一学期

沈×:男

国庆节老师说这是祖国妈妈的节日。我们到姚江公园去玩。走进公园,最先看到的是多种造型的奥特曼。看完奥特曼我又去玩充气的淘气堡,坐海盗船。最后一个项目是喂白鸽。喂白鸽太有趣了:手里倒一些米、稻谷,摊开手,白鸽就会来吃。从姚江公园出来,我们到东门口,真是热闹极了。我问爸爸为什么人那么多,爸爸说:"大家都来给祖国妈妈过生日呀!"

教师评价:

孩子的叙述思路十分清楚。在整个过程的叙述中,一些连接词的运用比较到位。同时,我们不难发现,孩子平时所学的一些动词,如倒、摊等,都能运用自如。

三、秋游后的谈话 中班第一学期

万×:男

今天我们一起到姚江公园去秋游。一到公园门口,就看见有一排排淡黄色的菊花,像是在迎接我们。还有各种各样的菊花,有白色的、橘黄色的、粉红色的,老师说一定要听指挥,不能摘花。我们还做了一个游戏。还拍了照,拍得很美丽。今天很开心。

教师评价:该幼儿的叙说注重细节,表现在对菊花的描述上,用了许多的形容词。尤其可贵的是用了一个比喻句,非常贴切。

——以上材料由宁波市实验幼儿园邵爱红老师提供

(二) 对学前儿童语言教育活动评价的主要方法

根据不同的维度,学前儿童语言教育活动评价的主要方法有实地观察评价法和间接信息评价法(评价材料、场景呈现不同),自我评价法和他人评价法(评价主体不同)。

1. 实地观察评价法

实地观察评价法是指评价者直接进入教育现场,实地观察语言教育活动或幼儿的日常活动,收集教师组织的语言教育活动或者教师创设的语言交往环境的相关信息,然后观察记录孩子的反应,对照预设的目标,评判达成度。实地观察评价法的优点是全面、客观,具有鲜活、原生态的特征,能比较真实地反映活动的本来面貌,可信度比较高。但实地观察评价由于组织评价要求的即时性、状态展现的短暂性,所以对评价者的时间、精力要求都比较高。

2. 间接信息评价法

间接信息评价法是指利用录像、录音、照片或者文本式的活动实况笔录、教育手记等呈现的有关正规、非正规的语言教育信息材料,进行分析评价。这些间接收集的信息具有可反复回放、重现的特征,能灵活地按照需要再现当时的活动情境,方便组织安排,可以用来作不断的、多层次评价剖析,也便于深入研究、探索规律。但是由于信息资料均属间接获得,被评价者由于某种原因,或者收集者的水平等问题,都可能会造成信息失真,那就较难以反映被评价者真实的状态,使评价失去意义。因此,间接收集的信息尽量要求做到保持原貌,力求以最真实的状态呈现,使评价减少不必要的误差。

3. 自我评价法

自我评价法是促进幼儿园教师专业发展的主要评价方法。自我评价法是指教师对自己组织的语言教育活动进行评价与反思。作为教育活动的直接实施者——教师，根据他自己独特的想法，再针对本班幼儿的实际而选择适宜的内容，找到与之相适宜的目标，这样的设计也许是他以为最佳的。通过组织实施，经过实践的检验，他自己应该有所感悟，也最有话语权，也很适合对活动进行效果分析。自我评价重在帮助教师建立反省意识，提升自我发展的主动性和积极性，发展教师的反省认知能力，使之成长为反思型教师。

自我评价法的优点，是不受时间和场合的限制，简便易行，省时省力，可以在较长的时间内连续操作，机动灵活，有利于发挥评价对象——教师的主体作用。缺点是，由于缺少外界参照系，不易进行横向比较，所以容易出现评价过高或过低的趋向，其结果的客观性较差。

4. 他人评价法

顾名思义，他人评价法是指评价对象以外的其他主体进行的评价，可以是幼儿园内部的其他教师、管理者或园外的同行、大专院校的教师等，对被评价者进行小组或集体听课研讨（会诊），可以是现场听课，也可以观看录像。听课者自由发表自己的见解，围绕语言活动开展的实际情况进行团队反思和评价，通过讨论，澄清一些语言教育中的模糊认识，借助他人的智慧和力量，集思广益，找出解决问题的对策，使语言教育活动的设计和组织更具实效性，更有利于促进学前儿童的语言发展。

他人评价法的优点是客观性强，有利于避免主观片面性；可信度较高，可避免对自己评价过高或过低；也有利于优秀经验的及时分享与推广。但对组织主持者的要求较高，需要有专业理论素养、实践能力和较好的组织协调能力，发挥好专业引领者的作用。团体的研究氛围也十分重要，要求成员间能本着相互探讨、共同提高的目的真诚合作，而不是一团和气净说好话，或者故意找茬，鸡蛋里面挑骨头。他人评价法相对于自我评价法而言，比较花费精力和人力，故不大适宜频繁进行。

一般而言，不同的评价方法各有其特点，可以用来达到相应的评价目的。我们应该根据不同的需要加以选择，做到取长补短，实现互补，以真正发挥评价的功能和效用。

语言教育活动评价实例（一）
托班语言活动

在小河的对岸

宁波市宁海桥头胡镇中心幼儿园　胡海燕

活 动 设 计

一、活动目标
1. 能在成人的帮助下说出画面上的主要内容。
2. 知道玩具可以分享，玩后要放回原处，不能随意带走。
二、活动准备
幻灯片 5 张，幼儿活动的照片，多媒体。
三、活动过程

1. 引起活动的兴趣

师：小朋友，老师带你们去看个地方，那里有一条小河，小河的对面有一片草地。（放幻灯片）

2. 看幻灯片并说说、听听

（1）放幻灯片 2

师：什么奇怪的事发生了？

（2）放幻灯片 3

师：他们在干什么？

师：慢慢地，太阳落下来，小朋友也要回家了，想想他们会怎么做呢？

（3）听故事

3. 看照片说说

出示照片，幼儿看看说说

教育幼儿向照片上的几个孩子学习，进一步让幼儿领悟玩具可以分享，玩后要放回原处。

活 动 实 录

一、引起活动的兴趣

师：小朋友，老师带你们去看一个地方，那里有一条小河，小河对面有一片草地。（放幻灯片）

幼：太阳出来了。

"对了，春天到了，每当太阳出来的时候，这个地方就会发生很奇怪的事。"

二、看幻灯片并说说、听听

1. 放幻灯片 2

师：什么奇怪的事发生了？

幼1：有树。

幼2：树上有苹果、香蕉。

幼3：树上有汽车。

幼4：有飞机。

2. 放幻灯片 3

师：他们在干什么？

幼1：小姐姐在吃东西。

幼2：在玩玩具。

幼3：大家一起玩。

师：慢慢地，太阳落下来，小朋友也要回家了，想想他们会怎么做呢？

幼1：把东西放回去。

幼2：带回家。

3. 听故事

边放映完整的幻灯片，边讲故事。

教育幼儿玩具可以分享，玩后要放回原处。

三、看照片说说

出示照片，幼儿看看说说。

教育幼儿向照片上的几个孩子学习，进一步让幼儿领悟玩具可以分享，玩后要放回原处。

自我评析

在题材的内容、形式的设计上我比较注重幼儿的年龄特点，所以调整的故事内容符合幼儿的年龄特点，也能激发幼儿的兴趣；在材料的准备上较充分，能进一步提高幼儿对此活动的兴趣。活动层次清楚，师生角色的定位体现互动性、激励性，学习氛围和谐快乐。特别是最后一个环节让幼儿看自己日常生活中一起分享、收玩具的照片时，幼儿的兴趣非常浓厚，但我没有更进一步地让幼儿讲述，在教师完整讲述故事时，若配上音乐就更好了。

他人评价

总体评析：教师对题材内容、形式的设计符合托班幼儿的年龄特点，对于重点的把握较到位，学习氛围比较轻松、自然，教师的教具准备充分，能抓住幼儿的兴趣点。但在活动中，教师准备的照片应包括不同环境下孩子们不同的分享活动和送东西回家的内容。活动的重点是被抓住了，但是对于托班的孩子来说，其他方面的教育最好也能稍微渗透进去。建议教师多引导幼儿自己去理解故事的含义并让幼儿大胆地讲述。

他人评析（园内老师的个人评价意见）

1. 林老师评析

活动目标设计符合本班幼儿的特点。活动环节较清晰，环节衔接自然，层层递进。教师的角色定位较好，让幼儿先说、先猜，教师再小结。建议教师能引导幼儿理解故事含义，让幼儿讲出故事含义；另外在讲述故事时，配上音乐，效果会更好。

2. 尤老师评析

故事内容符合幼儿的年龄特点，也能激发幼儿的兴趣，活动程序的安排比较清晰，环节比较自然，教师以鼓励表扬的方式激发幼儿参与活动的积极性，效果较好。

3. 胡老师评析

活动设计渗透了主题内容，也符合托班孩子的年龄特点。活动充分地激起了孩子们的兴趣，孩子参与的积极性高。在目标的制定上，建议目标1还可以稍微具体细致一些，如让孩子完整地学说："我看见……"就更贴近些了。幼儿的照片种类较少，建议多提供几张不同分享的、物归原处的照片，同类的可再少些。

4. 胡老师评析

本次活动课件、教具准备较好，能反映幼儿日常活动情节，又能突出有关的课件图像，教师能调整故事情节，带领幼儿看看说说、学学做做，很开心。但是也有不足的地方：问题设计不够科学，切入重点、层次不清楚，目标对托班来说欠简明扼要、突出，培养幼儿学说方面落实不够。

5. 秦老师评析

教师对指定题材的内容、形式设计得比较合理科学，而且中心点的把握比较明确清晰，整个活动的流程中重点、难点落实得比较到位，此外在材料的准备上比较充足。特别是运用本班幼儿游戏时的照片，既贴近幼儿的生活又抓住了教育的中心点。但是教师在活动中对于其他方面的教育渗透得还不够。

6. 吴老师评析

在活动中，教师注重师生之间的互动与情感交流，学习氛围和谐快乐，教师提供的环境较合理，但是在讲述故事时加上音乐效果会更好。目标2的制定不够合理，如果是自己的玩具也不能带走，要与别人分享吗？最后的环节教师设计得较好，调动了幼儿的积极性。

7. 金老师评析

幻灯片制作较好，幼儿表述能力也较好，在出示照片时，幼儿的注意力就没在老师说的这些，教师引导得不够好，但活动目标基本上完成了。

附故事

在小河的对岸

有个地方，那里有条小河，小河对面有片奇怪的空地。在春天出太阳的时候，那儿会长出好看、好玩、好吃的东西。

这天，小朋友来到这里，看见树上有苹果、香蕉、葡萄、飞机、汽车……"我找到了飞机！""啊，我找到了苹果！"小朋友们又跑又叫，你给我吃，我给你玩，好像大家都是最好的朋友。

慢慢地，太阳落下去了。小朋友们将玩具放下，把没吃完的东西放下，一个个很舍不得地走了。到这儿来的小朋友都知道，他们不能带走吃的和玩的，不然这儿的东西会越来越少，后来就会没了。当小朋友们全部离去，这些东西就会回到地下去了，等明天出太阳时再长出来。

语言教育活动评价实例（二）
小班语言活动

诗歌欣赏：太阳与月亮

宁波市高塘幼儿园　傅毅华提供

活 动 设 计

一、活动目标

1. 帮助幼儿理解诗歌的画面内容，体验诗歌所展示的"白天真热闹，夜晚静悄悄"。
2. 幼儿学习短句："××醒来了，××睡着了。"
3. 要求幼儿在理解的基础上，尝试仿照诗歌的结构，根据个人的经验，想象仿编出新的诗句。

二、活动准备

1. 夜晚的场景布置，贴绒图片：太阳、小鸟、小树、小朋友、月亮、小草、小花等。
2. 各种动物、植物头饰若干。
3. 热闹的音乐和安静的音乐。
4. 录音诗歌及诗歌的配乐。

三、活动过程

1. 导入部分

（1）把幼儿带入一种创设好的情景中，幼儿安静地"睡觉"。

（2）出示一个太阳向小朋友问好，老师问："天亮了，看看谁出来了?"

2. 基本部分

（1）诗歌的学习。

①逐一出示白天的事物，问："太阳出来了，谁醒来了？还有谁醒来了？"（先出示一只小鸟，幼儿学说："太阳出来了，小鸟醒来了。"在出示前让幼儿发挥一下想象力，再出示确定内容。）

②老师朗读第一段诗歌，幼儿跟着念。

（2）出示夜晚的图片。

①提问："月亮出来了，谁睡着了？还有谁睡着了？"

（这里采用个别回答与集体回答的方法，提醒幼儿说完整话。在这里，图片一下子出现，让幼儿立刻讲述。）

②"月亮出来了，××睡着了。"

问："月亮出来了，还有谁会睡着？"

③欣赏一遍整体诗歌的配乐朗诵。

④幼儿跟着配乐朗诵。

（3）游戏仿编诗歌《太阳与月亮》（分组活动）

请两名幼儿分别扮演太阳与月亮，其他幼儿各自戴上头饰与太阳、月亮做游戏。

①放一段热闹的音乐，太阳出来，幼儿说："太阳出来，××醒来了。"

②放一段宁静的音乐，月亮出来，幼儿说："月亮出来，××睡着了。"

（每个幼儿都参与，每个幼儿都要说出自己所戴头饰的名字，把它编入诗歌中去。）

3. 结束部分

（1）老师小结。

"夜晚静悄悄，白天真热闹。"

"它们都睡着了，请小朋友轻轻地放下它们，我们离开这儿。"

（2）幼儿自然离开，结束活动。

自我评价

我在诗歌欣赏活动中注重了学习氛围的创设（教师布置的场景、图片和音乐），带给幼儿一种隐性的环境影响，让幼儿在老师的引导下，很好地开展活动。我感受到环境对幼儿的巨大影响。本次活动设计难易程度适中，每个幼儿可以根据自己的水平发挥。理解诗歌的内容并不困难，尝试仿照诗歌结构，根据个人的生活经验想象仿编才是难点。认知水平比较高的孩子产生疑问：并不是所有的动植物都是在白天醒来，夜晚睡觉的，如猫头鹰、老鼠、小猫等都是白天睡觉，晚上出来活动的。针对孩子出现的这一状况，我给予积极的肯定和鼓励，使幼儿在学习诗歌的同时发展对事物的正确认识。而诗歌内容本身对幼儿的束缚也少，才使幼儿的思维得以较好地发展。

当然，我在组织游戏这一环节中，感觉有些困难，因为小班幼儿对游戏的规则意识不大强,所以如何协调而有效地开展活动,使游戏玩得既有趣更有序还需要进一步的探索。

他人评价

选材符合幼儿生活经验,教师有效地使用教具、玩具,使得儿歌的学习变得轻松。教师在活动中注重对幼儿的引导,孩子们在活动中的积极性较高。但是活动的最后环节,幼儿仿编的时候,教师应该适当提供图片,充分发挥幼儿的主体性。

整个仿编过程缺少了童趣;在动静结合方面,活动的气氛不够活;创新性不够。

语言教育活动评价实例（三）
中班语言活动

讲述《耳朵上的绿星》

（宁波市江北甬港幼儿园　童燕斌提供）

教 学 设 计

一、教材分析

童话《耳朵上的绿星》以赞美小松鼠乐为他人着想而赢得别人真诚帮助为主题,塑造了外表与内心和谐统一的完美形象——小松鼠。这一形象对自我中心意识强烈的我班幼儿来说会产生较强的心灵震动,而且小松鼠和萤火虫之间相互关爱对于中班幼儿来说是能理解和接受的。因此我设计了本活动,并把童话改成了讲述活动,使幼儿能在语言表达中体验主人公美好的心灵,从小养成良好的道德情感。

二、教学目标

1. 仔细观察画面,根据情节进行简单的讲述。
2. 懂得人与人之间要互相关心,能为别人着想。

三、教学重点、难点

本活动的重点是引导幼儿仔细观察画面,能根据情节进行简单的讲述。

本活动的主旨是感受小松鼠乐为他人着想而赢得别人真诚帮助的美好心灵,难点在于让幼儿懂得人与人之间要互相关心,能为别人着想。

四、教学准备

1. 多媒体课件;
2. 场景布置:美丽的花园。

五、教学过程

1. 引题激趣

（1）你们看,这是谁?

（2）今天的小松鼠与平时有什么不一样?（耳朵上有漂亮的绿星星）

（3）到底是怎么一回事呢?我们一起来看看。

2. 教师边讲述故事边提问

（1）如果你是小松鼠你会怎么打扮呢?

（2）小松鼠把手伸得那么高,会摘小草吗?小草又会怎么说?

（3）听了小草的话,小松鼠会怎么做呢?

（4）玫瑰花又会对小松鼠怎么说？小松鼠刚才没有摘小草，因为小草怕疼，现在他会去摘玫瑰花吗？为什么？

（5）萤火虫看到了小松鼠没有摘草、没有摘花，他们会怎么想，怎么说呢？

（6）你们喜欢小松鼠吗？为什么？（讨论）

（7）你们认为小松鼠没打扮，会漂亮吗？

（8）为什么小松鼠没有打扮，看起来却特别的美？

（9）为什么会有两颗星星？你知道，那两颗绿星是什么吗？

（10）萤火虫为什么要变成"绿星"把小松鼠打扮得那么美？

（11）你们喜欢萤火虫吗？为什么？（讨论）

3. 故事表演

（1）介绍场景和角色。

师：你们看，我们一起来到了什么地方？小草、玫瑰花、萤火虫，还有小松鼠来到了我们的身边，我们也来学学小松鼠，关心关心小草、玫瑰花吧！

（2）幼儿自由选择角色，集体表演故事。

自我评价

我觉得在整个活动中一共有三个亮点：

1. 利用富有童趣的故事，激发幼儿的学习兴趣

童话《耳朵上的绿星》，讲述了小松鼠为了参加唱歌比赛打扮自己却又不想伤害小草和玫瑰花，最后得到了两只萤火虫真诚帮助的故事。故事情节引人入胜，人物形象生动鲜明，成功地塑造了外表与内心和谐统一的完美形象——小松鼠，它是孩子们学习的对象。这一形象对自我中心意识强烈的我们班幼儿来说会产生较强的心灵震动，而且小松鼠和萤火虫之间相互关爱对于中班幼儿来说是能理解和接受的，符合幼儿的欣赏特点，容易激发幼儿的欣赏兴趣，引起情感上的共鸣。

在活动过程中，我注重让幼儿体验故事中的情感：安静—伤感—感动—喜悦，创设真实的氛围（场景布置：美丽的花园），让幼儿随着这种情感的起伏，在童话故事里真切地去理解童话的内容和意境，激发他们的学习兴趣。

2. 利用预设的问题串，培养幼儿的想象力

本活动为"讲述活动"，因此在活动中随着童话情节的不断深入，我预设了层层递进式的问题来更好地帮助幼儿理解童话，体验童话中各种角色的心境，来引发幼儿的内在情感，从而展开合理而丰富的想象，为讲述活动奠定了"可讲"的内容基础。

3. 利用卡通媒体画面，营造师生互动平台

童话故事需要创设一定的情境才能让幼儿有深刻的情感体验，引起情感上的共鸣。因此，教学活动前，我根据活动的需要和幼儿的欣赏能力，制作了一个卡通式的多媒体课件。在活动中，幼儿在形象、逼真的视觉画面冲击下，仿佛置身于童话世界中，身临其境，亲身感受，因而能更好地理解善良可爱的小松鼠、柔弱美丽的玫瑰花和小草、知恩图报的萤火虫等形象，使幼儿在活动中更加专注地倾听、动情地与老师零距离地进行对话。最后在角色置换式的表演中幼儿又进行了情感的迁移，使活动达到了高潮。

当然，在活动中还存在很多问题，我觉得主要有两方面：

一是应充分重视幼儿的潜在创造力,培养幼儿主动提问和想象的意识。在活动中虽较大地调动了幼儿的想象,但他们的想象是在我的一个又一个预设的问题的间隙中进行的,幼儿是在积极地想象故事情节,但缺乏主动性。现在的幼儿教育强调让幼儿主动学习,我想也应让幼儿进行主动的提问和想象,如果让每个幼儿都跟着自己的问题进行主动的想象,或许《耳朵上的绿星》还会有很多个独特的、另类的版本,这不正是我们的教育所期待的吗?

二是应充分重视幼儿间的互动交流,促进每个幼儿语言表达能力的提高。幼儿语言的学习具有个别化的特点,是在与他人的个别交流、自由交谈中发展起来的。整个活动中我只安排了两次讨论的机会。在活动中我观察到,语言表达能力强的幼儿有两次都在主动"讲",能力相对弱的幼儿有两次机会却一次都没有开口"讲"过,为什么?一方面固然是幼儿自身的问题,另一方面也是最重要的一点,就是教师创造给幼儿"说"的机会实在太少了。因此,教学活动后,我又用了整整半天的时间让幼儿"讨论—讲—再讨论—再讲"。在讨论中请每组的每个幼儿都要把自己的理解"讲"出来,然后再每组派代表讲(代表由每组幼儿自由选择)。在这次的活动中,我发现幼儿在与同伴充分的交流中对动物形象又有了一个新的认识,在"讲"的时候头头是道,语言表达充分,弥补了在活动中交流与表达的不足。

他人评析

我觉得一个活动成功与否,最主要的是看孩子们在活动中是否学得轻松、学得有趣、学得有价值。在此次活动中,孩子们都能积极参与,且学习的兴趣较高,在宽松、愉快的氛围中体验了情感,发展了能力。因此,我认为这是一个比较成功的活动。

1. 所选的作品具有典型性,能引起幼儿的学习兴趣

童话《耳朵上的绿星》以赞美小松鼠乐为他人着想而赢得别人真诚帮助为主题,塑造了外表与内心和谐统一的完美形象——小松鼠。这一形象是孩子们熟悉和喜欢的,而且对自我中心意识较强烈的中班幼儿来说会产生强烈的心灵震动与共鸣,能激起他们心中与人相互关爱这一美好情感。因此,这是一个贴近幼儿又着眼于幼儿发展的好内容。

2. 利用现代化教学手段辅助活动,充分调动起幼儿学习的积极性与主动性

教师通过多媒体课件的演示,将童话故事生动形象地展现在幼儿面前,激发了幼儿的讲述兴趣。同时,让幼儿通过多种感官的参与(看、听、说),进一步理解了故事内容,体验了主人公的美好心灵。

3. 注重提问技巧,引发幼儿的思考,体验美好情感

在活动中,教师设计了多个环扣式、开放性的提问,帮助幼儿熟悉、理解故事内容,引导幼儿的注意指向对作品所蕴含的"人与人之间要互相关心,能为别人着想"这一美好情感的感知与体验上,在发展幼儿语言表达能力的同时培养幼儿良好的道德情感。

活动建议:

1. 在语言活动中,教师要为幼儿创设多一点的说的机会,以进一步发展和提高幼儿的语言能力。因此活动中,教师在抛给孩子一个问题时,应让更多的孩子交流自己的想法,可以是在集体中交流,也可以是与同伴、老师的个别交流。

2. 在最后的故事表演中,教师可加入指偶这一道具,以增强幼儿对表演的兴趣,提高表演的效果。

语言教育活动评价实例（四）
大班语言活动

诗歌《春》

(宁波市第一幼儿园　李江美提供)

活 动 设 计

一、活动目标
1. 乐于讲述自己所见到的春天，享受文学作品所带来的春的美感。
2. 了解"照射、温暖"等词，并尝试运用好听的词、一定的句式描述春天的景物。
二、活动准备
图片2张，幼儿的春天调查图若干，磁带等。
三、活动过程
1. 交流讲述
幼儿观察自己和同伴们所调查到的春天图片，并进行交流讲述：我看到春天里的事物。
2. 学习诗歌《春》
（1）出示教师调查到的春天图（这是一个以图画为主的诗歌图）。
提问：你看看，老师找到了哪些春天的秘密？
（2）学习诗歌。
①倾听朗诵，寻找好听的词汇。(教师朗诵诗歌，并出示诗歌的文字图)
提问：诗歌中有哪些词汇是你喜欢的？(教师根据幼儿的寻找，用适当的方式讲述这个词语的意思。比如用手电筒帮助幼儿理解"照射"。)
②再次朗诵，寻找认识的文字。
提问：诗歌中有哪些文字是你认识的？(请幼儿随意讲，并上来点出他所认识的文字。)
③共同朗诵，了解排比句式。
教师将三组句子分开排列，让幼儿寻找它们相似的地方。
（3）了解大师的关于春的作品。
①欣赏《春》，找找朱自清大师描述春天时用的好的词汇。
②为自己所见到的春天景色进行创作。
幼儿在准备好的卡片上以画的形式表现"你看，在温暖阳光的照射下……"

自 我 评 价

这次活动是我一直在班级中开展的"和大师牵手"活动的一个缩影，在此之前我带领幼儿欣赏过《小橘灯》《火烧云》等，方法都不相同。比如《小橘灯》是从做橘灯入手的，《火烧云》是从观看云的变化引入的。我认为中国有许多优秀的文学作品，其中的优美词汇、意境是与童话故事不同的，只要找到合适的切入点孩子们很喜欢学习这些作品。在这次活动中我结合环境变化、幼儿考察、大师作品欣赏，使幼儿很好地把握了一些词汇、句式，使幼儿感受到文学就在我的眼中。而且我自编作品的介入，潜移默化地使孩子感受到只要认真观察、感受，人人都可以成为一个文学家。我想这一点是我非常关注的，也是今天在活动中较好实现的。

他 人 评 价

1. 找准切入点

该活动以幼儿调查为切入点，很好地解决了大班阶段诗歌仿编教学中幼儿为创编而创编、创编时因为缺乏经验而雷同等弊端。幼儿在活动中有话可说，有话好说，体现了当前幼儿语言教育的理念。

2. 选择好桥梁

朱自清的作品介入为本次活动起到了很好的升华作用，一方面为本土优秀文学作品的传播提供了桥梁，另一方面为幼儿从口语期向书面语期的转变提供了很好的范本。

3. 化解了难点

教师自编的诗歌非常适合本班幼儿的特点，中间有很多比较书面化的词语：呼唤、照射、寒冷等。教师借助身体动作——让一名幼儿去较远处大声喊小朋友，借用手电筒让孩子体验照射等，很好地体现了教师的随机教育，成功地化解了理解词汇这一难点。

4. 教学活动有一定的深度

因为执教老师对儿童文学作品欣赏的认识比较到位，所以在活动组织过程中能较好地处理幼儿园教师普遍存在的"活动组织缺乏一定深度"这一问题，一步步进行了有效的引领。

当然在个别小的环节中也有不妥之处：如用手电照幼儿的眼睛，以帮助理解"照射"；另外作为语言活动从发挥教师的语言示范角度来看，教师的普通话发音还不够标准。

附：诗歌

春

李江美

寒冷的冬天过去了，大地苏醒了，它呼唤着：春来啦，春来啦！
你看
在温暖阳光的照射下，
冰雪融化了；
你看
在温暖阳光的照射下，
小草发芽了；
你看
在温暖阳光的照射下，
青蛙跳出来了。

思考与练习

1. 学前儿童语言教育评价的作用是什么？
2. 什么是正确的评价观？

3. 学前儿童语言教育评价的原则以及意义是什么？
4. 语言教育评价怎样在学前儿童语言教育中发挥其应有的作用？
5. 观察本班幼儿的语言状况，并对他们的语言发展水平进行观察评价和分析。
6. 观察本园一个班级的语言活动，并对其进行实况笔录，运用书中介绍的基本方法进行分析、评价。

本章参考书目

[1] 袁贵仁主编. 中国教师新百科：幼儿教育卷 [M]. 北京：中国大百科全书出版社, 2003.

[2] 赵寄石，楼必生主编. 学前儿童语言教育 [M]. 北京：人民教育出版社, 1993.

[3] 张明红. 学前儿童语言教育 [M]. 上海：华东师范大学出版社, 2006.

拓展阅读文献目录

[1] 郑美玲. 幼儿园教师评估手册 [M]. 上海：上海科学技术出版社, 1996.

[2] 王坚红. 学前教育评价 [M]. 北京：人民教育出版社, 1994.

[3] 钟启泉，崔允漷，张华. 为了中华民族的复兴，为了每位学生的发展——《基础教育课程改革纲要（试行）》解读 [M]. 上海：华东师范大学出版社, 2001.

[4] 教育部基础教育司.《幼儿园教育指导纲要（试行）》解读 [M]. 南京：江苏教育出版社, 2005.

[5] 赵寄石，楼必生. 学前儿童语言教育 [M]. 北京：人民教育出版社, 2005.

[6] 张明红. 学前儿童语言教育 [M]. 上海：华东师范大学出版社, 2006.

[7] [美] 杰克曼. 早期教育课程：架起儿童通往世界的桥梁 [M]. 杨巍，译. 北京：中国轻工业出版社, 2002.

[8] 陶保平. 学前儿童教育科研方法 [M]. 上海：华东师范大学出版社, 1999.

[9] 丁朝蓬. 新课程评价的理念与方法 [M]. 北京：人民教育出版社, 2003.

[10] 张燕，邢利娅. 学前教育科学研究方法 [M]. 北京：北京师范大学出版社, 2001.

[11] 刘良华. 校本行动研究 [M]. 成都：四川教育出版社, 2002.

第六章
学前儿童语言教育研究现状与展望

▶ 情境导入

当行将结束本课程的教学任务时,假如你还对学前儿童语言教育抱有兴趣,那么也许你想知道行走 200 多年的儿童语言教育的研究正处在什么样的一种状态,或者说它正在朝哪个方向发展?这个问题有些大,很难三言两语说清楚,我简单地说几个情况:

1. 学前儿童语言教育研究正与心理学携手,引入西方研究成果,深化并拓展研究领域,比如关注特殊儿童的语言教育问题。
2. 学前儿童语言教育研究出现多元化的趋势,它包括观念、方法、领域以及研究人员学术背景的多元化。学界更加关注学前儿童语言运用能力与儿童认知、儿童心理、儿童智力发展的关联。
3. 当然,双语学习、全语言教育与学前儿童语言教育的密切关联,最为学界以倾心。

▶ 学习内容提要

本章简要地介绍学前儿童语言教育研究的现状与展望,描述了当前学界关注的一些问题与趋势,如学术研究的多元化、学前双语教育、全语言教育以及相关的前沿理论。

▶ 学习目标

1. 了解当前学前儿童语言教育与研究的重要进展,展望研究趋势与未来。
2. 对学前双语教育、全语言教育,有大致的了解。

▶ 重点和难点

1. 双语教育的类型及它对儿童语言发展的意义。
2. 把握全语言教育的理念与传统的儿童语言教育观的差异,了解全语言教育的基本原则。
3. 区别语言与言语的概念,理解学前儿童语言教育中的规定性与灵活性的关系。

在 200 多年的儿童语言研究历史中,人们获得了对于儿童语言发展面貌的部分认识,对于影响儿童语言发展的各种要素,以及这些要素是如何发生作用的进行了一定程度的探讨;对于儿童语言发展的内部规律,提出了一些分析判断,也形成了一些理论体系;并且在儿童语言发展的研究方式上,也进行了有效的探讨。然而,对于学前儿童语言教育的研究,直到 20 世纪中叶才逐渐发展起来,到了 80 年代,关于学前儿童语言发展和语言学习方面的研究引起了有关方面的重视,研究地位和研究价值得到了空前的提高。

我国的学前儿童语言教育与研究,逐渐向拓宽与深入的方向发展。起初,以大而化之的概述与事实研究为主,以心理学的视角为主,研究对象也限于正常儿童,之后经过深入细致的调查，逐渐升华到理论研究的探索，而心理学界与语言学界的联袂，更是带来了新的气象，研究对象也拓展到了特殊儿童。不唯如此，学界对于西方的重要研究成果进行了引进，对汉族儿童语言发展与教育作出了粗线条的描绘，并着手对语言的一些子系统和特定年龄段的语言发展与教育进行了较为深入的研究。当然，我国同国外研究相比，差距还比较明显，但发展的前景却令人鼓舞。1993年10月，由中国心理学发展心理专业委员会主持召开了儿童语言发展的协作研讨会，心理学界和语言学界的儿童语言研究者一起探讨儿童语言的发展问题，标志着两个学科的学术界将进一步紧密合作，共同推动我国儿童语言教育和研究的纵深发展。

第一节 学术研究多元化

学习目标
了解今后儿童语言研究多元化的发展趋势，启发学员更多关注相关问题。
重点、难点
语言能力与语言运用能力、多元智力理论等概念的界定与理解。
学习提示与建议
通过对研究前景的简单展望，培养学员在专业学习与工作实践中进一步积累与创造的信心。

如果说在儿童语言研究的发展史上，出现过一些占统治地位的学术观念的话，那么，未来的学前儿童语言教育与研究将很难再有这种局面。在各个方面都将会表现出多元化的趋势，包括理论观念的多元化，教育与研究领域的多元化，教育与研究方法的多元化，教育与研究人员学术背景的多元化等。这种语言教育与学术发展的多元化，标志着学术的繁荣，也标志着学术与教育的变革。

就研究的趋向而言，下列方面将受到关注：

一、学前儿童语言运用能力的发展

语言能力大体指的是在人的大脑中形成的一种能够按照本民族的语言规则，将音、义联系起来的能力，也就是使用语言的人对语言内容、内在规则的把握。而语言运用能力指的是，在一定的语境中对于语言具体运用的能力。相比较而言，对语言运用能力的研究更应该受到重视。语言能力和语言运用能力不是直接对应的，语言运用能力也不是语言能力的简单反映，它会受许多因素的影响，尤其是一些心理因素。

对学前儿童语言运用能力的研究，长期以来是学前儿童语言教育及研究中的薄弱环节。儿童在语言的运用中获得和发展语言能力，并且通过语言的运用和发展来认识外在环境，从而实现社会化。21世纪是人才竞争的时代，语言运用能力和社会交际交往能力将是人才的基本素质。另外，儿童心理学的发展和儿童语言学等学科的兴起，包括其他领域所进行的关于语言运用能力的研究，都将会推动儿童语言运用能力发展的研究，也为儿童语言运用能力的研究提供重要的理论和方法。

二、生活性和整合性

学前儿童语言教育更强调儿童自身生活的积累与体悟，强调儿童自身生活的教育价值。语言教育与儿童的生活联系密切。幼儿园的语言教育虽然应考虑社会生活的方方面面，但主要的是考虑儿童的生活，也就是儿童本身的生活以及与儿童关系密切的社会生活。儿童本身的生活对于语言教育的意义十分重大。儿童生活的各个环节中都充满了语言发展的契机，而这个契机又都是生动的、感性的。儿童的生活是幼儿园语言教育整合的基点。所谓整合教育，是把儿童的语言学习看成是一个整合的系统，充分意识到儿童的语言发展与其他方面的发展是整合一体的关系。这里面包括语言教育目标、语言教育内容以及语言教育方法的整合。

三、发展儿童语言智力

随着信息技术、生命科学和脑科学研究的发展，全社会认识到学前教育不可替代的重要价值，同时也使科学地开发儿童的大脑潜力有了理论基础。哈佛大学心理学教授霍华德·加德纳经过长期研究提出了著名的多元智力理论，对智商的单向智力理论提出挑战，引起了教育界的巨大反响。目前，以多元智力理论为基础的教育模式已相继出现，正如他自己预言的那样："为了帮助个体，我研究一种以多元智力理论为基础的框架，它可运用到任何教育情境中去。"加德纳明确提出："人类具有语言智力、音乐智力、逻辑数理智力、空间智力、身体运动智力、内省智力和人际智力七种智力。"他将语言智力列为第一种智力，认为"语言是最公平地在人类中得到分享的一种智力"。

尽管我国的不少地区在学校的教育实践中应用了加德纳多元智力理论，但尚未把语言智力作为第一智力来认识和理解，这一研究话题在未来的儿童语言教育中有望成为一个热点。

四、视听文化的利用

信息技术的发展，使学前儿童语言教育从教育观念到教育目标、内容、形式、方法、手段等，都发生了极大的变化。特别是大众传媒所带来的视听文化，很大程度地影响了学前儿童语言教育，成为儿童学习语言以及获取信息的重要途径与工具。今后的学前儿童语言教育将在有效制作学前儿童语言学习的电视节目，开发儿童语言运用能力以及为家庭和幼儿园提供语言教育的电脑软件，利用多媒体进行语言教育，开通联系幼儿园、家庭和社会的网络等方面，作出更积极的努力。

五、影响儿童语言教育因素的研究

语言教育的目标、内容、方法、手段、途径、活动材料、师生互动、教师语言素质等因素，对儿童获得语言经验的影响，将吸引众多研究者的注意。

第六章 学前儿童语言教育研究现状与展望

第二节 学前双语教育

学习目标
了解双语学习与双语教育的类型、对儿童发展的作用以及双语教育的影响因素。
重点、难点
影响儿童第二语言学习的若干因素,以及幼儿园双语教育的方式。
学习提示与建议
此节内容无须过多展开。

一、双语学习和双语教育

双语学习指的是同一个人同时学习和使用两种语言的现象。学前儿童的双语学习大体可区分为两种类型:一种是同时双语学习,也就是指儿童从出生之日起或在3岁以前,第一语言还没有完全获得时,就处在一个双语的环境中,同时接触、学习和运用,并且逐步获得两种语言的现象。如在有些家庭中,父母双方分别使用不同的语言,那么这个儿童就有可能同时学会两种语言。在双语学习的过程中,两套语言系统相互独立,较少出现相互干扰的现象。另一种叫做延时双语学习,指的是儿童先学会一种语言,然后再学习第二语言的现象,比如儿童获得母语后,在幼儿园或学校里学习第二语言。延时双语学习的过程中,第一语言的某些技能会对第二语言的学习产生一定的影响,有时是正面促进的影响,有时则可能是负面干扰的影响。

二、双语学习与学前儿童发展之间的关系

双语学习与学前儿童发展之间的关系体现在三个方面:一是与儿童语言发展的关系。学习两种语言可以使儿童逐渐产生对两种语言之间差异的敏感性和对语言符号本身结构的敏感性,有利于儿童语言能力的提高。二是与儿童思维发展的关系。学习两种语言有利于儿童概念的形成,有利于儿童发散性思维的发展,还有利于儿童语言意识的产生和发展。三是与儿童社会化发展的关系。学习两种语言有利于儿童亲社会行为的产生和发展与自我认知水平的提高。

三、影响学前儿童第二语言学习的主要因素

以汉语儿童学习英语为例,学习过程中起主要作用的因素包括认知发展水平、模仿、语言环境和情感动机。

认知的影响主要指学前儿童思维发展水平和母语水平对第二语言学习产生的影响,表现在已有的母语的知识和技能在学习第二语言过程中起一定作用,现有认知水平制约着儿童对第二语言的运用。

模仿在语言学习,尤其是无法在大量的自然环境中学习第二语言时所起的作用是不容忽视的。幼儿学习英语初期,模仿起很大作用,特别是与汉语系统不一致或无一一对应关系的那部分英语,最初主要靠模仿获得。语言学习中的模仿有四种类型:即时完全临摹、即时不完全临摹、延迟模仿和选择性模仿。这四种模仿在儿童学习第二语言时分别产生一定影响。

语言环境的关键作用表现在：为幼儿提供接触英语的机会，提供言语互动的场所并促进儿童对英语文化的习得。

儿童运用语言交流信息的过程，同时也是情感交流的过程。在语言发展初期，儿童运用语言的目的之一在于实现与成人之间的情感交流，儿童言语行为的产生是以情感交流等因素作为动机的。

四、家庭双语教育与幼儿园双语教育

家庭双语教育可以有多种形式，可以是父母双方有计划地教育儿童学习两种语言，在日常生活中随机教儿童学习两种语言，也可以是在日常生活中随机使用两种语言等。在家里对学前儿童进行双语教育应当充分利用日常生活的各个环节，让他们将学到的两种语言与在家日常生活经验结合起来。

幼儿园双语教育的重点是有计划、有目的地创设语言环境，这些环境有时是正式的，有时是非正式的。总体目标是促进幼儿的全面发展，培养幼儿对英语和英语学习的兴趣。可以根据创设情境的不同，把英语活动分为游戏活动、日常生活活动和故事学习活动等类型。

第三节 全语言教育

学习目标
了解全语言教育的内涵及实施原则。
重点、难点
全语言教育的理念与传统的儿童语言教育观的比较。
学习提示与建议
要求学员在工作实践中体会全语言教育的教育实施原则并加以总结。

全语言的含义有五层：第一层是指全面的语言形式，第二层是指全面的语言能力，第三层是指培养全面的语言能力所需要的全面的语言活动，第四层是指全面的语言内容，第五层是指全面的语言活动组织形式。

一、学前全语言教育

学前全语言教育是指通过全面的语言内容和全面的语言活动，发展学前儿童听、说、读、前书写以及外语等全面的语言能力，并以此为依托促进幼儿以创造性为核心目标的能力素质和人格素质的健康发展，为他们成为创造型人才奠基的素质教育。

这个概念与传统的儿童语言教育相比较，在以下方面体现了新的要求：

第一，传统的儿童语言教育比较强调口语能力的发展，而对学前儿童阶段的识字阅读教学和前书写能力的培养有疑义。学前全语言教育则强调了在重点发展儿童口语的同时，利用儿童极强的无意识的语言学习能力，积极培养他们对书面语言的兴趣和认知能力，促使他们尽可能早地掌握初步阅读的能力，使之成为主动的学习者和学会学习的实践者。

第二，传统的儿童语言教育仅强调母语教学，而学前全语言教育则在强调重点发展儿童母语能力的同时，也积极地对他们进行第二语言能力的启蒙，利用儿童学习语言的最佳时

期，早日开发对外语语音和文字符号的认知能力与兴趣，以减少成人后母语习惯对学习外语的不利影响。

第三，传统的儿童语言教育主要发展儿童的口语能力，而学前全语言教育的目标是以儿童整体语言能力的发展为手段，来促进儿童创造性的认知特征、情感特征、人格特征以及身体动作的发展，充分体现了儿童素质教育对全语言教育的要求。

二、实施学前全语言教育课程的基本原则

（一）创造性原则

创造性原则包含两层含义：一是由于学前全语言教育本身需要极大的创新，需要对普通的儿童语言教育有更多突破和超越，需要创造性地开展工作；二是教师所采取的一切方法、手段和措施都要有利于保护和发展儿童的创造性。具体到语言教学过程中，就是教师要创造性地教，儿童要创造性地学。失去任何一方的创造性，都不可能是真正意义上的全语言教育。

（二）最佳学习状态与内部动机的原则

学前全语言教育必须保持教学的高效率和高质量，这是21世纪对所有教育的共同要求。为此，必须考虑如何激发儿童的最佳学习状态。儿童大脑处于学习最佳状态的重要外部表现通常是：态度积极，情绪快乐，思维活跃，动作敏捷。研究表明，优美的音乐、和谐的环境、轻松的气氛、热情的教师和高超的教学艺术、明确的学习任务等都是激发和保持儿童最佳学习状态的重要因素。

与保持最佳学习状态密切相关的因素是内部动机。内部动机是指由兴趣、满足或个人的挑战等原因引起的做某事的渴望。教师应当明白当儿童主要是受兴趣、愉快、满足和学习本身的挑战性激发，而不是受外部压力激发的时候，其创造性表现得最充分。

（三）重视"过程"的原则

学前全语言教育的实施强调重视"过程"，其目的之一是扭转过去那种把学会字、词、句和某一儿童文学作品作为一节课目标的现象，而是以学习这些内容为手段，激发幼儿创造性的认知能力、情感、人格特征和身体动作技能的发展。应该将全语言教育作为培养人才的手段，而不仅仅是培养语言才能或素质。

（四）尊重个性、智力与学习类型差异的原则

实施全语言教育，第一要充分考虑每个儿童的人格差异，通过内容、方法、途径、手段、策略、材料以及时空等方面的多选择性，满足不同兴趣和不同需要的儿童。第二要充分考虑儿童之间"智力类型"的差异。哈佛大学心理学教授霍华德·加德纳花了数年的时间研究指出，我们每个人至少都有七种智力，这七种智力在不同人身上，其发展优势是不同的。在作家、诗人和演说家身上，语言智力得到了高度发展；在科学家、数学家、律师和法官身上，逻辑或数学智力得到了高度发展；在作曲家、指挥家、一流音乐家身上，音乐智力得到了高度发展；在建筑家、雕塑家、画家、航海家、飞行员身上，空间或视觉智力得到了高度发展；在运动员、舞蹈家、体操运动员身上，运动智力或身体智力得到了高度发展；在销售人员和谈判人员身上，人际智力得到了高度发展等。由于种种因素的影响，儿童来到幼儿园时，他们智力的优势中心已经有了明显的差异，有的语言智力水平高，有的音乐智力水平高，还有的空间或视觉智力水平高等。所以，我们必须尊重这种差异，才能保证教学效率

和高质量。第三要充分考虑"学习类型"的差异。除了智力类型有差异外，研究表明，人的学习类型也存在显著差异。现已了解的学习类型主要有五种：视觉型、听觉型、肢体型、书面型和群体互动型。"视觉型学习者"是当他们学习的内容是以图像的形式出现时，学习得最好。"听觉型学习者"是通过音乐和谈话的声音学习得最好。"肢体型学习者"是当他们能亲身运动、体验和实验时，学习得最好。"书面型学习者"喜欢阅读，他们比较容易从书本上汲取知识，他们偏好自己研读而不愿意别人为他们解释。"群体互动型学习者"偏好讨论或其他需要大家一起参与的活动，他们喜欢在相互交流中汲取知识。虽然这五种学习方式每个学习者都使用，但存在以哪一种为主或效率最高的差异。所以，实施创造教育的课程要认真观察研究每个儿童的学习类型，并加以尊重，这样才可能取得好的效果。

（五）融入情感的原则

许多情况下，情感对创造性的影响力量远比智力对它的影响力大。高创造性并不一定伴随有高智力，高智力也不一定伴随有高创造性。而情感因素，则是相当重要的。缺乏情感的学习，不是真正的学习。几乎所有的认知行为，都会有情感的成分。缺乏情感的非人化的"批量加工"的教育对创造性人才的培养是极其不利的。杰出的创造才能需要伟大的胸怀和高尚的情操来孕育，因此，学前全语言教育的过程必须融入伟大胸怀和高尚情操的培养，不能抽出丰富的情感因素，只剩下字、词、句的传授。

（六）主体活动性的原则

儿童是通过自己的活动建立和发展自己的世界的。没有儿童的主体性活动，就没有儿童的发展。儿童的创造性必须通过活动加以发展和表现，离开了自主自由的活动，其创造性就不复存在了。因此，实施全语言教育必须借助儿童的主体性活动，尽可能把全语言内容设计成幼儿的各种"自主的"实践活动。

（七）全面渗透性的原则

要高质量地实现学前全语言教育的目标，必须坚持"全面渗透"，即将全语言教育任务和内容渗透到正规的教学活动之中，渗透到各种游戏之中，渗透到一日的生活活动之中，渗透到物质和精神环境之中，渗透到家庭教育之中，做到事事、时时、处处皆能接受到生动而规范的全语言教育，使全语言教育活动全面开放。

（八）大量感知和积累儿童文学精品的原则

儿童阶段有着极强的无意识的学习能力和适应能力，学前全语言教育应该充分利用这一点，为他们提供大量的、全面平衡的儿童文学精品，利用餐前饭后等闲暇时间让他们进行感知和积累。这里只寻求一种熏陶，日积月累，潜移默化，对提高儿童的语言修养和今后的语言创作是极其有利的。

第四节 前沿理论

学习目标

了解学前儿童语言的相关概念以及学前儿童语言研究的价值与方法。

重点、难点

区别语言与言语的概念，理解语言教育中规定性与灵活性的把握。

第六章 学前儿童语言教育研究现状与展望

学习提示与建议

本节内容可结合绪论与第一章中的内容加以理解。

一、有关学前儿童语言的概念

(一) 语言和言语

语言是人类社会中客观存在的现象，是一种社会上约定俗成的符号系统。言语是人运用语言材料和语言规则所进行的交际活动的过程，也就是人们说出来的话和听到的话，又叫"话语"。两者互相影响，互相依存。语言是社会现象，带有整体性；言语是心理现象，具有个别性。语言具有稳定性，言语具有多变性。语言是人们在一定社会中进行交际活动的工具，言语则是对这个工具的使用。

由此，在各类教育机构进行语言教育时，就必须既要遵守语言的规定性，又要考虑个人的言语风格和言语习惯；既要有规范语言模式的示范，又要有各种变体的示范；既要有静态的语言学习，又要在言语交际过程中帮助儿童学习。

(二) 语言能力和语言运用

语言能力和语言运用是乔姆斯基提出而又时常被人引用的两个概念。语言能力指的是在人的大脑中形成的一种能够按照本族语的语言规则把声音和意思联系起来的能力，即语言使用者对语言内容内在规则的了解；语言运用则是这种语言能力的实际运用，是指在一定的语言环境中对语言的具体运用。乔姆斯基认为语言能力是隐秘的语言规则的集合，是语言或语言知识的核心。但是研究语言只限于研究语言能力是不够的。语言能力只是描述语言中的规则，这些规则怎样应用，就构成了语言研究领域的另一重要领域，即语言运用的领域。

(三) 语言的深层结构和表层结构

这两个概念虽非乔姆斯基首创，但在他的转换生成语法里，却是作为其理论基础的一部分提出来的。他认为每一个句子都有深层结构和表层结构。深层结构显示基本的句法关系，决定句子的意思；表层结构表示用于交际中的句子形式，决定句子的语音。句子的深层结构通过转换规则变为表层结构。

二、有关学前儿童语言的研究价值

语言学价值：20世纪下半叶的儿童语言研究领域，在所谓的"乔姆斯基革命"的冲击下，由探讨语言的符号系统转为探讨人类所普遍拥有的语言能力。探讨人类所普遍拥有的语言能力的途径有三种：一是概括人类语言的共性，二是研究儿童语言的发展，三是病理语言学的研究。

心理学价值：儿童语言的发展，反映着儿童认知的发展和心理的发展，所以它从来就是发展心理学的重要研究课题之一。著名心理学家皮亚杰的许多重要的心理学观点，都得益于他对儿童语言的观察和研究，便是一个十分典型的例子。作为心理学和语言学交叉学科的心理语言学的诞生和飞速发展，也表明儿童语言的重要性和心理学价值。可以毫不夸张地说，许多重大的心理学问题的解决，都需要儿童语言的参与或验证。

教育学价值：教育可分为语言教育和一般教育。语言教育，不管是母语教育还是外语教育，其理论依据都是语言学习理论。而语言学习理论的建立，靠对各种语言学习现象的深入而全面的研究，儿童语言学习是语言学习中最成功的，因此儿童语言的研究成果，自然也就是语言学习理论最为关注的。它对语言学习理论的建立起着奠基的作用。

文化学价值：语言不能脱离文化而存在。语言是人类最重要的交际工具，是文化的表现形式，是文化的载体，而且它本身也是一种文化现象。儿童语言的萌芽标志着儿童创造文化的开端。儿童语言学习的过程实际上就是文化学习的过程，儿童语言的发展从根本上看是文化发展的结果。

三、关于学前儿童语言的研究方法

学前儿童语言的研究方法主要有科学实验法、自然观察法、调查法。

思考与练习

1. 双语学习与学前儿童的发展有何关系？
2. 谈谈学前儿童语言的研究价值。

拓展阅读文献目录

［1］张明红. 学前儿童语言教育［M］. 上海：华东师范大学出版社，2006.

［2］周兢. 学前儿童语言教育［M］. 南京：南京师范大学出版社，2003.

［3］袁爱玲. 学前全语言创造教育活动设计［M］. 北京：教育科学出版社，2001.

后　　记

　　对于学龄前的儿童来说，语言发展是个至关重要的问题。研究表明，在一定的语言环境中，一个人大概到 5 岁，就能够基本掌握日常生活所必需的语言，因此，能否抓住这一阶段，学好语言，将对孩子的终身发展产生深远的影响。2001 年 7 月颁布的《幼儿园教育指导纲要（试行）》因此专门设置了一个语言领域，确定相应的幼儿园语言教育目标。

　　作为一部教材，《学前儿童语言教育》如何既纳入专业教学的整体目标，又能够体现某些特色，是我们接受编写任务之后着重考虑的问题。我们认为，好的教材应是理论与实践兼顾。所以，在编写人员中，既有教学经验丰富的专业教师，又有实践经验丰富的幼教专家。特别值得一提的是那些幼教专家，她们或是幼儿园园长，或是幼儿教育的特级教师，她们的加盟为本书增色不少。

　　具体参编人员的名单如下：唐敬芬、王秀华、缪凤雅、胡剑红、王艳平、郭玮、梁旭东。初稿完成后，杭州师范大学徐云教授、黄小莲副教授，浙江师范大学傅蕴慧副教授，参加了书稿的审定。另外，浙江广播电视大学吴伟赋教授、杨建华老师，宁波广播电视大学丁振华副校长、钱荷娣老师在本教材的编写中，给予了很大的支持和帮助，在此一并表示感谢。

梁旭东